흄의 도덕원리 연구

흄의 도덕원리 연구

2023년 4월 20일 초판 인쇄
2023년 4월 25일 초판 발행

지은이 | 데이비드 흄
옮긴이 | 이남원, 조수경
교정교열 | 정난진
펴낸이 | 이찬규
펴낸곳 | 북코리아
등록번호 | 제03-01240호
주소 | 13209 경기도 성남시 중원구 사기막골로 45번길 14
우림2차 A동 1007호
전화 | 02-704-7840
팩스 | 02-704-7848
이메일 | ibookorea@naver.com
홈페이지 | www.북코리아.kr
ISBN | 978-89-6324-275-0 (93190)

값 19,000원

흄의 도덕원리 연구

An Enquiry concerning the Principles of Morals

데이비드 흄 지음
이남원 · 조수경 옮김

북코리아

옮긴이 머리말

이 책은 헨델(Charles W. Hendel)이 서론을 쓴 흄의 *An Enquiry concerning the Principles of Morals with a Supplement: A Dialogue*의 번역서다. 이 책에는 매우 긴 헨델의 서론이 붙어 있지만, 번역에서 제외했다. 그 대신 번역서 뒤에 옮긴이 해제가 추가된다. 해제 내용은 헨델이 서론에서 제시한 견해를 많이 참조했다.

헨델의 판본은 애덤 브랙(Adam Brack)과 윌리엄 타이트(William Tait)가 1826년 발간한 『데이비드 흄의 철학 저작들(The Philosophical Works of David Hume)』 제1판을 그대로 다시 인쇄한 것이다. 그런데 이 텍스트는 1777년 판(R판)에 기초해서 그린(T. H. Green)과 그로제(T. H. Grose)의 편집본 및 셀비-비게(L. A. Selby-Bigge)의 편집본과 비교되었다. 헨델은 이러한 판본 간에는 약간의 차이가 있지만, 텍스트에서 큰 변화가 생기지는 않았다고 진술한다.

흄은 이 책에서 상당수의 역사적 인물을 가져와서 논의를 전개한다. 이 인물들에 대한 간단한 소개는 옮긴이가 작성한 것이고, 각주로 처리했다. 각주에는 흄 자신의 각주와 헨델이 추가한 각주 이외에 옮긴이의 각주가 있다. 각주의 유형을 구별하기 위해 헨델의 각주는 [ ]로 표시했고, 옮긴이의 각주는 〈 〉로 표시했으며, 원문의 각주는 아무 표시도 하지 않았다.

A~R판의 목록

A *Essays Moral and Political.* The First Edition. Edinburgh, 1742.

B Ditto. The Second Edition, Corrected. Edinburgh, 1742.

C *Essays Moral and Political,* Volume II. Edinburgh, 1742.

D *Essays Moral and Political.* The Third Edition, Corrected with Additions. London, 1748.

E *Philosophical Essays concerning Human Understanding.* London, 1748.

F Ditto. The Second Edition, with Additions and Corrections. London, 1751.

G *An Enquiry concerning the Principles of Morals.* London, 1751.

H *Political Discourses.* Edinburgh, 1752.

I Ditto. The Second Edition. Edinburgh, 1752.

K *Essays and Treatises on Several Subjects.* Four volumes. London and Edinburgh, 1753-1754.

L *Four Dissertations:* I. The Natural History of Religion. II. *Of the Passions.* III. *Of Tragedy.* IV. *Of the Standard of Taste.* London, 1757.

M *Essays and Treatises on Several Subjects.* A New Edition. London and Edinburgh, 1758.

N Ditto. Four volumes, London and Edinburgh, 1760.

O Ditto. Two volumes, London and Edinburgh, 1764.

P Ditto. Two volumes, London and Edinburgh, 1768.

Q Ditto. Four volumes, London and Edinburgh, 1770.

R Ditto. Two volumes, London and Edinburgh, 1777.

차례

	옮긴이 머리말	5
	A~R판의 목록	6
1장	도덕의 일반 원리에 관하여	9
2장	자비심에 관하여	17
3장	정의에 관하여	27
4장	정치적 사회에 관하여	57
5장	효용성은 왜 기쁨을 주는가?	67
6장	우리 자신에게 유용한 성질들에 관하여	95
7장	우리 자신에게 직접 유쾌한 성질들에 관하여	119
8장	다른 사람에게 직접 유쾌한 성질들에 관하여	137
9장	결론	147
부록 1	도덕적 감정에 관하여	169
부록 2	자기애에 관하여	182
부록 3	정의에 관한 몇 가지 추가 고찰	192
부록 4	몇 가지 언어상의 논쟁에 관하여	205
	한 편의 대화	223
	옮긴이 해제	249

1장

도덕의 일반 원리에 관하여

아마도 자신이 옹호하는 의견을 실제로 믿지 않는데도 잘난 체하는 것이거나, 상대에 대한 반항심이거나, 다른 사람보다 뛰어난 지략과 재간을 보여주고자 하는 욕망에서 논쟁에 가담하는 완전히 불성실한[1] 사람과의 토론을 제외한다면, 완강하게 자신의 원리를 고집하는 사람들과 논쟁하는 것만큼 지루한 일은 없다. 이 두 가지 논쟁에는 그들 자신의 논증에 대한 똑같은 맹목적 집착, 논적에 대한 경멸 및 궤변이나 허위를 주장할 때와 똑같은 정념의 격렬함이 예상된다. 그리고 어떤 논쟁자도 추론이라는 원천에서 자신의 교의(教義)를 도출하지 않기 때문에 어떤 논리도 그것이 정서에 호소하지 않는 한 언젠가는 그

1 ["Entirely disingenuous(완전히 불성실한)"은 M판에서 추가된 것임.]

에게 그 논리가 더 건전한 원리들을 채택하게 할 것이라고 기대하는 것은 헛된 일이다.

도덕적 구별의 실재성을 부정하는 사람들은 불성실한 논쟁자로 분류될 것이다. 또한 모든 성격과 행위가 똑같이 모든 사람의 애정과 존경을 받을 자격이 있다고 누구라도 진지하게 믿을 수 있다고는 생각하지 않는다. 자연이 한 사람과 다른 사람 사이에 놓았던 차별은 너무나 폭이 넓고, 이러한 차별은 교육, 규범, 습관으로 인해 더욱 크게 확장되므로 대립하는 양극단이 동시에 우리의 이해에 도달하는 경우 그들 간의 모든 구별을 절대적으로 부정할 만큼의 철저한 회의는 존재하지 않고 또한 확고한 확신도 드물다. 어떤 사람의 감수성이 아무리 크게 부족하더라도 그도 가끔은 **옳음**(right)과 **그름**(wrong)의 심상(心象)에 의해 영향을 받고 있음에 틀림없다. 그리고 그의 선입견이 지나치게 완고하다고 해보자. 그렇더라도 그는 다른 사람들이 똑같은 인상을 느낄 수 있다는 사실을 관찰하고 있음에 틀림없다. 그러므로 이러한 종류의 반대자를 전향시키는 유일한 방법은 그를 그대로 방임하는 것이다. 왜냐하면 누구도 그와 논쟁을 계속하지 못한다는 것을 알게 되면, 아마도 그는 결국 스스로 단순한 지루함으로 인해 상식과 이성 편에 붙을 것이기 때문이다.

최근에 **도덕**(morals)의 일반적 기초에 관하여 훨씬 더 검토할 가치가 있는 논쟁이 시작되었다. 그 논쟁은 다음과 같다. 도덕이 **이성**(reason)에서 오는가, 아니면 **감정**(sentiment)에서 오는가? 우리는 도덕의 인식을 논증의 연쇄와 귀납을 통해 획득하는가, 아니면 직접적인 느낌(feeling)과 예민한 내적 감각(internal sense)을 통해 획득하는가? 진리(truth)와 오류(falsehood)에 관한 모든 건전한 판단처럼 도덕은 모든 이성적이며 지적인 존재(rational intelligent being)에 대해 같아야 하는 것인지, 아니면 도덕은 아름다움 · 추함의 지각처럼 인간이라는 종족의 특수한 조직이나 구성에 전적으로 의존하고 있는 것인지?

고대 철학자들은 가끔 덕(virtue)이 이성과의 일치 이외에 다른 것이 아니라는 점을 단언하지만, 일반적으로는 도덕이 취미(taste)와 감정에서 그 존재가 유래하는 것으로 생각하는 듯하다. 이에 반해 우리 근대의 연구자들도 덕의 아름다움과 악덕(vice)의 추함에 대해 많이 이야기하지만, 보통은 이런 구별을 형이상학적 추론을 통해 그리고 지성(understanding)의 가장 추상적인 원리들에서의 연역을 통해 설명하려고 노력했다. 그러한 혼란이 이들 주제를 지배했기에 매우 중대한 결과의 대립이 하나의 체계와 다른 체계 사이에서 일어날 수 있었으며, 심지어 거의 각 체계의 부분들에서 일어났다. 게다가 최근에 이르기까지 누구 하나 그 사실을 알지 못했다. 최초로 이러한 구별에 대해 주의를 환기시키고, 일반적으로 고대인의 원리들을 고수한 우아한[2] 샤프츠베리 경[3] 자신도 이러한 혼란에서 완전히 자유롭지는 못했다.

이 문제와 관련해서는 대립하는 양쪽에 모두 겉으로는 그럴듯한 논증의 가능성이 있다는 것을 인정해야 한다. 흔히들 이야기하듯 도덕적 구별은 순수한 **이성**에 의해 식별될 수 있다. 그렇지 않으면 이 주제에 관해 철학에서뿐 아니라 일상생활에 널리 퍼져 있는 많은 논쟁, 종종 양측이 만든 일련의 긴 증명, 인용된 사례, 호소된 권위, 사용된 유

---

2 [G판과 K판에는 "Elegant and sublime(우아하고 숭고한)"으로 되어 있다.]

3 〈샤프츠베리(Anthony Ashley Cooper Shaftesbury, 1671~1713)는 잉글랜드 왕국의 정치인, 학자, 작가다. 그의 저서 『덕과 가치(merit)에 관한 질문』에서 도덕적 감각을 논했다. 스코틀랜드 계몽주의의 선구자인 프랜시스 허치슨(Francis Hutcheson)은 샤프츠베리의 영향을 계승하여 계몽운동에 상당한 영향을 미쳤다.〉

추, 간파된 오류, 도출된 추론, 고유한 원리에 따라 조정된 각각의 결론이 어째서 생겨나겠는가? 진리는 논쟁될 수 있지만, 취미는 논쟁될 수 있는 것이 아니다. 사물의 본성 안에 존재하는 것은 우리 판단의 기준이다. 각자 자신 안에서 느끼는 것은 감정의 기준이다. 기하학에서 정리(定理)는 증명될 수 있으며, 물리학의 체계들은 논의될 수 있다. 그러나 시구(詩句)의 조화, 정념의 우아함, 기지의 뛰어남은 분명히 직접적 쾌락을 준다. 누구도 다른 사람의 아름다움에 관해 추론하지 못한다. 그러나 다른 사람의 행위의 정당함이나 부당함에 관해서는 가끔 추론한다. 모든 형사 재판에서 피고인의 첫째 목적은 기소 사실의 잘못을 입증하고, 그에게 귀속된 범행을 부인하는 것이다. 증명해야 할 둘째 목적은 이러한 범행이 사실이라 하더라도 결백하고 합법적인 것으로서 정당화될 수 있다는 것을 입증하는 일이다. 명백한 사실이지만 첫째 것은 지성의 연역으로써 확인된다. 둘째 것을 확정하는 데 마음의 다른 기능이 사용된다고 가정하는 일이 어떻게 가능할까?

이에 반해 모든 도덕적 결정을 **감정**에 환원하려는 사람들은 이성이 이러한 종류의 결론을 끌어내는 것이 불가능하다는 것을 보여주려고 노력할 것이다. 이들의 진술에 따르면 덕에 속하는 것은 **호감을 주는**(amiable) 일이요, 악덕에 속하는 것은 **미워하게 될**(odious) 일이다. 이것이 덕이나 악덕의 본성이나 본질을 이루는 것이다. 그러나 이성이나 논증이 서로 다른 형용사들을 어떤 주어에 배분하고, 이것은 사랑을 낳을 것이 틀림없고 저것은 미움을 낳을 것이 틀림없다는 점을 미리 선언할 수 있을까? 아니면 이러한 정서들을 받아들이도록 자연스럽게 적응된 인간 정신의 근원적 조직과 구조 외에 다른 어떤 이유를 이러한 정서들에 귀속시킬 수 있을까?

모든 도덕적 사색의 목적은 우리에게 의무를 가르치는 것이며, 악덕이 추하고 덕이 아름답다는 사실을 적절하게 표현함으로써 상응하는 습관을 낳아서 우리에게 하나를 피하고 다른 것을 받아들이게 하는 것이다. 그러나 이러한 일이 과연 지성의 추론이나 결론에서 기대되겠는가? 이러한 추론이나 결론은 단독으로 정서에 대해 지배력을 갖지 못하거나 인간의 능동적 힘을 작동시키지 못한다. 그것들은 진리를 발견한다. 그러나 그것들이 발견하는 진리가 중립적이며, 어떤 욕망이나 혐오도 일으키지 않는 경우는 그것들이 행위나 행동에 어떤 영향도 미칠 수 없다. 명예스러운 것, 공평한 것, 적절한 것, 고상한 것, 고매한 것은 마음을 사로잡는 것이며, 우리를 움직여 그것을 받아들이고 유지하도록 한다. 이해할 수 있는 것, 명료한 것, 개연적인 것, 참된 것은 지성의 냉정한 찬동만 얻을 뿐이며, 사색적인 호기심을 만족시키자마자 우리의 탐구를 종결시킨다.

덕에 대한 모든 따뜻한 느낌과 선입관을 없애고, 악덕에 대한 모든 증오나 혐오를 없애버림으로써 사람들을 이러한 구별에 완전히 무관심하게 만들면, 도덕성은 더는 실천적 연구가 아니며 우리의 생활과 행동을 규율하는 어떤 성향도 갖지 못할 것이다.

각 측에서 제기된 이러한 논증들은 (그리고 또한 더 많은 논증이 제기될 수 있겠지만) 너무나 그럴듯해서 나는 그것들이 이쪽이든 저쪽이든 똑같이 견고하고 만족할 만한 것은 아닌지, 그리고 **이성**과 **감정**이 거의 모든 도덕적 결정이나 결론에서 협력하고 있는 것은 아닌지 하는 생각을 쉽게 하게 된다. 성격이나 행동을 호감을 주는 것이라거나 미워해야 할 것이라고, 칭찬받을 만하거나 비난받을 만하다고 선언하고 그것들 위에 명예나 불명예, 시인(是認, approbation)이나 비난의 도장을 찍으며, 도덕성을 능동적인 원리로 만들고, 덕을 우리의 행복, 악덕을 우리의 불행의 요소로 삼는 이 최종적인 판결은 내 생각에 아마도 자연이 전체 인류에게 보편적인 것으로 만들었던 어떤 종류의 내적 감각이나 느낌에 의존하고 있다. 왜냐하면 다른 어떤 것이 이러한 성질의 영향력을 가질 수 있겠는가? 그러나 이러한 감정의 발생을 용이하게 하고, 감정의 대상을 올바로 식별하기 위해서는 많은 추론이 선행되고, 정확한 구별이 만들어지며, 올바른 결론이 도출되고, 멀리 떨어져 있는 것과 비교하는 일이 이루어지게 되며, 복잡한 관계가 검토되고, 일반적인 사실이 확정되며 확인되는 일이 종종 필요하다는 것을 발견하게 된다. 어떤 종류의 아름다움, 특히 자연적인 종류의 아름다움은 처음 나타날 때부터 우리의 호감과 시인을 일으킨다. 만약 그것들이 이런 결과를 낳지 못한다면, 어떤 추론으로도 그들의 영향력을 되찾거나 그것들을 우리의 취미와 감정에 더 잘 부합하게 하는 것은 불가능하다. 그러나 많은 종류의 아름다움, 특히 미술의 아름다움에는 그것에 고유한 감정을 느끼기 위해 많은 추론을 사용하는 일이 필요하다. 또한 거짓된 기호(嗜好)는 종종 논증과 반성을 통해 시정될 수 있다. 도덕적 아름다움은 후자와 같은 종류의 아름다움의 성질을 다분히 가지고 있으며, 인간 마음에 대한 적당한 영향력을 도덕적 아름다움에 주기 위해서는 우리의 지적 능력의 도움이 요구된다는 결론에는 정당한 근거가 있다.

도덕의 일반적 원리들에 관한 이러한 문제는 호기심을 자극하고 또 중요하기는 하지만, 현재로서는 그것에 관한 탐구에 더욱 신경을 쓰는 것이 우리에게 필요하지 않다. 왜냐하면 만약 우리가 이러한 탐구 과정에서 운 좋게도 도덕의 참된 기원을 발견할 수 있다면, 그때는 이런 종류의 모든 결정에 감정이나 이성 중 어느 쪽이 어느 정도 참여할는지 쉽게 드러날 수 있기 때문이다.[4] [5][우리는 이러한 목적에 도달하기 위해 대단히 단순한 방법을 따르고자 노력할 것이다. 우리는 일상생활에서 우리가 "인물의 가치(personal merit)"라 부르는 것을 형성하는 심적 성질들의 복합체를 분석할 것이다. 우리는 누군가를 경의와 애정, 또는 증오와 경멸의 어떤 대상으로 삼는 그런 마음의 모든 속성, 즉 어떤 사람이 가지고 있더라도 칭찬이나 비난을 포함하고, 그의 성격이나 예절에 대한 찬사나 빈정거림이 될 수도 있는 모든 습관이나 감정이나 능력을 고찰할 것이다. 이 점에 관해 인류 사이에 보편적으로 퍼져 있는 예민한 감수성은 철학자가 자신의 목록을 작성할 때 중대한 실수를 하거나 사색의 대상을 잘못 두는 위험을 초래하는 일은 절대로 있을 수 없다는 충분한 자신감을 그에게 심어준다. 그는 단지 잠시 그 자신의 가슴 안으로 들어가서 이런저런 성질이 자신에게 귀속되는 것을 스스로 원하는지 아닌지, 이런저런 악평이 친구에게서 나오는 것인지 아니면 적에게서 나오는 것인지를 고찰하면 된다. 언어의 성질 자체가 이러한 종류의 판단을 형성할 때, 우리를 거의 잘못되지 않게 인도한다. 모든 언어는 좋은 의미로 이해되는 한 묶음의 단어를 소유하고, 또한 나쁜 의미로 이해되는 다른 한 묶음의 단어를 소유하고 있으므로 아주 적은 관용어 지식만으로 어떤 추론에 근거하지 않더라도 사람들의 칭찬할 만한 성질이나 비난할 만한 성질을 수집하고 배열하는 데서 우리를 지도하기에 충분하다. 추론의 유일한 목적은 양측의 성질들

---

4 부록 1「도덕적 감정에 관하여(Concerning Moral Sentiment)」를 참조할 것.

5 [[ ]은 O판에서 삽입되었다. 그 대신에 G-N판은 다음과 같은 진술로 되어 있다. "그런데 이 논쟁이 충분히 해결되기 전에는 우리가 과학에서 요구하는 것과 같이 정밀한 방식으로, 즉 현재 우리의 탐구 대상인 덕과 악덕에 대한 정의와 함께 시작하여 나아가는 것은 거의 불가능할 것이다. 그러나 우리는 만족스럽다고 생각되는 것을 당연히 취할 것이다. 우리는 이 문제를 경험의 대상으로 고찰할 것이다. **우리는 인류의 일반적인 시인을 동반하는 마음의 모든 성질 또는 행위**는 유덕하다고 부를 것이다. **일반적인 비난이나 질책의 대상이 되는 모든 성질**은 악덕하다는 명칭을 부여할 것이다. 우리는 이러한 성질들을 수집하고자 노력할 것이다. 그것들이 일치를 이루는 사정들을 양 측면에서 검토한 후에 최종적으로 윤리학의 기초에 도달하고 그로부터 모든 도덕적 비난이나 시인이 궁극적으로 도출되는 보편적 원리를 발견할 수 있다고 생각한다."]

에 관해서 그것들에 공통되는 사정을 발견하는 것이고, 또한 칭찬할 만한 성질이 한편으로 일치를 이루고, 비난할 만한 성질이 다른 한편으로 일치를 이루는 특수한 사정을 고찰하는 것이며, 그런 다음 윤리학의 기초에 도달하고, 모든 비난이나 시인의 궁극적 원천이 되는 보편적 원리를 발견하는 일이다.] 이것은 추상적인 과학의 문제가 아니라 사실의 문제이기 때문에 실험적 방법을 따름으로써만, 그리고 특정한 사례들을 비교하여 일반적인 공리를 연역함으로써만 성공을 기대할 수 있다. 일반적인 추상적 원리가 먼저 확립되고, 그런 다음 다양한 추론과 결론으로 가지치기를 하는 다른 과학적 방법은 그 자체로는 더 완벽할지 모르지만, 인간 본성의 불완전성에 대해서는 적합성이 더 적으며, 다른 주제에서도 그렇지만 이 주제에서도 착각과 오해의 공통 원천이 된다. 사람들은 오늘날에 와서야 자연철학에서의 가설과 체계를 추구하는 열정의 병이 치유되었고, 경험에서 나오는 것 이외의 어떤 논의에도 귀를 기울이려 하지 않을 것이다. 그들은 모든 도덕적 연구에서 같은 개혁을 시도하고, 사실이나 관찰에 기초하지 않은 윤리학의 체계가 아무리 정교하고 창의력이 풍부하다고 하더라도 그런 윤리학의 체계를 거부해야 하는데, 지금이 바로 그때다.

[6]우리는 이 주제의 연구를 사회적 덕, 즉 자비심(benevolence)과 정의(justice)를 고찰하는 데서 시작할 것이다. 이것들에 대한 설명은 우리에게 아마도 다른 것을 설명할 단서를 줄 것이다.

---

6 [이 단락은 O판에서 추가되었다.]

2장

자비심에 관하여*

제1절

자비롭다거나 또는 더욱 부드러운 감정들이 **존중되어야 함**을 증명하는 것은 아마도 불필요한 작업으로 생각된다. 이것들은 어디에 나타나든 사람들의 시인과 호의를 끈다.[1] **사교적, 좋은 기질의, 인정 많은, 관대한, 은혜에 감사하는, 친근한, 고결한, 자비심이 깊은** 등의 형용사 혹은 그들과 동의어인 것들은 모든 언어에서 알려져 있고, **인간**

* [G-Q판에서 이 장은 제1절에 해당하는 몇몇 단락들에서 시작되었는데, 그 뒤 이 단락들은 부록 2「자기애에 관하여(Of Self-Love)」로 나타나게 된다.]

1 [G-N판에서는 "존중되어야 한다"는 "유덕하다"로 되어 있고, "시인과 호의를 끈다"는 "경의, 시인 등을 끈다"로 되어 있다.]

본성이 도달할 수 있는 최고의 가치(merit)를 보편적으로 표현하고 있다. 이러한 존중할 만한 성질들이 가문, 권력, 탁월한 재능들에 수반되어 인류의 선한 통치나 유용한 교육에서 발휘될 경우, 이러한 성질들은 심지어 이들을 소유한 사람들을 **인간 본성**의 신분을 넘어서게 하고, 이들을 어느 정도 신성(神性)에 가까이 가게 만드는 것처럼 보인다. 고도의 능력, 불굴의 용기, 순조로운 성공은 영웅이나 정치가를 대중의 시샘이나 악의에 노출시킬 뿐이다. 그러나 관대, 친절, 우정의 사례들이 나타나고, 인정 많고 자비롭다는 칭찬들이 부가되자마자 선망마저 침묵하거나 시인과 칭찬이라는 일반적인 목소리와 동참하게 된다.

위대한 아테네의 정치가이자 장군인 페리클레스[2)]가 죽음의 목전에 이르자 그를 둘러싼 친구들은 그가 이미 의식을 잃었다고 생각하고 그의 위대한 자질과 성공, 정복과 승리, 이례적으로 긴 그의 통치, 공화국의 적들 위에 세워진 9개의 전승 기념비를 열거하면서 숨을 거두려고 하는 보호자를 위해 비탄을 쏟아내기 시작했다. **그대들은 잊고 있다.** 최후를 맞이하고 있는 영웅은 모든 것을 듣고 비통해한다. **그대들은 행운이 주된 역할을 했던 통속적인 공적을 열거하면서 나에 대한 칭찬 중 가장 탁월한 것을 망각하고 있다. 그대들은 나로 인해 상복(喪服)을 입었던 시민이 한 명도 없음을 깨닫지 못하고 있다.**[3)]

비교적 평범한 재능과 능력의 소유자에게 만약 사회적 덕이 가능

---

2 〈페리클레스(Pericles, 기원전 490~429)는 고대 그리스 아테네의 정치가이자 웅변가, 장군으로 고대 그리스 시대의 역사에서 가장 유명하고 영향력 있는 인물 가운데 하나다. 그는 그리스-페르시아 전쟁과 펠로폰네소스 전쟁 사이에 아테네의 지도자로서 아테네의 황금시대를 열었다.〉

3 『플루타르코스 영웅전』「페리클레스(*Pericle*)」 38. 〈플루타르코스(Plutarch, 46경~120경)는 『플루타르코스 영웅전』의 저자로 널리 알려진 고대 그리스 시대의 철학자, 정치가, 작가다. 그는 중기 플라톤주의 철학자 중의 한 명이었다.〉

하다면, 본질상 더욱 필요하다. 그 경우에는 재능과 능력의 결여를 보충하거나 그 사람을 우리의 가장 심한 경멸이나 증오로부터 보호하는 것만큼 탁월한 것은 아무것도 없기 때문이다. 키케로가 이야기하듯이 높은 야망, 즉 높은 용기는 덜 완전한 성격에서는 흉포한 잔인성으로 퇴화하기 쉽다. 이 경우에는 주로 더 사회적이고 부드러운 덕이 존중되어야 한다. 이러한 덕들은 항상 선하며 존중된다.[4]

유베날리스[5]가 인류의 광범위한 능력 중에서 찾아낸 주요한 이점은 그것이 우리의 자비심을 더욱 광범위하게 만들고, 우리가 친절한 영향을 펼칠 기회를 하등 동물에게 허용된 것보다 더 많이 우리에게 준다는 것이다.[6] 참으로 명백히 인정되는 사실이지만, 진실로 사람들은 선을 행함으로써만 탁월한 존재라는 이점들을 누릴 수 있다. 그의 높은 지위는 그 자체로 그만큼 더 그를 위험과 폭풍우에 드러나게 한다. 그의 유일한 특권은 아랫사람들에게 은신처를 제공하여 그의 보호와 보살핌 하에서 편히 쉴 수 있게 하는 것이다.

깜빡 잊었지만, 관대함과 자비심을 권장하거나 사회적 덕의 모든 순수한 매력을 그것들의 참된 색으로 칠하는 것이 나의 현재 일은 아니다. 참으로 이것들은 처음 이해되는 순간에도 모든 사람의 마음을 사로잡기에 충분하다. 그리고 이것들이 종종 담론이나 추론에서 나타날 때마다 무언가 찬사가 나오는 것을 억제하기 힘들다. 그러나 여기

---

4 『의무에 관하여』 제1권(*De Officiis*, lib. i). 〈키케로(Cicero, Marcus Tullius, 기원전 106~43)는 로마 공화정 시대 정치가, 웅변가, 철학자. 철저한 공화주의자인 키케로와 공화정에 반발하는 카이사르와는 정치적으로 대립했으나, 개인적으로는 편지를 주고받을 정도로 상당한 친분이 있었던 것으로 알려져 있다.〉

5 〈유베날리스(Juvenal, 60경~140경)는 로마 제국의 정치, 사회를 풍자했던 시인이다.〉

6 『풍자』(*Sat.*), XV. 139f.

서 우리의 목적은 도덕의 실천적인 부분이라기보다는 사변적인 부분에 있으므로 자비심과 인간성(humanity), 우정과 감사, 자연적인 감정과 공공의 정신, 또는 누구라도 다른 사람에 대한 부드러운 공감에서 생겨나는 것, 그리고 인류와 동포에 대한 관대한 배려 이상으로 인류의 일반적인 호의와 시인을 받을 자격이 있는 성질은 어디에도 없다는 점을 (이것은 쉽게 승인된다고 나는 확신한다) 언급하는 것으로 충분할 것이다. 이것들은 어디에서 나타나든 보는 사람 각자에게 어떤 식으로 스며들고, 이것들이 그들 자신을 대신하여 주위의 모두에게 미치는 것과 똑같은 호의적이고 다감한 감정을 불러일으킨다고 생각된다.

제2절[7)]

우리는 인정 있고 은혜로운 사람에 대한 칭찬을 표할 때, 반드시 역설되지 않으면 안 되는 하나의 사실, 즉 그의 교제와 좋은 역할이 사회에 가져다주는 행복과 만족이 존재한다는 사실을 목격할 수 있다. 우리가 흔히 하는 이야기지만, 그는 혈연(nature)의 연줄에 의해서보다는 효심과 충실한 돌봄에 의해 부모에게 사랑받는다. 그의 아이들은 자신들의 유리함을 위해 사용될 때를 제외하고는 부모의 권위를 결코 느끼지 못한다. 사랑의 끈은 자비와 호의에 의해 그와 결합한다. 그에게 사랑의 끈은 은혜와 우정으로 단단해진다. 우정의 끈은 각자가 해야 할 일을 즐겁게 준수한다는 점에서 사랑과 성향의 끈과 거의 같다.

7 [G-Q판에서는 제3부.]

그의 하인과 부양가족은 그에게서 안전한 재원을 얻으며, 운명이 그를 향해 힘을 행사하지 않는 한, 그는 더는 운명의 힘을 두려워하지 않는다. 그에게서 굶주린 사람은 식량을, 벌거벗은 사람은 옷을, 무지하고 나태한 사람은 숙련과 근면을 얻게 된다. 그는 태양처럼, 섭리의 하급 천사처럼 주위 세계를 격려하고, 세계에 원기를 북돋아주며, 세계를 지원한다.

만약 그가 자신의 개인 삶에 한정된다면, 그의 활동 영역은 더 좁아진다. 그러나 그가 미치는 영향은 모두 자비롭고 온화하다. 그가 더 높은 지위로 올라가면, 인류는 후세까지도 그의 노동의 열매를 수확하게 된다.

우리가 누군가에 대한 존경을 사람의 마음에 불어넣으려 할 경우, 이러한 칭찬이라는 화제는 반드시 사용되고, 게다가 성공을 거두고 사용되기 때문에 사회적 덕들에서 생겨나는 **효용성**(utility)은 적어도 이러한 덕들이 가지고 있는 가치의 **일부**를 형성한다고, 그리고 이 덕들에 대해 그처럼 보편적으로 표해지고 있는 시인과 존중의 한 원천이라고 이로부터 결론 내릴 수 있지 않을까?

동물이나 식물조차 **유용**하며 **유익**하다고 하여 추천할 때, 우리는 그 동식물의 성질에 적합한 칭찬이나 추천의 말을 그 동식물에게 한다. 마찬가지로 다른 한편 이러한 하등 존재 중 어느 하나에 대해 그것의 해로운 영향을 생각하는 경우는 늘 우리에게 혐오의 감정이 일어나게 된다. 눈[眼]은 옥수수밭과 과실이 많이 달린 포도밭, 풀을 뜯는 말, 방목되는 양 무리의 조망을 반긴다. 그러나 이리나 뱀에 은신처를 제공하는 가시덤불이나 가시나무의 조망을 외면한다.

사용과 편의를 위해 잘 설계된 기계, 가구, 의복, 집은 매우 아름답고, 우리는 즐거움과 시인(是認)으로 이들을 감상한다. 이 경우 경험이 풍부한 사람의 눈은 무지하고 교육을 받지 못한 사람이라면 보지 못하는 많은 우수한 점을 감지할 수 있다.

상업이나 제조업 같은 하나의 직업을 칭찬할 때, 그 직업이 사회에 가져다주는 이점을 진술하는 것 이상으로 강력한 어떤 것을 언급할 수 있을까? 그리고 만약 우리가 수도승이나 종교재판관의 직책을 인류에게 무익하거나 해로운 것으로 간주한다면, 그들은 격노하지 않을까?

역사가는 그의 일에서 생겨나는 이익을 과시하면서 득의만만해한다. 소설가는 그의 문체 방식 때문에 생겨난 나쁜 영향을 가볍게 보거나 부정한다.

일반적으로 "유용하다"라는 단순한 형용사에는 얼마나 칭찬이 포함되어 있는지! 그 반대의 형용사에는 얼마나 질책이 포함되어 있는지!

키케로가 에피쿠로스학파[8)]에 반대해서 말하고 있듯이,[9)] 비록 신들이 상상의 완전성을 갖추고 있다고 가정하더라도 여러분의 신들이 예배나 숭배를 요구하는 것은 정당할 수 없다. 그 신들은 무익하고 비활동적이다. 여러분이 그토록 조롱하는 이집트인조차 그것이 효용성이 있다는 이유가 아니라면 어떤 동물도 신성화(神聖化)하는 일은 절대로 하지 않았다.

터무니없기는 하지만, 회의론자들은 모든 종교적 예배가 태양이나 달 같은 무생물이 인류의 유지와 행복에 대해 가지는 효용성에서

8 〈에피쿠로스(Epicrus, 기원전 341년경~270)는 그리스의 철학자로, 에피쿠로스학파를 창설했다.〉

9 『신의 본성에 관하여』 제1권, 36(*De Nat. Deor*, i. 36).

기원했다고 주장한다.[10] 이것은 또한 걸출한 영웅과 입법자의 신격화에 대해 역사가들이 귀속시켰던 공통의 이유다.[11]

조로아스터(Zoroaster)교에 따르면 나무를 심고, 밭을 갈며, 아이를 낳는 일은 가치 있는 행위다.

도덕성의 모든 결정에서 공공의 효용성이라는 이러한 사정이 언제나 주된 것으로 고려된다. 그리고 철학에서건 일상생활에서건 의무의 범위에 관한 논쟁이 일어나는 경우, 언제나 그렇듯이 이 문제가 인류의 진정한 이익을 어떤 면에서건 확인하는 것 이상으로 더 큰 확실성을 가지고 결정되는 일은 절대로 있을 수 없다. 설령 겉모습으로 받아들여진 무언가 거짓된 의견이 널리 퍼져 있다는 것이 발견되었다 하더라도 우리는 계속해서 축적된 경험과 더 건전한 추론이 우리에게 인간의 사정에 관해 더 정당한 견해를 부여하자마자 우리는 처음의 감정을 접고 도덕적 선악의 경계를 새로이 조정한다.

상습적인 거지에게 베푸는 행위가 칭찬받는 것은 당연하다. 왜냐하면 그것은 고충을 겪는 자나 곤궁한 자를 구제하는 것처럼 보이기 때문이다. 그러나 그 때문에 게으름과 방탕이 촉진된다는 것을 관찰할 때, 우리는 그런 종류의 자선을 덕으로 보기보다는 오히려 마음의 나약함으로 본다.

고대에는 폭군 살해, 또는 찬탈자나 압제적 군주 암살이 높이 칭찬되었다. 왜냐하면 그것은 이들 괴물 중 다수로부터 인류를 해방하는

---

10 『독단론 논박』 제8권. (제9권. 394, 18.) {*adversus Mathematicos*, lib. viii. (ix. 394, 18.)}. 〈섹스투스 엠피리쿠스(Sextus Empiricus, 200년경)는 그리스의 회의론 철학자, 경험주의 학파의 의학자.〉

11 그의 저서 『역사 총서(*Bibliotheca Historica*)』 곳곳에 이런 내용이 나와 있다. 〈디오도로스 시켈로스(Diodoros Siculus)는 기원전 1세기 시칠리아 출신의 그리스 역사가다.〉

것과 함께 검이나 비수가 다다를 수 없는 다른 괴물들에게 두려움을 주는 것처럼 보이기 때문이다. 그러나 우리는 그 이후의 역사와 경험으로 이러한 관행이 군주의 시기심과 잔혹성을 조장한다는 사실을 알게 되었기 때문에 티몰레온[12]과 브루투스[13] 같은 인물들은 비록 그들 시대의 편견 때문에 관대하게 다루어졌지만, 지금은 모방하기에는 매우 부적당한 모델로서 여겨진다.

군주의 너그러움은 자비심의 표시로 여겨진다. 그러나 종종 정직하고 근면한 사람의 친절한 빵이 종종 게으름뱅이나 낭비하는 사람을 위한 맛있는 진미(珍味)로 변화하는 일이 발생할 때, 우리는 곧바로 우리의 부주의한 칭찬을 취소한다. 하루를 낭비한 것에 대한 어떤 군주의 후회는 고귀하고 관대한 것이었다. 그러나 만약 그가 하루를 자신의 탐욕스러운 조정 신하에 대한 관대한 행위에 쓰려고 마음먹었나면, 그러한 방식으로 오용되는 것보다는 차라리 낭비되는 것이 나았을 것이다.

사치 또는 생활의 쾌락과 편의에서의 세련은 오랫동안 통치에서 모든 부패의 원천이었으며, 당쟁, 교란, 내란, 자유의 전반적 상실의 직접적인 원인이라고 상상되어왔다. 따라서 그것은 보편적으로 악덕으로 여겨졌으며, 모든 풍자작가와 엄격한 도덕가들에게는 규탄의 대상이었다. 그러한 세련이 오히려 근면, 정중한 언행, 기술을 증진하는 성향이 있다는 것을 증명하거나 증명하려고 시도하는 사람들은 우리의

12 〈티몰레온(Timoleon, 기원전 400년경~337)은 고대 코린토스 출신의 그리스 정치가이자 장군으로, 참주들과 처음에는 코린토스에서, 뒤에는 시칠리아에서 싸웠다.〉

13 〈브루투스(Marcus Junius Brutus, 기원전 85년경~42)는 로마 공화정 말기의 정치가, 웅변가, 장군. 뒤에 율리우스 카이사르의 암살로 이어진 음모에서 주도적인 역할을 했다.〉

정치적 · 도덕적 감정을 새로 조정하고, 이전에는 해롭거나 비난해야 할 것으로 여겨져온 것을 칭찬할 만한 것 또는 해롭지 않은 일로 표현한다.

그래서 전체적으로 본다면, 어떤 인간에 대해서도 탁월한 정도의 자비 감정보다 더 높은 가치를 부여하는 것은 아무것도 없다는 사실과 그 가치의 적어도 **일부분**은 인류의 이익을 증진하고 인간 사회에 행복을 주려는 경향성에서 생겨난다는 사실은 부정할 수 없는 것처럼 보인다. 우리는 이러한 성격이나 기질이 건전한 결과를 낳는다는 우리의 고찰을 수행한다. 그렇게 자애로운 영향력을 가지고, 그렇게 바람직한 목적을 촉진하는 것은 무엇이든 만족과 기쁨으로 여겨진다. 사회적 덕들은 그것들이 가지는 유익한 경향성 없이는 고려되지 않으며, 불모(不毛)하고 과일이 열리지 않는 것으로 볼 수도 없다. 인류의 행복, 사회질서, 가족의 화합, 친구들 간의 상호 도움은 항상 인간의 마음에 대한 부드러운 지배의 효과라고 생각된다.

우리가 그것들이 주는 가치의 얼마만큼 많은 **부분**을 그것들의 효용성으로 돌려야 하는지는 이러한 사정이 무엇 때문에 우리의 존경이나 시인에 대해 그와 같은 지배력을 갖는지에 대한 이유[14]와 함께 이하의 논의[15]에서 더 명료해질 것이다.

14 제5장 「왜 효용성은 기쁨을 주는가?」

15 제3장 「정의에 관하여」와 제4장 「정치적 사회에 관하여」

3장

정의에 관하여

제1절

정의가 사회에 유용하다는 것, 따라서 그것이 가지는 가치의 적어도 **일부**는 그것을 고려함에 따라 생겨남에 틀림없다는 것을 입증하는 일은 불필요한 기도일 것이다. 공공의 효용성(public utility)이 정의의 **유일한** 기원이라는, 그리고 이 덕의 유익한 귀결(beneficial consequences)에 대한 반성이 그것이 갖는 가치의 **유일한** 기초라는 이 명제는 좀 더 호기심을 끌고 중요한 것이기 때문에 우리가 검토하고 탐구할 만한 가치가 있을 것이다.

자연이 인간에게 아낌없이 모든 **외적인** 편의의 **풍부함**을 주었기 때문에 가장 게걸스러운 탐욕이 원할 수 있는 것은 무엇이나, 사치스러운 상상력이 바라거나 욕구할 수 있는 것은 무엇이나, 우리가 어떤 배려도 하지 않더라도 그리고 우리가 전혀 근면하지 않더라도, 절대적으로 확실하게 공급되고 있다는 점을 모든 개인이 스스로 발견하고 있다고 가정해보자. 우리는 그의 자연 그대로의 아름다움이 모든 인공적 장식을 능가하고, 사계절 지속적인 온난한 기후가 모든 옷과 피복을 쓸모없게 하며, 가공하지 않은 풀이 가장 맛있는 음식을 그에게 제공하고, 맑은 샘이 가장 맛있는 음료를 그에게 제공한다고 가정할 것이다. 고된 업무는 필요하지 않고, 경작도 항해도 필요 없으며, 음악, 시, 명상이 그의 유일한 일이 되며, 담화, 환락 그리고 우정이 그의 유일한 오락이라고 가정할 것이다.

이런 행복한 상태에서는 다른 모든 사회적 덕은 번성할 것이고 10배나 증가할 것이지만, 정의라는 신중하고 시기심이 강한 덕은 일찍이 꿈에도 생각된 적이 없었음이 명백하다고 여겨진다. 이미 충분히 가지고 있는데 무슨 목적으로 재화의 분배가 이루어지겠는가? 아마 어떤 침해도 있을 수 없는 곳에서 무슨 이유로 소유권이 발생할까? 이 사물이 다른 사람에 의해 탈취되더라도 내 손을 뻗치기만 한다면 그것과 동등한 가치가 있는 것을 나 자신의 것으로 소유하게 될 때, 무엇 때문에 그 사물을 **나의 것**(mine)이라 부를까? 정의는 그 경우에 완전히 **쓸모가 없**으므로 무익한 의례(儀禮)가 되고, 아마도 덕의 목록 중에는 결코 존재할 수 없을 것이다.

현재 인류의 곤궁한 상황에서조차 어떤 은혜가 자연에 의해 무한히 풍부하게 주어지는 곳에서는 우리는 우리가 항상 그것을 전 인류의 공유에 위탁하고, 권리(right)와 소유권(property)을 세분하지 않는다는 사실을 안다. 물과 공기는 모든 대상 중 가장 필요하다 하더라도 개인의 소유권으로 요구되지 않는다. 또한 이들 천혜(天惠)를 가장 아낌없이 사용하고 누림으로써 누구도 부정을 저지를 수 없다. 주민이 소수에 불과하고 비옥하고 광대한 나라의 토지도 같은 처지에 있다고 생각된다. 그리고 바다의 자유를 옹호하는 사람들에 의해 항해에서 바다의 무진장한 사용만큼 그렇게 많이 주장된 논제는 없다. 만약 항해를 통해 획득된 이점이 무진장하다면, 이 논자들은 반박해야 할 상대를 결코 가지지 못했을 것이며, 또 해양에 대한 분할적이고 배타적 지배에 관해 어떠한 요구도 제출되지 않았을 것이다.

만약 토지는 주민이 사용할 수 있을 만큼 풍부하게 있지만 물은 찾는 데 어려움이 있고 극히 작은 양이라고 한다면, 어떤 국가들에서 어떤 시대에는 물에 소유권이 설정되며 토지에는 그것이 설정되지 않는 일이 발생할 것이다.[1)]

또 인류의 궁핍이 현재와 마찬가지로 지속하더라도 인간의 마음이 너무나 넓고 우정과 너그러움으로 가득 차 있으므로 모든 사람이 모든 사람에 대해 최대한의 상냥함을 유지하며, 동료의 이익보다 자신의 이익을 더 걱정할 일이 없다고 가정해보자. 이 경우 정의의 **사용**은 그토록 광대한 자비에 의해 정지될 것이며, 소유권(property) 및 책무(obligation)의 분할과 경계는 절대로 고안되지 않았으리라는 점이 명백하다고 생각된다. 다른 사람이 이미 가장 강력한 성향에 의해 나의 행복을 추구하도록 촉진되고, 자진하여 바람직한 봉사를 수행하리라는 것을 내가 인지할 때, 그 봉사로 인해 그가 입는 손해가 나에게서 생겨나는 이익보다 클 경우를 제외한다면, 그런 경우 그는 나의 타고난 인

1 『창세기』 13장과 21장.

간성과 우정에서부터 내가 가장 먼저 그의 무분별한 관대함에 대해 반대할 것을 알고 있겠지만, 그런데도 어떤 착한 봉사를 나에게 하도록 증서나 약정으로써 내가 그를 구속할 이유가 어디에 있겠는가? 나의 마음이 우리의 이익 사이에 어떤 구별도 하지 않고, 그의 모든 즐거움과 비탄을 마치 원래 나 자신의 것인 것처럼 같은 힘과 활기로 나누어 가질 때, 이웃의 밭과 나의 밭 사이에 경계표를 세울 이유가 어디에 있겠는가? 이러한 가정에 근거할 때 모든 사람은 다른 사람에 대해 제2의 자기가 되기 때문에 그의 이익 모두를 경계도, 분할도, 구별도 없이 모든 사람의 재량에 위탁할 것이다. 그리고 전 인류가 단 하나의 가족을 형성할 것이다. 거기에서는 모든 것이 공유될 것이고, 소유권을 고려하지 않고서 자유롭게, 그러나 또한 각 개인의 필요에 대해서는 마치 우리 자신의 이익이 극히 밀접하게 관계하고 있는 것처럼 전체적인 고려와 함께 사용될 것이다.

인간 마음의 기질이 현재의 상태에 있다면, 아마도 그렇게 넓은 애정의 완벽한 사례를 발견하기는 어려울 것이다. 그러나 그렇더라도 여전히 가족의 경우가 그것에 근접한다는 것, 가족 개인 간의 상호 자비가 강하면 강할수록 더욱 그것에 근접하며, 결국 그들 간 소유권의 모든 구별은 대체로 상실되고 혼동에 이르게 된다는 것이 관찰될 것이다. 법률은 결혼한 사람들 간에는 우정의 유대가 소유의 모든 분할을 철폐할 만큼 그렇게 강하다는 것을 가정하며, 그리고 실제로도 그런 유대는 종종 그것에 귀속되는 힘을 가지게 된다. 그리고 모든 원리가 과도하게 선동되는 종교적 열광이 작렬하는 동안에는 재화의 공유가 자주 시도되었다는 사실, 그리고 사람들의 보답받으려는 또는 위장된 이기심에서 생겨나는, 그것의 불편함을 경험하는 것 외에는 어떤 것도 무분별한 광신자에게 정의와 재산 분유의 관념을 새로이 채택하도록 하는 일이 가능하지 않았다는 사실은 주목할 만하다. 이처럼 이 덕이 인류의 교제와 사회적 상태를 위한 그것의 필연적 **용도**(use)에서 오로지 그것의 실재를 얻고 있다는 것은 진실이다.

이 진리를 더욱 분명히 하기 위해 앞에서 언급한 가정을 뒤집어보고, 모든 것을 반대의 극단 쪽으로 옮겨 이러한 새로운 상황의 결과가 어떻게 되는지를 고찰해보기로 하자. 어떤 사회가 모든 일상적인 필수품이 너무나 부족한 상태에 빠지게 되어 아무리 절약하고 근면하더라도 대다수를 죽음에서, 그리고 전체를 극단의 비참에서 지킬 수 없다고 가정해보자. 내가 믿기로 그렇게 긴급한 비상사태에서는 정의의 엄격한 법률은 정지되고, 필요와 자기보존이라는 한층 강력한 동기에 자리를 양보하는 일이 쉽게 승인될 것이다. 배가 난파한 후 사람들이 붙잡을 수 있는 안전의 수단이나 도구는 무엇이든 붙잡고, 소유권이라는 이전의 제약을 고려하지 않는 것이 무슨 죄가 되겠는가? 또는 포위된 도시가 기아로 멸망해서 사라지게 될 경우, 사람들이 눈앞에 무언가 생존 수단을 보면서 다른 상황에서는 공정(equity)과 정의의 규칙이 되겠지만, 그것을 양심적으로 존중하다가 자신의 생명을 잃어버리는 것을 우리가 상상할 수 있을까? 저 덕의 **용도**와 **성향**은 사회의 질서를 유지함으로써 행복과 안전을 획득하는 데 있다. 그러나 사회가 극도의 궁핍 때문에 틀림없이 멸망할 것 같은 경우에는 어떤 더 큰 악이 폭력과 부정에서 생겨나는 것은 아닐까 두려워할 리 만무하다. 그리고 모든 사람은 이제야 사려(prudence)가 지시하거나 인간성(humanity)이 허용하는 모든 수단을 다해서 자신을 위해 대비할 것이다. 민중은 이보다 덜 절박한 궁핍에서조차 소유권의 동의 없이 곡물창고를 연다. 행정장관의 권위가 공정(公正)과 모순되지 않으면서 그만큼까지 확장될 수 있다고 가정하는 것은 정당하기 때문이다. 그러나 몇몇 사람이 법률이나 민사 재판권에 속박되지 않고 모여서 기아의 경우 빵을 평등하게 분배하는 것은 비록 힘이나 심지어는 폭력이 사용되더라도 범죄나 불법이라고 생각될까?

마찬가지로 어떤 덕스러운 사람이 법률과 통치의 보호에서 이탈되어 악당의 사회에 떨어질 운명에 처했다고 가정해보자. 그러한 우려할 상황에서 그는 어떤 행동을 취해야 할까? 그는 곧바로 비극적인 결말이 날 것임에 틀림없을 것 같은, 그리고 다수 사람의 파멸, 나머지 사람들에게는 사회의 완전한 붕괴로 끝날 것이 뻔한 절망적 탐욕, 공정의 무시, 질서의 모멸, 미래의 결과에 대한 우둔한 맹목이 지배한다는 사실을 보게 된다. 그러는 사이에 그는 누구의 것이든 검이나 방패를 집어서 자신을 무장하고, 방어와 안전을 위한 모든 수단을 마련하는 것 이외에 다른 방책을 가질 수 없다. 그리고 정의에 대한 그의 각별한 존중은 자신의 안전이나 다른 사람의 안전에 더는 **쓸모**(use)가 없으므로 이제 그의 배려나 관심에 더는 가치를 두지 않는 사람들에 대해서는 개의치 않고, 오로지 자기보존의 명령이 내리는 충고만 구할 것이 틀림없다.

정치적 사회에서조차 누군가가 죄를 범함으로써 대중의 미움을 받는 사람이 될 때, 그는 법률에 따라 재산형이나 체형을 받게 된다. 즉 통상적인 정의의 규칙은 그에 관해 일시적으로 정지되며, 그렇지 않은 경우에 과해진다면 부정 또는 불법이지만, 사회의 **이익**(benefit)을 위해 그것을 그에게 과하는 것은 공정이 된다.

전쟁의 사나움과 폭력이란 정의의 덕이 지금은 자신들에게 더는

쓸모가 없거나 유리하지 않음을 인지한 양 진영 간 정의의 중단이 아니면 무엇일까? 이때 공정과 정의의 법을 계승한 전쟁 법규는 사람들이 현재 처해 있는 특수한 상태의 **이점**(advantage)과 **효용성**을 위해 계산된 규칙이다. 만약 문명국가가 전쟁 규칙조차 준수하지 않는 야만인과 교전한다면, 문명국가라도 전쟁의 규칙이 어떤 목적에도 역할을 하지 못할 경우 그 규칙의 준수를 정지하고, 최초의 공격자에 대해서는 가능한 한 모든 전투나 충돌을 반드시 잔학하고 치명적인 것으로 만들 것이 틀림없다.

그리하여 공정 또는 정의의 규칙들은 사람들이 처한 특수한 상태와 조건에 전적으로 의존하며, 이러한 규칙들의 기원과 존재를, 그것들의 엄격하고 규칙적인 준수로 인해 대중에게 생겨나는 **효용성**에 돌린다. 어떤 중요한 점에서 인간의 조건을 역전시켜보자. 극단적인 풍요로움이나 궁핍을 만들어 인간의 마음 안에 완전한 절제와 인간성, 혹은 완전한 탐욕과 악의를 심어보자. 당신은 정의를 완전히 **쓸모없는**(useless) 것으로 만듦으로써 그것의 본질을 완전히 파괴하며, 인류에게 그것의 책무를 지우는 것을 정지시킬 것이다.

사회의 보통 상황은 이 모든 극단의 중간에 있다. 우리는 본래 우리 자신과 친구를 편애하지만, 좀 더 공정한 행위에서 나오는 이점을 배울 수 있다. 자연의 관용적이고 인색하지 않은 손에서 우리에게 주어지는 향락은 몇 가지 되지 않는다. 그러나 우리는 기술, 노동, 근면을 통해 그것들을 엄청나게 뽑아낼 수 있다. 따라서 소유권의 관념들은 모든 시민사회에 필요하고, 그리하여 그 필요에서부터 정의가 대중에 대한 그것의 유용성을 도출해내며, 따라서 그렇게 해서만 그것의 가치와 도덕적 책무가 생겨난다.

이러한 결론들은 너무나 자연스럽고 명백해서 시인들조차 황금시대 또는 사투른[2]의 치세에 수반되는 지복(至福)을 묘사하면서 이러한 결론들을 벗어나지 못했다. 만약 우리가 이들 유쾌한 허구를 믿는다면, 자연의 최초 시대에는 사계절이 너무나 온난하여 사람들은 뜨거움이나 차가움의 폭력에 대한 방어로서 의복이나 집을 준비할 필요가 없었다. 강에는 포도주와 우유가 넘쳐흘렀고, 오크 나무는 꿀을 제공해주었으며, 그리고 자연은 자발적으로 최고의 진미를 생산했다. 이것들만이 그 행복한 시대의 주요 이점은 아니었다. 폭풍우가 자연에서 제거되었을 뿐만 아니라 오늘날 그러한 소란의 원인이 되고 그러한 혼란을 일으킨 가장 흉포한 폭풍우는 인간의 마음에 알려지지도 않았다. 탐욕, 야심, 잔인, 이기심은 들어본 적도 없었다. 마음속 깊은 애정, 동정, 공감이 마음이 이제껏 알게 된 유일한 움직임이었다. **나의 것**과 **너의 것**이라는 딱딱한 구별조차 저 행복한 인간 종족 중에서 추방되었으며, 이와 함께 소유권, 책무, 정의와 불의라는 개념까지도 옮겨 가 버렸다.

황금시대라는 이 **시적인** 허구는 어떤 점에서는 **자연 상태**(state of nature)라는 **철학적** 허구와 같은 종류의 것이다. 전자는 아마도 상상될 수 있는 가장 매력적이고 평화로운 상황으로 표현된 것이지만, 반대로 후자는 가장 극단적인 궁핍을 수반하는 상호 전쟁과 폭력의 상황으로 묘사되고 있다는 점에서 차이가 있다. 들은 바에 따르면, 인류의 시초에는 그들의 무지와 야만적인 성질이 대단히 일반적이었으므로 그들은 서로 신뢰할 수 없었고, 각자는 보호와 안전을 위해 그 자신과 그

---

2 〈Saturn. 로마 신화에서 농업의 신.〉

자신의 힘 또는 교활함에 의지했어야 했다. 사람들은 어떤 법률도 들은 바 없었고, 어떤 정의나 규칙도 알려진 바 없었다. 소유권의 어떤 구별도 고려되지 않았다. 힘이 권리의 유일한 기준이며, 만인의 만인에 대한 영구적인 전쟁은 사람들의 억제되지 않는 이기심과 야만성의 결과였다.*

* 자연 상태를 전쟁 상태로 보는 이 허구는 통상 상상되는 것처럼 홉스 씨[3]가 최초로 시작한 것은 아니었다. 플라톤은 『국가』 제2권, 제3권, 제4권에서 이와 대단히 유사한 가설을 논박하고자 노력했다. 반대로 키케로는 다음의 구절에서 그것을 확실하고 보편적으로 인정받고 있는 것이라고 가정하고 있다.[4]

"Quis enim vestrum, judices, ignorat, ita naturam rerum tulisse, ut quodam tempore homines, nondum neque naturali neque civili jure descripto, fusi per agros ac dispersi vagarentur tantumque haberent quantum manu ac viribus, per caedem ac vulnera, aut eripere aut retinere potuissent? Qui igitur primi virtute & consilio praestanti extiterunt, ii perspecto genere humanae docilitatis atque ingenii, dissipatos unum in locum congregarunt, eosque ex

---

3 〈홉스(T. Hobbes, 1588~1679)는 영국의 철학자, 정치학자로 『리바이어던(*Leviathan*)』에서 사회계약론을 주장했다.〉

4 [G-N판에는 다음이 추가되었다. "이것은 내가 이러한 추론들을 위해 인용한 유일한 전거다. 이곳에서 푸펜도르프(Samuel von Pufendorf)의 예를 모방하지도 않았고, 오비디우스(Ovid)나 플라우투스(Plautus)나 페트로니우스(Petronius)의 시구를 모든 도덕적 진리를 위해 필요한 보증이라고 생각하고 있는 그로티우스(Hugo Grotius)의 예조차 모방하지 않았다. 또는 동일한 목적을 위해 헤브라이인이나 아라비아의 저술가들에게 계속 의거하고 있는 울러스톤 씨(Mr. Woollaston)의 예를 모방한 것도 아니다."]

feritate illa ad justitiam ac mansuetudinem transduxerunt. Tum res ad communem utilitatem, quas publicas appellamus, tum conventicula hominum, quae postea civitates nominatae mus, altero est utendum. Vim volumus extingui. Jus valeat necesse est, idi est, judicia, quibus omne jus continetur. Judicia displicent, ant nulla sunt. Vis dominetur necesse est. Haec vident omnes." [*Pro. Sext. sec.* 42.] ["왜냐하면 재판관 여러분, 여러분 중 누군가 자연의 경과가 다음과 같았다는 사실을 모르는 자가 있습니까? 즉 아직 자연법도 시민법도 제정되지 않았던 시대, 인간은 지방으로 뿔뿔이 흩어져 배회했고, 힘과 폭력에 의해 유혈과 상해를 통해 빼앗거나 확보한 만큼의 것을 소유할 뿐이었다는 것을 알지 못하는 사람이 있습니까? 따라서 처음에 출중한 사람들은 탁월한 장점과 사려를 통해 사람들 안에 본래 있는 일종의 교화되기 쉬움과 지성을 인정했고, 흩어져 있는 사람들을 한 장소에 모았으며, 그들을 저 야만의 상태에서 정의와 온순한 상태로 인도했던 것입니다. 그런 다음 그들은 공공을 이용하는 데 도움을 주는 사물, 나중에는 '국가'라 부르는 사람들의 집합, 그런 다음 우리가 '도시'라고 부르는 주거 장소를 신의 법과 인간의 법이 제정된 이후 성벽으로 둘러쌌습니다. 그리고 이 인간성에서 세련된 생활과 어떤 야만적인 생활방식이 다르다는 것을 '법'과 '폭력'만큼 명료하게 해준 것은 아무것도 없었습니다. 만약 우리가 그중 하나를 사용하기를 거부하면, 다른 하나를 사용해야 합니다. 만약 우리가 폭력이 절멸되기를 원한다면, 우리는 필연적으로 법, 즉 모든 법이 포함되는 재판이 지배하도록 해야 합니다. 우리가 재판을 싫어한다면, 혹은 재판이 집행되지 않는다면, 반드시 폭력이 지배할 수밖에 없습니다. 이것은 모두에게 명백한 것입니다."(『섹스티우스 변호』(*For Publius Sextius*), I. 42).]

인간 본성의 이러한 상황이 일찍이 실재했든 어떻든, 혹은 실재했더라도 상태(state)라는 명칭에 부합할 만큼 오랫동안 존속했는지 어떤지는 당연히 의문이 들 것이다. 인간은 필연적으로 적어도 가족 사회에서 태어난다. 그리고 그들의 부모에 의해 행동이나 태도에 관한 어떤 규칙에 적합하도록 교육된다. 그러나 만약 상호 전쟁과 폭력이라는 그러한 상태가 실제로 있었다면, 모든 정의의 법 정지는 그 법의 절대적 비효용성으로 인해 생겨난 필연적이며 확실한 결말이라는 사실이 인정되어야 한다.

우리가 인간 생활에 대한 견해를 바꾸면 바꿀수록, 그리고 우리가 조망하고 있는 빛이 더 새롭고 여느 때와 다른 것일수록 한층 우리는 여기서 정의의 덕에 지정된 기원이 진실하고 만족스러운 것이라는 사실을 깨달을 수 있게 된다.

이성적이지만 육체의 힘과 정신의 힘에서 모두 열등하므로 어떤 저항도 불가능하며, 아무리 화나더라도 그들의 분개 결과를 우리에게 느끼게 할 수 없는 어떤 종류의 생물 종이 인간과 뒤섞여 있다면, 내 생각에 필연적 결말은 우리에게 인간성의 법으로 이 생물들을 온화하게 취급해야 할 의무가 있지만, 그러나 적절하게 말한다면 그들에 관해 우리는 정의의 어떤 구속 아래에 있지도 않고, 또한 그들은 그러한 자의적인 주인을 배제할 어떤 권리나 소유권도 가질 수 없다는 사실이다. 우리와 그들의 교제는 '사회'라 불릴 수 없다. 사회는 어느 정도의 평등을 가정하지만, 여기서는 한쪽에서는 절대적 명령이 있고, 다른 쪽에서는 노예적 복종이 있을 뿐이다. 우리가 무엇을 탐내더라도 그들은 즉시 양보해야 한다. 우리의 허가가 그것에 의해 그들이 소유권을 가지는 유일한 보유권이며, 우리의 동정과 친절이 그것에 의해 그들이 우리의 무법(無法)한 의지를 제어하는 유일한 억제다. 그리고 자연에서 그렇게 확고하게 확립된 권력의 행사에서부터 어떤 불편도 생겨나지 않기 때문에 정의와 소유권의 제약은 완전히 **쓸모없게** 되며, 그렇게 불평등한 연합체에서는 절대로 존재하지 않을 것이다.

이것은 명백히 동물에 관해 인간이 놓여 있는 상황이다. 동물이 얼마만큼 이성을 가지고 있다고 말해질 수 있는가는 다른 사람들의 결정에 맡겨두기로 하자. 야만적인 인도 사람에 대한 문명화된 유럽 사람들의 큰 우월성은 우리를 그들에 관해 동물에 대한 것과 똑같은 입장에 있다고 상상하도록 유혹하고, 우리가 그들을 만나게 될 때 정의의 모든 제약, 그리고 심지어는 인간성의 제약조차 벗어버리게 한다. 많은 국가에서 여성은 노예처럼 지위가 격하되고, 그녀들의 당당한 주인들을 거역해서는 모든 소유권이 불가능하게 된다. 남성은 그들이 결속해 있을 때는 모든 나라에서 이 호된 폭정을 유지하기에 충분할 정도의 육체적 힘을 가지고 있겠지만, 그의 아름다운 반려자의 교묘한 포섭, 구애, 매력이 대단하기 때문에 부인들은 통상 그 동맹을 깰 수 있고, 사회의 모든 권리와 특권을 남성들과 함께 나누어 가질 수 있는 것이다.

만일 인간이라는 종족이 자연에 의해 각 개인이 그 자신의 보존과 종족 번식을 위해 필요한 모든 능력을 자신 안에 가지고 있는 것처럼 형성되었다면, 인간과 인간 사이의 모든 사교와 교제가 지고의 창조주(Creator)의 원초적 의도에 의해 단절되었다면, 그렇게 고립된 존재에는 사회적인 담화와 회화가 그런 것처럼 정의가 불가능하다는 것이 명백한 것처럼 보인다. 상호 존중과 자제가 어떤 방식의 목적에도 역할을 하지 못하는 곳에서는 그들은 결코 어떤 이성적인 인간의 행동도 규제하지 못할 것이다. 정념의 무모한 진행은 미래의 결과에 관한 어떤 반성에 의해서도 저지되지 않을 것이다. 이 경우 각자는 자기 자신만을 사랑하고, 안전과 행복을 위해서는 자기 자신과 그 자신의 활동에만 의존한다고 가정되기 때문에 모든 경우에 그는 자신의 있는 힘을 다해 다른 모든 존재에 대한 우위를 요구할 것이다. 그는 다른 존재 누구와도 자연에서든 이익에서든 어떤 끈에 의해서도 연결되지 않을 것이다.

그러나 만약 남녀 간의 결합이 자연 속에서 확립되어 있다고 가정하면, 즉시 가족이 발생한다. 그리고 가족의 존속을 위해서는 특수한 규칙들이 필요하다는 것이 분명하므로 이러한 규칙들은 즉시 채용된다. 비록 인류의 나머지 사람들을 그들의 규정 범위 내에서 포괄하는 것은 아니지만 말이다. 그리고 여러 가족이 서로 통합하여 다른 모든 사회와 완전히 분리된 하나의 사회를 형성한다면, 평화와 질서를 유지하는 규칙들은 그 사회의 최대한 범위까지 확장되지만, 이때 이 규칙들이 한 발짝이라도 그 경계를 넘어서면 완전히 무용지물이 되고 그들의 힘을 상실한다고 가정해보자. 그러나 또한 여러 다른 사회가 서로의 편의와 이익을 위해 일종의 교제를 유지할 경우, 정의의 경계는 사람들의 시야 크기와 그들의 상호 결합의 힘에 비례해서 확대된다고 가정해보자. 역사, 경험, 이성은 우리에게 이 인간적 감정의 자연적 발달을 교시하고, 정의에 대해 우리가 가지는 존중의 마음이 그 덕의 광범위한 효용성을 숙지함에 따라 점차 확대된다는 것을 충분히 가르친다.

제2절

만약 우리가 정의를 지시하고 소유권을 규정하는 **개개의** 법률을 검토한다면, 우리는 역시 같은 결론을 제시할 것이다. 인류의 선은 이러한 모든 법률과 규제의 유일한 목적이다. 사람의 소유물을 구별하는 것은 사회의 평화와 이익을 위해 필요한 것일 뿐만 아니라 이러한 구별에서 우리가 따르게 되는 규칙들은 그 자체 사회의 이익을 증진하기 위해 고안될 수 있는 최선의 것이다.

이성은 소유하지만 인간의 본성은 알지 못하는 어떤 생물이 정의나 소유권에 관한 어떤 **규칙들**이 공공의 이익을 가장 잘 촉진하고, 인류 사이에 평화와 안전을 확립하는가를 스스로 숙고한다고 가정해보자. 그의 가장 명백한 사유는 최대한의 소유물을 가장 광범위한 덕에 할당하고, 선을 행하는 힘을 모든 사람에게 그의 성향에 비례해서 주는 것이다. 무한히 예지적인 어떤 존재자가 특수한 의지를 통해 통치하는 완전한 형태의 신정(神政)에서는 이 규칙이 확실히 존재할 것이고, 가장 현명한 목적에 기여할지도 모른다. 그러나 인류가 이 법률을 시행하게 된다면, 그 본래의 모호성으로 인해, 그리고 각 개인의 자기과신으로 인해 공적(功績)의 불확실성은 매우 커지게 되고, 그 때문에 어떤 확정된 행동 규칙도 거기에서 나오지 않을 것이다. 그리고 사회의 전면적인 붕괴가 그것에서 직접 귀결하게 될 것임에 틀림없다. 광신자는 자신의 **소유권은 은총에 기초하며 성인(聖人)만이 토지를 물려받는다**고 가정하지만, 국가의 행정장관은 지극히 정당하게도 이들 숭고한 이론가들을 보통의 도둑 같은 입장에 놓고, 가장 엄격한 벌에 의해, 생각으로는 사회에 가장 유익한 것처럼 보이는 규칙이라도 실천에서는 완전히 해롭고 파괴적이라는 것을 알게 될 것이라고 그들에게 가르친다.

우리는 내란 시대의 영국에 이런 종류의 **종교적** 광신자가 있었다는 사실을 역사에서 배웠다. 이러한 원리들이 갖는 명백한 **경향**이 사람들에게 너무나 공포심을 불러일으켰기 때문에 곧바로 그 위험한 열광자들은 그들의 교의를 포기하거나 아니면 적어도 은폐해야 했다. 소유의 평등한 분배를 요구했던 **평등파**(levellers)[5]는 아마도 종교적 종류의 그것에서 발생한 일종의 **정치적** 광신자들이었으며, 인간 사회에 유용하면서도 그 자체로 실행 가능하다는 더욱 그럴듯한 외관을 지녔기에 더 공공연하게 그들의 주장을 공언했다.

자연은 인류에 대해 매우 관대하므로 자연의 모든 선물이 인류 사이에 동등하게 분배되고 기술과 근면으로 개선된다면, 모든 개인은 모든 필수품과 심지어 생활의 위안이 되는 것 대부분을 누리게 될 것이고, 또 신체의 병약한 체격이나 체질에서 우연히 발생하는 것 외에는 어떤 병고에도 시달리지 않는다는 사실이 실제로 인정되어야 한다. 또 인정되어야 하는 사실은 우리가 이러한 평등에서 벗어날 경우 언제나 부자에게 보태는 것 이상의 만족을 가난한 자에게서 빼앗는다는 점이고, 그리고 한 개인의 하찮은 허영심의 얼마 안 되는 만족이 종종 많은 가족의, 심지어 여러 지방의 식량보다 더 높게 계산된다는 점이다. 더욱이 평등의 규칙은 크게 **유용한** 것과 마찬가지로 전혀 **실행 불가능**한 것은 아닌 것처럼 보일 수도 있다. 그러나 평등의 규칙은 어떤 공화국

---

5 [평등파 운동가들은 정치에서 영향력을 가진 청교도 당이었다. 이 당은 1647년경 장기 의회(Long Parliament) 중에 생겨났다. 정치사상에서 독립파(Independents)보다 더 급진적이며 세속적인 평등파는 모든 신분과 사회적 차별의 평등화를 주장했다.]

들, 특히 스파르타 공화국에서는 적어도 불완전한 정도로 행해졌는데, 그곳에서 가장 유익한 결과를 수반했다고 말해진다. 로마에서 자주 요구되었으며, 많은 그리스 도시에서 실행된 **토지균분법**(agrarian laws)은 모두 이 원리의 효용성에 관한 일반적 관념에서 비롯되었다는 것은 말할 것도 없다.

그러나 이러한 **완전한** 평등이라는 관념들은 아무리 그럴듯한 것처럼 보이더라도 실제로 본래 **실행 불가능**하며, 비록 실행 불가능하지 않더라도 인간 사회에 극도로 **해롭다**는 사실은 역사가들, 아니 심지어는 상식이 우리에게 가르칠 것이다. 재산을 아무리 평등하게 만들더라도 사람들의 기술, 관리, 근면의 차이는 곧바로 그러한 평등을 깨뜨릴 것이고, 또는 만약 여러분이 이러한 덕들을 억제한다면, 여러분은 사회를 가장 극단적인 빈곤으로 몰아넣게 되며, 소수 사람의 결핍이나 극빈은 방지하겠지만 사회 전체적으로는 그런 결핍이나 극빈을 불가피하게 만든다. 그리고 모든 불평등을 그것이 처음에 나타날 때부터 경계하기 위해서는 가장 엄격한 조사가 필요하며, 이를 벌하고 교정하기 위해서는 가장 준엄한 사법권이 필요하다. 그러나 그렇게 큰 권위는 곧 폭정으로 추락하기 마련이며, 매우 불공평하게 행사될 수밖에 없다는 사실은 제외하더라도 여기서 가정되는 그런 상황에서 도대체 누가 그 권위를 소유할 수 있을까? 재산의 완전한 평등은 모든 종속관계를 파괴하기 때문에 행정장관의 권위를 극도로 약하게 만들며, 모든 권력을 소유권과 마찬가지로 거의 같은 수준으로 끌어내릴 수밖에 없다.

그러므로 소유권을 규정하는 법률을 확립하기 위해 우리는 인간의 본성과 인간이 처해 있는 상황을 알아야 하고, 진실하게 보이지만 잘못된 듯한 겉모습을 거부해야 하며, 전체적으로 가장 **유용**(useful)하고 **유익**한(beneficial) 규칙들을 찾아야 한다고 결론 내릴 수 있을 것이다. 통속적인 분별력과 약간의 경험으로도 이 목적을 달성하기에는 충분하다. 그것만으로 사람들은 너무나 이기적인 탐욕 혹은 너무나 지나친 열광에 굴복하지 않는다.

예를 들면 어떤 사람의 기술이나 근면을 통해 생산되거나 개량되는 것은 무엇이든 이렇게 **유용한** 습관이나 재능을 장려하기 위해 영원히 그에게 보증되어야 한다는 사실, 그리고 소유권은 똑같은 **유용한** 목적을 위해 아이들이나 친척들에게 전달되어야 한다는 사실, 소유권은 인간 사회에 매우 유익한 상업이나 교섭을 가져오기 위해 동의를 통해 양도될 수 있다는 사실, 인류의 일반적 **이익**(interest)을 크게 촉진하는 서로 간의 신용과 신뢰를 확보하기 위해 모든 계약(contacts)과 약정(promises)은 면밀하게 이행되어야 한다는 사실, 이런 사실들을 알지 못하는 사람이 어디 있겠는가?

자연법(the laws of nature)에 관한 저술가들을 검토해보자. 그러면 여러분은 항상 그들이 어떤 원리와 함께 저술을 시작하더라도 최후에는 반드시 자연법에서 종결하게 된다는 사실, 그리고 그들이 확립하는 모든 규칙에 대한 궁극적 이유로서 인류의 편의와 필요를 지정한다는 사실을 발견할 것이다. 이렇게 학설에 반대하면서까지 부득이하게 할 수밖에 없는 용인(容認)은 그것이 학설을 추구하면서 이루어진 것보다 더 권위를 갖는다.

무엇 때문에 이것은 **나의 것**이어야 하며, 그것은 **너의 것**이어야 하는가에 대해 교육을 받지 않은 자연은 확실히 그러한 구별을 절대로 하지 않기 때문에 저술가들이 실제로 다른 무슨 이유를 부여할 수 있겠는가? 이들 명칭을 받아들이는 대상 자체는 우리와 무관한 것이다. 그것들은 완전히 우리에게서 분리되고 구별된다. 사회의 일반적 이익 이외에 어떤 것도 그 결합을 형성할 수 없다.

사회의 이익은 때로 특수한 경우의 정의 규칙이 필요할 수도 있겠지만, 모두 동등하게 유익한 몇 가지 규칙 중에서 어떤 특수한 규칙도 결정할 수 없을지 모른다. 그 경우 우리는 끊임없는 분쟁의 원천이 되는 대수롭지 않은 문제나 모호함(ambiguity)을 방지하기 위해 **몇 안 되는** 유추(analogies)에 의지하게 된다. 따라서 다른 누구도 우선적인 요구나 권리를 가지지 않는 경우는 점유(possession)만이, 그리고 최초의 점유가 소유권을 가져간다고 가정된다. 법률가들의 추론 중 많은 것은 이러한 유추적 성질을 가지고 있으며, 상상력(imagination)의 몇 안 되는 결합에 의존한다.

비상 상황에서 개인들의 사적 소유권에 관한 모든 존중을 위반하고, 공공의 이익을 위해 제정된 소유권의 구별을 그 이익을 위해 희생하는 일에 주저하는 사람이 있을까? 국민의 안전이 최상의 법이다. 모든 다른 특수한 법률은 그것에 종속되어 있으며, 그것에 의존한다. 그리고 만약 사물의 **일상적인** 과정에서 그 법률들이 준수되고 존중된다면, 그것은 단지 공공의 안전과 이익이 **통상** 그러한 평등하고 공평한 시행을 요구하기 때문이다.

때로는 **유용성**과 **유추**가 함께 작동하지 않게 되어 정의의 법들이 완전히 불확실한 채로 놓이는 경우가 있다. 그리하여 시효(prescription) 또는 장기간의 점유(long possession)가 소유권을 가져가는 일이 크게 필요하다. 그러나 그 목적을 위해 며칠, 몇 개월, 몇 년이 충분한지를 결정하는 일은 이성만으로 불가능하다. **민법**(civil laws)은 여기서 자연 **법**

전(code)의 공석을 메우고, 입법자에 의해 제안된 여러 가지 **효용성**에 따라 다른 기간을 시효로 정한다. 환어음이나 약속어음은 대부분의 국가 법률에 따라 채권, 저당권, 그리고 한층 형식적인 성질의 계약보다 더 빠르게 시효가 정해진다.

일반적으로 우리는 소유권의 모든 문제가 각 공동체의 특수한 편의(convenience)에 따라 자연적 정의의 여러 규칙을 확장 · 제한 · 수정 · 변경하는 민법의 권위에 종속되어 있다는 사실을 알 수 있다. 법률은 각 사회의 정치조직, 풍습, 풍토, 종교, 상업, 상황과 항상 연관을 가지거나 가져야 한다. 학식과 재능을 겸비한 근대의 어떤 저자[6]는 이 주제를 전반에 걸쳐 추구했으며, 이러한 원리들에서부터 정교하면서 화려한 사상에서 풍부함을 가지고 있고, 견고성에서 부족함이 없는 정치적 지식의 체계를 수립했다.*

* 『법의 정신(*L'esprit des Loix*)』의 저자[몽테스키외(Montesquieu)]. 그러나 이 저명한 저자는 다른 이론에서 출발하고, 모든 권리는 어떤 종류의 관계(rapports)에 기반한다고 가정한다. 내 의견으로 그것은 결코 참된 철학과 일치하지 않는 체계다. 내가 아는 한 도덕에 관한 이 추상적 이론을 시작한 최초의 인물은 말브랑슈 신부[7]

6 [G 및 K판에는 다음과 같이 쓰여 있다. "광범위한 학식과 동시에 위대한 천재를 가졌던 … 아마도 지금까지 세상에 전해졌던 정치적 지식 중 최고의 체계다."]

7 〈말브랑슈(Nicolas Malebranche, 1638~1715)는 프랑스의 철학자. 기회원인론을 제창했다.〉

였고, 이것은 뒤에 커드워스,[8) 9)] 클라크[10)] 및 다른 사람들에 의해 채택되었다. 그리고 그것은 모든 감정을 배제하고, 모든 것을 이성 위에 기초해야 한다고 주장했기 때문에 이 철학적 시대에 추종자가 부족한 것은 아니었다. 제1장 및 부록 1을 보라. 여기서 다루는 덕, 즉 정의에 관해서는 이 이론에 반대하는 추론이 간결하고 결정적인 것처럼 보인다. 소유권은 민법에 의존하는 것으로 인정된다. 민법은 사회의 이익 이외에 어떤 다른 대상도 가지지 않는 것으로 인정된다. 따라서 사회의 이익이 소유권과 정의의 유일한 기초라는 점이 인정되어야 한다. 장관과 그의 법률에 복종해야 할 우리의 책무는 그 자체로 사회의 이익 외에 어떤 것에도 기초해 있지 않다는 것은 말할 것도 없다.

만약 정의의 관념이 때로는 민법의 의향을 따르지 않는 경우가 있다고 해도 이런 사례는 앞에서 이야기한 이론에 대한 반대라기보다는 그 이론에 대한 확증이라는 사실을 발견할 것이다. 사회의 모든 이익을 방해할 만큼 사악한 경우 민법은 모든 권위를 상실하고, 사람들은 사회적 이익에 적합한 자연적 정의의 관념을 가지고서 판단한다. 또 때로 민법은 유용한 목적을 위해 어떤 행위에 대해 의식(儀式)이나 형식을 요구한다. 그리고 그것이 결여된 경우 민법의 판결은 정의의 통상적인 진로에 역행한다. 그러나 그러한 구실을 이용하는 사람은 통상 정직한 사람으로 여겨지지 않는다. 따라서 사회의 이익은 계약이 이행됨을 요구한다. 그리고 자연적

8 〈커드워스(Ralph Cudworth, 1617~1688)는 영국 성공회의 성직자이자 철학자.〉

9 [커드워스에 대한 언급은 O판에서 추가되었다.]

10 〈클라크(Clarke, 1675~1729)는 영국의 철학자이자 윤리학자.〉

정의에 관해서든 민법상의 정의에 관해서든 이보다 중요한 조항은 없다. 그러나 사소한 사정이 탈락되고, 그로 인해 가끔 법률로써 계약이 무효가 되지만, **인간의 법정**(*foro humano*)에서 그렇게 되는 것이지 신학자가 표현하는 것 같은 **양심의 법정**(*foro conscientiae*)에서 그렇게 되는 것은 아니다. 이러한 경우들에서 장관은 권리를 집행하는 자신의 권력을 단지 취하할 뿐이라고 가정되고 있으며, 권리를 변경한다고 가정되지 않는다. 그의 의도가 권리에 미치고, 사회의 이익과 일치하는 경우는 그 의도가 절대로 권리를 변경하지 못하는 것은 아니다. 그것은 위에서 지정한 것과 같이 정의와 소유권의 기원에 관한 명백한 증명이다.

어떤 사람의 소유권이란 무엇인가? 무엇이든 그것을 사용하는 것이 그에게 합법적인, 그에게만 합법적인 그런 것이다. **그러나 우리는 이러한 대상들을 구별할 수 있게 하는 어떤 규칙을 가지고 있는가?** 여기서 우리는 어떤 것은 일정불변하고, 어떤 것은 변화하기 쉽고 자의적인 그런 법령, 습관, 선례, 유추, 그 밖의 다른 많은 사정에 의지해야 한다. 그러나 이 모든 것이 공공연하게 귀착하는 궁극적인 점은 인간 사회의 이익과 행복이다. 이것을 고려하지 못하는 경우는 모든 또는 대부분 정의의 법 및 소유권의 법만큼 변덕스럽고 부자연스러우며, 심지어는 미신적인 것으로 보이는 것은 아무것도 있을 수 없다.

통속적인 미신을 조롱하고 고기, 날짜, 장소, 자세, 의복에 특별한 관심을 두는 어리석음을 파헤치는 사람은 안일한 일을 하고 있다. 그들은 대상의 모든 성질이나 관계를 고찰하면서, 인류의 중요한 부분에 대해 그렇게 강한 영향력을 가지는 애정이나 반감, 숭배나 공포의 적절한 원인을 발견하지 못한다. 시리아 사람은 비둘기를 맛보기보다 굶어 죽을 것이다. 이집트 사람은 훈제 돼지고기에 가까이 가지 않을 것이다. 그러나 만약 이러한 종류의 음식들이 시각, 후각, 미각에 의해 음미되거나 화학, 의학, 물리학에 의해 정밀 조사된다면, 이 음식과 다른 종류의 음식 간에는 어떤 차이도 발견되지 않으며, 종교적 정념에 대해 정당한 근거를 부여할 명확한 사정도 결정될 수 없다. 목요일의 닭은 합법적 음식이지만, 금요일의 닭은 금기시된다. 이 집과 이 관구(管區)에서는 사순절 동안 달걀을 먹는 것이 허용되지만, 백 걸음 멀리 떨어져서 그것을 먹는 것은 저주받을 만한 죄다. 이 토지나 건물은 어제는 불경스러운 것이었지만, 오늘은 어떤 말의 중얼거림에 의해 정결하면서 신성해졌다. 이러한 의견은 너무나 명백하므로 철학자의 입으로 어떤 영향력도 가지지 않는다고 말해도 무방하다. 왜냐하면 이러한 의견은 항상 모든 사람에게 얼핏 보기 때문에 생겨나는 것이 틀림없기 때문이다. 그리고 이러한 의견이 독자적으로 널리 보급되지 않는 경우 그것은 교육, 편견, 정념에 의해 방해받고 있는 것이며, 무지나 오류에 의해 방해받는 것은 아님이 분명하다.

경솔한 견해 또는 오히려 추상적인 반성의 경우에는 정의의 모든 감정에도 똑같은 미신이 들어 있으며, 만약 누군가가 정의의 대상, 즉 우리가 '소유권'이라 부르는 것이 감각과 과학의 똑같은 정밀한 조사에 노출되면, 아무리 정밀한 탐구를 하더라도 도덕적 감정에 따라 행해지는 구별에 대해 어떤 근거도 발견하지 못하리라 생각된다. 나는 이 나무에서 합법적으로 영양을 섭취할 수 있다. 그러나 열 걸음 떨어져 있는 같은 종류의 다른 나무의 과실에 손을 대면 범죄가 된다. 만약 내가 이 의복을 1시간 전에 입었다면, 가장 혹독한 벌을 받아야 마땅하다. 그러나 어떤 사람이 두세 마디 이상한 말을 함으로써 이제는 내가 그것을 사용하고 이용해도 되도록 했다. 만약 이 집이 인근 국가의 영토 안에 있었다면, 내가 거기에 거주하는 것은 부도덕하다. 그러나 그것이 강의 이쪽에 지어졌기 때문에 다른 국내법의 적용을 받는다. 그것이 나의 것이 됨으로써[11] 나는 어떤 비난이나 질책도 받지 않는다. 미신을 그렇게 성공적으로 폭로하는 똑같은 종류의 추론이 정의에도 적용될 수 있으며, 미신의 경우와 마찬가지로 정의의 경우에도 감정의 기초가 되는 명확한 성질이나 사정을 대상 중에서 지적할 수 없다고 생각할 수도 있다.

그러나 **미신**과 **정의** 사이에는 전자가 시시하고 무익하며 번거로운 데 반해, 후자는 인류의 복지와 사회의 존속을 위해 절대적으로 필요하다는 중대한 차이가 존재한다. 우리가 이러한 사정을 제거한다면 (왜냐하면 그것은 너무나 명백하여 간과될 수 없기 때문이다), 권리와 소유권에 대한 모든 존중은 완전히 천박하고 저속한 미신과 마찬가지로 완전히 근거가 없는 것처럼 보인다는 사실이 명백하다. 만약 사회의 이익이 조금도 관련되어 있지 않다면, 다른 사람의 동의를 함축하는 어떤 일정한 발성이 무엇 때문에 어떤 특정한 대상에 관해 나의 행동의 성질을 변화시키는가는 사제에 의해 어떤 제의(祭衣)와 자세로 된 전례(典禮)의 암송이 무엇 때문에 기와와 목재 더미를 바치고, 그 후 그것을 영구히 신성하게 여기는지와 마찬가지로 이해하기 어렵다.*

* 의지 또는 동의만으로는 결코 소유권을 이전하지 못하고, 약

11 ["그것이 나의 것이 됨으로써"는 Q판에서 추가되었다.]

정의 책무를 발생시키지 않으며(왜냐하면 똑같은 추론이 양자에 해당하기 때문이다), 의지가 누군가를 구속하기 위해서는 언어나 기호로 표시되어야 한다는 것은 명백하다. 의지에 보조적인 것으로서 일단 표시되면, 그 표시는 곧바로 약정의 주요한 부분이 된다. 누군가가 은밀하게 자신의 의도와 다른 지시를 부여하고 마음의 동의를 보류하더라도 그가 자신의 말에 의해 덜 구속받게 되는 것은 아닐 것이다. 그러나 표시는 대부분의 경우 약정 전체를 이루지만, 항상 그런 것만은 아니다. 어떤 사람이 그 의미를 알지 못하는 어떤 표시를 사용하고, 그 표시를 사용할 때 그 결과가 가지는 어떤 의미도 알지 못한다면, 확실히 그는 그것에 의해 구속받게 되지는 않을 것이다. 아니, 그가 그것의 의미를 알더라도 만약 그것을 농담으로만, 그리고 그 자신을 구속할 어떤 심각한 의도를 가지지 않는다는 것을 명백하게 보여주는 것 같은 기호와 함께 그 표시를 사용한다면, 그는 아무런 이행의 책무를 지지 않을 것이다. 그러나 말은 어떤 반대 기호를 수반하지 않는다는 의지의 완전한 표시라는 것이 필요하다. 아니, 이 경우조차 우리는 누군가가 우리를 속일 의도가 있다는 것을 어떤 기호로부터 우리의 예리한 이해력에 의해 추측하면서, 만약 우리가 그의 표시나 말에 의한 약정을 수용한다면, 그는 그 표시나 말에 의한 약정에 의해 구속되지 않을 것이라는 점까지 상상을 확대해서는 안 된다. 그러나 이 결론은 기호가 속임의 기호와는 성질이 다른 경우에 한정되어야 한다. 이 모든 모순은 만약 정의가 전적으로 사회에 대한 유용성에서 나온다면 쉽게 설명되지만, 어떤 다른 가설로도 절대 설명되지 않을 것이다.

예수회 수사 및 다른 느슨한 결의론자의 도덕적 결정이 여기서 지적된 것 같은 어떤 세밀한 추론의 수행에서 통상 형성되었으며, 베일 씨[12]의 권위를 따른다면, 마음의 부패에서 나온 것과 마찬가지로 스콜라 철학의 치밀한 사고 습성에서 나온 것이라는 사실에 주목해야 한다. 그의 『역사비평사전(*Dictionary*)』의 "로욜라"[13] 항을 보라. 그리고 이들 결의론자에 대해 인류의 분개가 매우 높았던 이유는 모든 사람에게 만약 그런 관행이 공인된다면 인간 사회는 존속할 수 없다는 사실, 또 도덕은 철학적인 정합성 이상으로 항상 공공의 이익을 목적으로 해서 취급되어야 한다는 사실을 깨달았기 때문이 아니라면 무엇일까? 마음의 의도가 내리는 비밀스러운 지시가 계약을 무효로 할 수 있다면, 분별 있는 사람이라면 누구도 다음과 같이 말한다. 우리의 안전은 어디에 있는가? 그러나 형이상학적인 스콜라 철학자들은 의도가 필요하다고 가정될 경우, 만약 그 의도가 실제로 존재하지 않는다면 어떤 결과도 발생하지 않아야 하며, 어떤 책무도 과해지지 않아야 한다고 생각할는지도 모른다. 결의론적인 섬세성은 위에서 암시된 법률가들의 섬세성보다 깊지 않을는지도 모른다. 그러나 전자는 **해롭**고, 후자는 **해롭지 않으며**, 심지어 **필요**하므로 이것이 바로 양자가 세상에서 매우 다른 반응에 직면하는 이유다.

[14][로마 교회의 교의에 따르면, 사제들은 의도적인 은밀한 지시로 어떤 성사(聖事)도 무효로 할 수 있다. 이 견해는 발언자의 어

12 〈베일(Pierre Bayle, 1647~1706)은 프랑스 계몽시대의 회의적 비평가다. 낙관론과 유신론을 날카롭게 공격했다. 주저로는 『역사적·비평적 사전』(3권, 1697) 등이 있다.〉

13 〈로욜라(Sanctus Ignatius de Loyola, 1491~1556)는 스페인의 성직자이자 예수회 창설자.〉

14 [[ ] 표시의 단락은 O판에서 추가되었다.]

떤 의미나 의도가 없는 공허한 말만으로 결코 어떤 효과도 수반될 수 없다는 명백한 진리를 엄밀하게, 또한 정합적으로 수행하는 데서 나온다. 만약 이것과 같은 결론이 수천 사람의 영원한 구제에 비해 문제가 훨씬 덜 중요하다고 생각되는 민사(民事) 계약에 관한 추론에서 인정되지 않는다면, 그것은 전적으로 그 교의가 민사 계약의 경우라면 위험하고 불편하다는 것을 사람들이 느끼고 있다는 사실에서 생겨난다. 그리고 우리는 거기서부터 어떤 미신이 아무리 절대적이고 오만하며 독단적으로 보이더라도 그 대상의 실재성에 관해 우리를 완전히 납득시킬 수는 없을 것이며, 또한 그 대상을 우리가 매일의 관찰과 실험적인 추론에서 배우는 인생의 공통적인 사건과 균형을 맞추는 일은 어떤 정도에서도 가능하지 않다는 것을 인지할 수 있다.]

이러한 반성들이 정의의 책무를 약하게 하거나 소유권에 대한 가장 신성한 배려를 얼마간이라도 감소시킬 수 없다. 거꾸로 그러한 감정은 현재의 추론에서 새로운 힘을 얻음에 틀림없다. 왜냐하면 어떤 의무에 관해 그것의 확립 없이는 인간 사회나 심지어 인간의 본성까지도 존속될 수 없다는 사실을, 그리고 그 의무에 대해 표하는 존경이 범해지기 어려우면 어려울수록 더 큰 정도의 행복과 완성에 도달하게 된다는 사실을 관찰하는 것 이상으로 어떤 강력한 기초를 바라거나 생각할 수 있을까?

[15]딜레마는 명백한 것처럼 보인다. 즉 정의는 명백하게 공공의 효

15 [G판에서는 여기서부터 이 장의 "철학함의 규칙"이라는 결론부 단락 사이의 모든 것이 생략되어 있다.]

용성을 촉진하고 시민사회의 유지를 지향하기 때문에 정의의 감정은 그것의 경향성에 대한 우리의 반성에서 유래하는가, 아니면 기아, 갈증, 그 밖의 다른 욕구, 분개, 생명애, 자손에 대한 애착, 그 밖의 다른 정념과 같이 자연이 같은 종류의 유익한 목적을 위해 심어두었던 인간의 마음에 있는 단순한 근원적 본능(original instinct)에서 생겨나는가?[16] 만약 후자가 사실이라면 정의의 대상인 소유권도 단순한 근원적 본능에 의해 구별되며, 어떤 논증이나 반성에 의해서도 확인되지 않는다는 귀결이 뒤따른다. 그러나 그러한 본능에 관해 일찍이 들은 적이 있는 사람은 누구인가? 또는 이것은 새로운 발견이 이루어질 수 있는 주제인가? 그렇다면 우리는 이전에 모든 인류의 관찰의 눈을 피했던 새로운 감각을 인간의 신체 안에서 발견하기를 기대해도 좋다.

그러나 좀 더 생각해보면 자연이 본능적 감정에 의해 소유권을 구별한다고 말하는 것은 매우 단순한 명제인 것처럼 보이지만, 실제로는 무수하게 서로 다른 본능이 그 목적을 위해 요구되며, 그리고 이것들은 가장 복잡하고 가장 정밀한 식별력을 요구하는 대상에 관해 사용된다는 것을 우리는 발견할 것이다. 왜냐하면 **소유권**의 정의가 요구될 때, 그 관계는 선점, 근면, 시효, 상속, 계약 등에 의해 획득된 점유로 귀착된다는 점이 분명하기 때문이다. 우리는 자연이 근원적 본능을 통해 이 모든 획득 방법을 우리에게 가르친다고 생각할 수 있을까?

상속과 계약이라는 단어 역시 무한하게 복잡한 관념을 표현하고 있다. 그리고 그것들을 정확하게 정의하는 데는 100권의 법률 서적과

---

16 [N판에서는 앞의 문장이 생략되어 있고, 그 대신 다음과 같이 기록되어 있다. "만약 정의가 인간의 마음 안의 단순한 근원적 본능에서 발생하고, 그 덕을 절대적으로 필요로 하는 사회의 명백한 이익에서조차 어떤 반성도 없다면, 다음과 같다."]

1천 권의 해설서가 동원되더라도 충분하지 않다. 자연의 본능은 인간에서 한결같이 단순한 것이기에 자연이 그렇게 복잡하고 인위적인 대상을 받아들이고, 이성적인 생물을 창조하면서 그의 이성의 작동에 어떤 것도 맡기지 않을 수 있겠는가?

그러나 이 모든 것이 인정되었다 해도 그것으로 만족하지 못할 것이다. 실정법은 확실히 소유권을 이전할 수 있다. 우리가 국왕과 의회의 권위를 인정하고, 이들이 가진 권한의 모든 한계를 정하는 것은 별개의 근원적 본능에 의한 것인가? 또 재판관에게는 그들의 판결이 오류이고 위법이라 하더라도 평화와 질서를 위해 결정적인 권위를 가지고 최종적으로 소유권을 결정하는 것이 허용되어야 한다. 우리는 법무관, 대법관, 배심원에 관해 근원적인 본유적 관념(innate ideas)을 가지는가? 이 모든 제도가 단지 인간 사회의 필요에서 생겼을 뿐이라는 것을 알지 못하는 사람이 있을까?

모든 시대와 나라를 통틀어 같은 종류의 모든 새는 똑같이 그들의 보금자리를 짓는다. 이 점에서 우리는 본능의 힘을 본다. 인간은 다른 시대와 장소에서 그들의 집을 다르게 짜맞춘다. 여기서 우리는 이성과 습관(custom)의 영향을 알게 된다. 똑같은 추론이 생식의 본능과 소유권의 제도 사이의 비교에서 도출될 수 있을 것이다.

국내법이 아무리 변화무쌍해도 그것들의 주요한 특징은 아주 규칙적으로 일치하고 있음이 명백하다. 왜냐하면 그것들이 지향하는 목적은 어디에서도 정확하게 유사하기 때문이다. 마찬가지로 모든 집은 형태, 외관, 소재에 따라 다양하지만, 지붕과 벽, 창문, 굴뚝을 가지고 있다. 인간 생활의 편의를 위한 후자의 목적들은 비슷한 목표를 지향하는 전자의 목적들만큼이나 이성과 반성에서 자신들이 기원함을 명백히 발견한다.

소유권의 모든 규칙이 상상력의 더 미묘한 변환과 결합에서, 그리고 법률의 제반 문제의 세분화와 추상화 및 추론에서 받아들이는 변화를 언급할 필요는 없겠다. 이 관찰과 근원적 본능의 관념을 조화시킬 가능성은 존재하지 않는다.

내가 주장하는 이론에 관해 의심을 살 수 있는 유일한 것은 교육과 획득된 습성의 영향이다. 이 영향에 의해 우리는 불의를 비난하는데 익숙해져 있으므로 모든 사례에서 불의의 해로운 결과에 대한 어떤 직접적인 반성도 의식하지 않는다. 바로 그 이유로 우리에게 가장 친숙한 견해들은 쉽게 우리의 시야를 벗어나고, 대단히 자주 어떤 동기에서 우리가 수행했던 것을 마찬가지로 쉽게 기계적으로 진행하며, 최초에 우리를 규정했던 반성을 모든 경우에 상기하지 않는다. 정의로 나아가는 편의 또는 필요는 오히려 너무나 보편적이며, 어디에서도 너무나 많이 같은 규칙을 지향하기 때문에 그 습성은 모든 사회에서 행해진다. 그리고 우리가 그것의 참된 기원을 확인할 수 있기 위해서는 약간의 정밀한 조사가 필요하지 않은 것은 아니다. 그러나 문제는 그리 모호하지 않고, 일상생활에서조차 우리는 매 순간 공공의 효용성의 원리에 의지하고 있으며, **만약 그러한 관행이 널리 보급된다면 세계는 어떻게 될까, 어떻게 사회가 그러한 무질서 아래서 존속될 수 있을까**를 묻는다. 만일 소유의 구별이나 분리가 완전히 쓸모없는 것이라면, 그것이 지금껏 사회에서 통용되었다는 것을 누가 상상할 수 있겠는가?

따라서 우리는 여기서 주장된 원리의 힘에 대한 전반적인 지식을 얻은 것처럼 보인다. 그리고 우리는 공공의 이익과 효용성에 대한 몇

몇 반성에서부터 어느 정도의 경의 또는 도덕적 시인이 생겨날 수 있는지를 결정할 수 있다. 사회를 유지하기 위해 정의가 필요하다는 것이 그 덕의 유일한 기초다. 어떤 도덕적 탁월성도 그것보다 더 높이 평가되지 않기 때문에 우리는 유용성이라는 이 사정이 일반적으로 가장 강력한 활력을 가지며, 우리의 감정에 대해 가장 완전한 지배력을 가지고 있다고 결론 내릴 수 있다. 그러므로 그것은 충실(fidelity), 정의, 성실(veracity), 고결(integrity), 그리고 다른 존경할 만하고 유용한 성질이나 원리의 유일한 원천인 것과 마찬가지로 인간성, 자비심, 우정, 공공의 정신, 그리고 그러한 종류의 다른 사회적 덕의 원천임에 틀림없다. 어떤 원리가 하나의 사례에서 위대한 힘과 활력을 가진다는 사실이 확인된 경우, 모든 유사한 사례에서 동일한 활력을 그것에 귀속시키는 것은 철학의 규칙에 대해서나 심지어 상식의 규칙에 대해서도 완전히 부합한다. [17]이것은 실로 뉴턴 철학의 주된 규칙이다.[18]

---

17 [이 문장은 G-P판에서는 주(註)로 나와 있다. 그리고 이들 판에서도 그것을 제2의 규칙이라 부르고 있다.]

18 『자연철학의 수학적 원리』 제3권(*Philosophiæ Naturalis Principia Mathematica*, lib. iii.)

4장

정치적 사회에 관하여

만약 모든 사람이 항상 강력한 이익 — 그를 정의와 공정의 준수와 결합시키는 강력한 이익 — 을 인식할 만큼 충분한 **현명함**(sagacity)을 가지고 있고, 눈앞의 쾌락과 이점의 유혹에 맞서 일반적인, 그리고 장래의 이익을 견실하게 고수하는 것을 감당할 수 있을 만큼 충분한 **정신의 강인함**(strength of mind)을 가지고 있다면, 그런 경우 정부나 정치적 사회(political society) 같은 것은 절대로 존재하지 않았을 것이고, 각자는 자신의 자연적 자유(natural liberty)를 따르면서 다른 모든 사람과 완전한 평화와 조화를 누리며 살았을 것이다. 자연적 정의가 그 자체로 충분한 구속력을 가진다면, 실정법이 무슨 필요가 있겠는가? 어떤 무질서도 불공정도 일어나지 않는다면 무엇 때문에 장관을 만들까? 타고난 자유를 최대한 행사하더라도 모든 경우에 해로움이 없고 유익하다는 것이 판명된다면, 무엇 때문에 우리의 타고난 자유를 축소할까? 정부가 전혀 쓸모없다면 절대 존재할 수 없었을 것이고, **충성**(allegiance) 의무의 **유일한** 기초는 인류 간의 평화와 질서를 유지함으로써 정부가 사회에 가져다주는 **이점**에 있다는 것이 명백하다.

다수의 정치 사회가 설립되고 활발한 상호 교류를 지속할 때는 그러한 특수한 상황에서 새로운 일련의 규칙들이 **유용**하다는 사실이 즉시 알려지며, 따라서 그러한 규칙들은 국제법(Laws of Nations)의 이름 아래 행사된다. 대사(大使) 신병(身柄)의 신성함, 독물 병기(兵器)의 금지, 전쟁 포로의 생명 유지 등은 명백히 여러 국가 및 여러 왕국의 상호 교류에서 국가나 왕국의 **이점**을 위해 계획된 그 종류가 다른 것과 함께 국제법에 속한다.

개인 간에 행해지는 그런 정의의 규칙들은 정치 사회 사이에 완전히 중단되지는 않는다. 모든 군주는 다른 군주들의 권리를 존중하는 것처럼 가장한다. 몇몇 군주는 의심할 나위 없이 속이지 않고서 그것을 존중한다. 독립 국가들 사이에 동맹, 조약이 매일 체결되지만, 만약 그것들이 **어떤** 영향력과 권위를 가지고 있다는 것이 경험을 통해 발견되지 않는다면, 그 동맹과 조약은 상당한 양의 양피지 낭비에 지나지 않을 것이다. 그러나 여기에서 왕국과 개인 간에는 차이가 있다. 인간은 개인의 연합(association)이 없다면, 결코 존속할 수 없다. 그리고 그러한 연합은 공정과 정의의 법에 대한 어떤 존경도 표하지 않는다면, 결코 생겨날 수 없었을 것이다. 무질서, 혼란, 만인에 대한 만인의 전쟁(the war of all against all)이 이러한 제멋대로인 행위의 필연적 귀결이다. 그러나 국가는 교류 없이 존속할 수 있다. 국가는 전면 전쟁 하에서도 어느 정도 존속할 수 있다. 정의의 준수는 국가 간에도 유용하지만, 개인간에 있어서만큼 그렇게 강한 필연성에 의해 지켜지는 것은 아니다. 그리고 이러한 **도덕적 책무**는 **유용성**에 비례한다. 모든 정치인과 대부분의 철학자는 다음과 같은 점을 승인한다. 즉 정의의 엄격한 준수가 계약 당사국 중 어느 하나에 상당한 정도로 불리해지는 특수한 비상사태에서는 **국가의 이유**가 정의의 규칙들을 폐기하고, 조약이나 동맹을 무효로 만들 수 있다는 것이다. 그러나 가장 극단적인 필요성 이외에 어떤 것도 개인이 약정을 위반하고 다른 사람의 소유권을 침해하는 것을 정당화할 수 없다는 점은 일반적으로 인정된다.

고대 아카이아[1] 공화국이나 근대 스위스의 여러 주 및 네덜란드 왕국 같은 연방 국가에서는 동맹이 특별한 **유용성**을 가지기 때문에 연합(union)의 조건은 특별한 신성성과 권위를 가지고, 그것들의 침해는 어떤 사적인 불법이나 불의와 마찬가지로 혹은 그 이상으로 심지어 범죄로도 여겨진다.

인간의 길고 무력한 유년기에는 아이들의 생존을 위해 부모의 결속이 필요하다. 그러한 결속을 위해서는 정절(chastity) 또는 부부 관계에 대한 충실(fidelity)의 덕이 필요하다. 그러한 **효용성**이 없다면, 그러한 덕은 결코 상상조차 할 수 없었을 것이라는 점은 쉽게 인정될 것이다.*

* 플라톤이 그의 상상 속 공화국에서 제정된 부인 공유 제도에 대해 제기될 수 있는 모든 반대에 대한 유일한 해답은 다음과 같다. "Κ*άλλιστα γὰρ δὴ τοῦτο καὶ λέγεται καὶ λελέξεται, ὅτι τὸ*

1 [흄은 기원전 2, 3세기에 번성했던 그리스 도시국가들의 연합인 제2 아카이아 동맹(Achaean League)과 지금은 스위스로 알려진(즉, 1803년 이후) 동맹 및 네덜란드 연방을 언급하고 있다. 이 세 경우의 연합이 가지는 "특별한 효용성"은 각 국가들이 공동 방어를 위해 각각의 동맹에 가입했다는 것이었지만, 다른 문제들에서는 완전한 주권을 유지했다.]

μὲν ὠφέλιμον καλόν, τὸ δὲ βλαβερὸν αἰσχρόν", "Scite enim 1stud et dicitur et dicetur, Id quod utile sit honestum esse, quod autem inutile sit turpe esse." *De Rep.* lib. v. p. 457. ex. edit. Serrani. ["왜냐하면 유용한 것은 아름다운 것이고, 해로운 것은 추한 것이라면, 당연히 지금 언급되고 이후에도 언급될 것이기 때문이다"(『국가』 제5권, 457).] 그리고 이 규칙은 공공의 효용성에 관한 한 의심의 여지가 없을 것이다. 이것이 플라톤의 의미다. 그리고 정절과 정숙이라는 모든 관념이 도대체 다른 어떤 목적에 이용될까? 파이드로스[2)]는 *"Nisi utile est quod facimus, frustra est gloriat says Phaedrus"*, "Καλὸν τῶν *βλαβερῶν οὐδέν*"["우리가 행하는 것이 유용하지 않다면, 영예는 얄궂은 것이 되어버린다"]고 말한다. 플루타르코스(Plutarch)는 『잘못된 염치에 관하여(*de vitioso pudore*)』에서 *"De vitioso pudore. Nihil eorum quae damnosa sunt, pulchrum est"* ["해로운 것은 아무것도 아름답지 않다"] 고 말한다. 스토아학파의 견해도 이와 같다. "*Φασὶν οὖν οί Στωικοὶ ἀγαθὸν εἶναι ὠφέλειαν ἢ οὐχ ἕτερον ὠφελειας, ὠφέλειαν μὲν λέγοντες τὴν ἀρετὴν καὶ τὴν σπουδαίαν πρᾶξιν.*"["그래서 스토아학파는 '효용성'을 덕과 올바른 행동으로 이해하면서 선이란 '효용성이며 효용성 이외에 아무것도 아니다'라고 단언하고 있다"(섹스투스 엠피리쿠스(Sextus Empiricus, iii, 20)).]

이러한 종류의 불충실[부정(不貞)]은 **남성**에서보다 **여성**에서 훨씬 **해롭다**. 따라서 정절의 법률은 남성에 대해서보다 여성에 대해 더욱

2 〈파이드로스(Phaedrus)는 기원전 15년~기원후 50년의 인물로 우화를 라틴어 문장으로 옮긴 로마의 작가다.〉

엄격하다.

이러한 규칙들은 모두 생식(生殖)과 연관되어 있다. 그러나 출산 시기를 넘긴 여성도 젊음과 아름다움의 꽃이 피는 여성과 마찬가지로 이런 규칙들의 적용을 피할 수 없다고 생각된다. **일반적인 규칙들**은 가끔 그 규칙들이 처음 발생한 원리를 넘어 확장된다. 그리고 이것은 취미와 감정의 모든 문제에 해당한다. 파리 항간에 다음과 같은 소문이 있다. 미시시피 개발 열광이 절정에 달한 기간 동안 한 곱사등이 남자가 상담사들이 무리를 지어 모이는 킨산푸아 거리(Rue de Quincempoix)에 매일 가서 그들이 계약에 서명하는 책상으로 자신의 곱사등을 이용하도록 허용하여 충분한 대가를 받았다고 한다. 용모의 아름다움이 효용성의 관념에서 생겨나는 일이 매우 많다는 점이 인정된다고 해도 이런 방식으로 모은 재산이 그를 미남자로 만들까? 상상력은 관념의 연합, 즉 처음에는 판단에서 생기지만 우리 마음속에 떠오르는 하나하나의 예외에 의해서는 쉽게 변경되지 않는 관념의 연합에 의해 영향을 받을 것이다. 현재 문제로 삼고 있는 정절의 경우에는 다음을 덧붙일 수 있다. 즉 노인의 사례는 젊은이에게 해롭다는 것, 그리고 어느 시기가 오면 방종의 자유가 온다는 것을 끊임없이 예측한다면, 부인들은 자연스럽게 그 시기를 앞당길 것이며, 사회에 매우 필요한 이 의무 전체를 더 가벼이 생각하게 될 것이다.

같은 가족 안에서 생활하는 사람들은 이러한 종류의 방종의 기회가 자주 있으므로 만약 가장 가까운 혈연관계 사이에 결혼이 허용되거나 그들 사이의 법률과 관습에 의해 사랑의 교제가 인정된다면, 그 무엇도 풍속의 순결을 지켜낼 수 없을 것이다. 따라서 근친상간은 **해로움**의 정도가 심하므로 거기에는 심한 비열과 도덕적 추악이 부가되는 것이다.

아테네의 법률로는 사람들이 배가 다른 자매와는 결혼할 수 있었지만, 씨가 다른 자매와 결혼할 수 없었던 이유는 무엇인가? 그것은 분명하다. 아테네의 풍속이 매우 제한적이었기 때문에 남자는 자신의 어머니를 방문하는 경우가 아니라면 가족 내에서조차 부인의 방에 접근하는 것이 절대로 허용되지 않았다. 계모와 그녀의 아이들은 다른 가족의 여성들과 마찬가지로 그에게서 고립되었고, 그녀들과의 간통이 저질러질 위험은 거의 없었다. 같은 이유로 아테네에서는 삼촌과 조카가 결혼할 수 있었다. 그러나 삼촌과 조카도, 배다른 오빠와 여동생도 양성 간의 교제가 더 개방적인 로마에서는 그런 식의 결혼은 할 수 없었다. 공공의 효용성이 이 모든 변화의 원인이다.

누군가에게 불이익이 되도록 무언가 그의 사적인 대화에서 누설한 것을 다른 사람에게 반복하거나 개인의 편지를 그런 식으로 이용하는 것은 강하게 비난받는다. 충실의 그와 같은 규칙이 확립되지 않는 곳에서는 사람들의 자유롭고 사교적인 교제는 반드시 크게 제한되어야 한다.

다른 사람에게 말해도 무언가 나쁜 결과가 생기리라고 예측할 수 없는 경우조차 그 이야기의 출처를 밝히는 것은 부도덕하지는 않지만 사려가 없는 것으로 여겨진다. 이러한 이야기는 사람에게서 사람으로 전해지고, 으레 그렇듯이 변화를 겪으면서 빈번히 당사자의 귀에 들어오며, 그 의도에서 아주 순진하고 악의가 없는 사람들 사이에 원한과 다툼을 낳는다.

비밀을 캐내는 것, 다른 사람의 편지들을 여는 것, 심지어 읽는 것, 그들의 말과 안색과 행동을 감시하는 것보다 불쾌한 습성이 사회 안에 어디 있겠는가? 그것보다 더 비난받을 수 있는 중요한 습성은 무엇이 있을까?

이 원리는 또한 예의범절에 대한 법칙의 기초가 된다. 즉, 교제와 대화를 용이하게 하기 위해 고안된 일종의 작은 도덕 대부분의 기초가 된다. 과도하거나 과소한 예의는 모두 비난받는다. 그리고 버릇없는 것이 아니라면 편안함을 증진하는 것은 무엇이든 유용하고 칭찬할 만하다.

우정, 애정, 친밀에서 불변함은 칭찬할 만한 것이며, 사회의 신뢰와 좋은 대응을 유지하는 데 필요하다. 그러나 건강과 쾌락을 추구하는 사람들이 무차별적으로 함께 모이는, 임시적이지만 일반적인 집합 장소에서는 공공의 편의를 위해 이러한 원칙은 폐지되었다. 그리고 그곳의 관습은 중요하지 않은 교제가 그 후 모두 끊어져도 예의나 예의범절에 어긋나지 않는다는 특권을 부여함으로써 당분간 솔직한 대화를 북돋운다.

가장 부도덕하며 일반 사회의 이익을 가장 많이 파괴하는 원리 위에 설립된 사회에서조차 어떤 종류의 규칙이 필요하며, 개인의 이익과 마찬가지로 일종의 잘못된 명예심이 구성원에게 그 규칙을 준수하게 한다. 도적이나 해적들은 만약 자신들 사이에 새로운 분배의 정의를 확립하고, 인류의 나머지에 대해 훼손시킨 공정의 법률을 되찾지 않았더라면, 그들의 해로운 패거리를 유지할 수 없었을 것이라는 말을 종종 들어왔다.

그리스에 "나는 절대로 잊어버리지 않는 술친구는 싫다"는 격언이 있다. 지난번 폭음 때의 어리석은 행동들은 다음번 어리석은 행동들에 기회를 주기 위해 영원한 망각 속에 묻혀야 한다.

만약 부도덕한 정사(情事)가 신비의 얇은 베일로 덮여 있다면 어느 정도 관례에 의해 인정되고 있는 국민 사이에는 그 애정의 편의를 위해 고안된 일련의 규칙이 즉시 생겨난다. 프로방스(Provence)에서 유명한 사랑의 법정 또는 의회는 그전에 이런 종류의 어려운 사건들을 모두 해결했다.

유희를 위한 사회에는 경기 운영을 위해 필요한 규정들이 있다. 그리고 이러한 규정은 각 경기마다 다르다. 분명히 이런 사회의 기초는 보잘것없는 것이다. 그리고 그 규정은 전부 그런 것은 아니겠지만, 대부분 변하기 쉽고 자의적이다. 그런 한에서는 그 규정들과 정의, 충성, 충절의 규칙 사이에는 본질적인 차이가 있다. 인간의 일반적인 사회는 인류의 생존을 위해 절대적으로 필요하다. 그리고 도덕을 규정하는 공공의 편의는 인간과 인간이 거기에서 살아가는 세계의 본성 안에 엄연히 확립되어 있다. 그러므로 이 두 가지를 비교하는 것은 매우 불완전하다. 다만 우리는 사람들이 서로 교제하는 곳은 어디든 규칙이 필요하다는 것을 그런 비교로부터 배울 수 있을 뿐이다.

사람들은 규칙이 없다면 심지어 도로에서 서로 스쳐 지나칠 수도 없다. 짐마차의 마부, 승용마차의 마부, 기수 마부[3)]에게는 길을 양보하는 원칙들이 있다. 그리고 그것들은 주로 서로의 편안과 안심에 기초해 있다. 또한 때로 그것들은 자의적이지만, 적어도 법률가의 추론 중 많은 것과 마찬가지로 일종의 임의의 유추에 의존한다.*

* 가벼운 마차는 무거운 마차에게 길을 양보하고, 같은 종류의

3 〈대형 마차를 끄는 말을 인도하기 위해 앞줄의 왼쪽 말에 탄 마부.〉

> 마차에서는 빈 마차가 짐을 실은 마차에게 길을 양보하지만, 이 규칙은 편의에 기초해 있다. 도성 안으로 들어가는 마차는 도성에서 나오는 마차를 위해 멈추어 선다. 이는 대도시의 위엄과 과거에 대해 미래가 우선한다는 관념에 기초해 있는 것처럼 보인다. 같은 이유로 보행자 사이에는 사람들은 오른손을 벽 쪽으로 해서 평화적인 사람들이 대단히 불쾌하고 불편하게 생각하는 밀치기를 막는다.

문제를 더 천착한다면, 사람들은 법령과 규칙 및 정의와 명예의 관념이 없다면 서로 살인하는 것조차 불가능하다는 것을 우리는 알게 된다. 전쟁은 평화와 마찬가지로 규칙을 가지고 있다. 역사(力士)들, 복서들, 봉술사(棒述使)들, 검투사들 사이에 행해지는 운동 경기 같은 전쟁조차 일정한 원리에 의해 규정된다. 공통의 이익과 효용성이 관련 당사자들 사이의 옳고 그름의 기준을 확실히 생기게 한다.

5장

효용성은 왜 기쁨을 주는가?

제1절

우리가 사회적 덕에 대해 부여하는 칭찬을 그것들의 효용성에 귀속시키는 것은 매우 자연스러운 사상인 듯이 여겨지기 때문에 사람들은 도덕에 관한 저술가들에서 그들의 추론이나 연구의 주요한 기초로 곳곳에서 이 원리를 만나리라 예상할 것이다. 일상생활에서 우리는 효용성이라는 사정이 언제나 호소력을 가진다는 점을 관찰할 수 있다. 누구에게 주어지는 찬사이든 그의 유용성을 공공에 보여주고, 인류와 사회에 대해 그가 수행한 기여를 열거하는 것 이상의 찬사가 있다고는 생각되지 않는다. 아무리 생명이 없는 형태에 대해서든, 만약 그것의 부분들이 가지고 있는 규칙성과 우아함이 그 어떤 유익한 목적에 대해서도 그것의 적합성을 훼손하지 않는다면, 얼마나 칭찬을 보낼까! 그리고 그 어떤 불균형이나 외관상의 추함에 대해서도 만약 우리가 의도된 용도에 그 특별한 구조가 필요하다는 것을 보여줄 수 있다면, 그 불균형과 외관상의 추함에 대해 얼마나 만족스러운 변호가 될까! 만약 어떤 배가 역학의 모든 법칙과 반대로 정확한 기하학적 규칙성을 가지고서 짜맞추어졌다면, 그 배는 예술가나 항해술에 어느 정도 숙달된 사람들에게는 더 아름답게 보인다. 문이나 창문이 정사각형인 건물은 바로 그 균형 때문에 눈에는 불쾌하게 비칠 것이다. 그 구조는 인간에게 도움이 되기 위해 의도된 것인데, 인간의 형태에 적합하지 않기 때문이다. 그래서 어떤 인간의 습관이나 행동이 사회에 손해를 끼치고, 그와 교제하는 모든 사람에게 위험하거나 해로운 경우, 그가 그것 때문에 비난의 대상이 되며, 모든 관찰자에게 혐오와 증오의 가장 강한 감정을 전달하더라도 무슨 놀랄만한 일이겠는가?*

* 무생물은 인간과 마찬가지로 유용할 수 있으므로, 따라서 이 학설에 따르면 그 또한 **유덕**이라는 명칭을 받을 만하다고 생각해서는 안 된다. 효용성에 의해 일어나는 감정은 두 경우에 매우 다르다. 하나는 애정, 경의, 시인 등이 섞여 있지만, 다른 하나는 그렇지 않다. 마찬가지로 무생물은 인간의 모습처럼 좋은 색과 균형을 가지고 있다. 그러나 우리는 과연 전자를 사랑할 수 있을까? 자연의 근원적 구조에 의해 사유하는 이성적 존재자만이 자신의 유일하고 적절한 대상이 되는 그런 일련의 정념과 감정이 존재한다. 그리고 완전히 같은 성질이라 하더라도 그것들이 무감각하고 생명이 없는 존재로 옮겨진다면, 같은 감정을 일으키지 않을 것이

다. 참으로 풀이나 광물의 유익한 성질들이 때로는 그것들의 **덕**이라고 한다. 그러나 이것은 말의 변덕의 결과이며, 추론에서 고려될 수 있는 것이 아니다. 왜냐하면 유익할 때는 무생물조차 일종의 시인이 동반되기는 하지만, 이 감정은 너무나 미약하고, 인정 많은 장관이나 정치인을 향한 것과는 너무나 다르므로 같은 부류나 명칭 아래 나열되어서는 안 되기 때문이다.

같은 성질이 유지되는 경우에서도 대상의 대단히 작은 변화는 감정을 파괴할 것이다. 그래서 같은 아름다움도 다른 성(性)으로 이동하면, 그 성질이 극히 변태적인 경우가 아니라면 어떤 연애적인 정념도 일으키지 않는다.

그러나 아마도 유용성이나 그것의 반대가 미치는 이러한 효과를 설명할 때 생겨나는 어려움 때문에 철학자들은 스스로 자신들의 윤리학 체계로 들어가는 것을 꺼리게 되었고, 도덕적 선과 악의 기원을 설명할 때는 오히려 다른 원리를 사용했다. 그러나 우리가 그것의 기원에 대해 만족스러운 설명을 할 수 없고, 그것을 다른 더 일반적인 원리들로 환원할 수 없다는 것은 경험으로 확정된 원리를 거부해야 할 정당한 이유가 되지 못한다. 그리고 만약 우리가 현재의 주제에 대해 조금 추가해서 생각해본다면, 효용성의 영향을 설명하고 인간 본성에서 가장 잘 알려져 있고 공공연하게 인정되고 있는 원리들에서 그것을 연역하는 데 곤란을 느낄 필요는 전혀 없다.

사회적 덕들의 명백한 유용성에서부터 고대와 근대 모두의 회의론자들은 모든 도덕적 구별이 교육에서 생겨나며, 사람들을 쉽게 다루기 위해 그리고 사람들을 사회에 부적합하게 만들었던 자연적 잔인성과 이기성을 억제하기 위해 정치가의 책략에 의해 처음으로 창출되었고, 그 후 장려되었다고 안이하게 추론했다. 실제로 훈계와 교육이라는 이 원리는 종종 시인이나 혐오의 감정을 그것들의 자연적 기준을 넘어서까지 증대 또는 감소시킬 수도 있다. 또한 이 원리는 모든 미신적 의식과 제전(祭典)에서 분명히 드러나듯이 특별한 경우에는 어떤 자연적 원리가 없어도 이러한 종류의 새로운 감정을 불러일으킬 수도 있다. 그런 점에서 이 원리는 강한 영향력을 가지고 있다는 점이 인정되어야 한다. 그러나 사려 깊은 연구자라면 누구나 **모든** 도덕적인 애정과 혐오가 이 기원에서 생겨난다는 것을 절대로 승인하지 않을 것이다. 만약 자연이 마음의 근원적 구조에 기초해서 이러한 구별을 하지 않았다면, **존경할 만한, 부끄러운, 사랑스러운, 밉살스러운, 고상한, 미천한** 등의 낱말들은 어떤 언어에서도 절대 존재하지 않았을 것이다. 또한 정치가들이 이런 용어들을 고안해냈다 하더라도 그들은 그것들을 이해시킬 수 없었을 것이며, 또는 그것들에 의해 청중에게 아무런 관념도 전달할 수 없었을 것이다. 그래서 회의론자들의 이런 역설(逆說)보다 더 천박한 것은 없다. 그리고 논리학과 형이상학의 더욱 심오한 학문에서도 정치학과 도덕의 실천적이며 더 이해하기 쉬운 여러 과학에서와 마찬가지로 쉽게 이런 학파의 흠집들을 제거할 수 있었으면 좋겠다.

그러므로 사회적 덕들에서 자연적 아름다움과 호감이 있다는 점이 승인되어야 한다. 이런 아름다움과 호감은 처음에 모든 훈계나 교육에 앞서서 교육받지 못한 사람들에게 사회적 덕들에 대해 경의를 표하도록 만들고, 또한 그것들에 대한 애정을 유도한다. 그리고 이러한 덕들의 공공적 효용성은 거기서 이 덕들이 자신들의 가치를 도출하는 주요한 사정이기 때문에 이런 덕들이 촉진하려는 목적은 아무튼 우리에게 유쾌한 것이며, 어떤 종류의 자연적 애정을 붙잡는 것이 틀림없다는 귀결이 도출된다. 그것이 기쁨을 주는 것은 자기애의 고려에서 오는 것이든 아니면 더 고결한 동기와 관심에서 오는 것이든 어느 하나임에 틀림없다.

모든 인간은 사회와 강한 결합을 유지하고 있으며, 고립되어서는 생존이 불가능함을 인식하고 있으므로 그 때문에 그는 사회의 질서를 촉진하고, 그렇게 헤아릴 수 없을 만큼 큰 천혜(天惠)의 평온한 소유를 그에게 보장하는 모든 습관이나 원리에 호의를 보인다는 주장이 종종 제기되었다. 즉 우리는 우리 자신의 행복과 번영을 평가하면 할수록 정의와 인간성의 실천을 성원함에 틀림없으며, 그런 정의와 인간성에 의해서만 사회적 연대가 유지될 수 있고, 모든 사람은 상호 보호와 도움의 과실을 수확할 수 있다.

자기애나 사익(private interest)에 대한 관심에서 이런 식으로 도덕을 연역하는 것은 하나의 명백한 사상이며, 그 모두가 회의론자들의 터무니없는 돌출과 불성실한 공격에서 생겨난 것은 아니다. 다른 사람들은 차치하고라도 고대의 가장 도덕적임과 동시에 가장 근엄하며 가장 사려분별이 있는 저술가 중 하나인 폴리비오스[1)]조차 우리의 모든 덕의 감정이 이기적인 기원에서 유래한다고 보았다.* 저자의 건실하고 실제적인 감각과 모든 공허한 정교함에 대한 그의 혐오는 현재의 주제에 대해 그의 권위를 전혀 무시할 수 없도록 하지만, 이는 권위에 의해 결정될 일은 아니며, 자연과 경험의 목소리는 명백히 이기주의 이론에

1 〈폴리비오스(Polybius, 기원전 200년경~118년경)는 헬레니즘 시대의 그리스 역사가다.〉

반대하는 것으로 보인다.

* 사람들은 부모에 대한 불순종을 나무란다. *προορωμένους τὸ μέλλον, καὶ συλλογιζομένους ὅτι τὸ παραπλήσιον ἑκάστοις αὐτῶν συγκυρήσει.* [미래를 예견하고, 유사한 일이 각자 모두에게 일어나리라는 것을 추측하기 때문이다.] 같은 이유로(다만 이 경우 사람들은 더 고매한 고려를 섞기는 하지만) 사람들은 배은망덕을 나무란다. *συναγανακτοῦντας μὲν τῷ πέλας, ἀναφέροντας δ' ἐπ' αὑτοὺς τὸ παραπλήσιον, ἐξ ὧν ὑπογίνεταί τις ἔννοια παρ' ἑκάστῳ τῆς τοῦ καθήκοντος δυνάμεως καὶ θεωρίας.* [한편으로는 다른 사람(자신들의 '이웃')과 분노를 나누고, 다른 한편으로는 스스로를 같은 상태에 있다고 상상한다. 따라서 의무의 의미와 이론에서 어떤 사상이 그들 각자에게 서서히 싹튼다(『역사』 제6권, 제4장).] 아마도 이 역사가가 말하고자 하는 것은 우리의 공감과 인간성이라는 것이 고통 받는 사람의 사례와 우리의 사례의 유사성을 고찰함으로써 더욱 활기를 띠게 된다는 것일 뿐이다. 그것은 당연한 감정이다.

우리는 자주 아주 먼 시대에 멀리 떨어진 나라에서 수행된 유덕한 행위에 대해 칭찬한다. 이 경우 아무리 세밀한 데까지 상상하더라도 자기애의 어떤 모습도 발견하지 못하거나, 우리의 현재 행복 및 안전과 우리에게서 그렇게 멀리 떨어져 있는 사건 사이에 어떤 결합도 발견하지 못한다.

적대 관계에 있는 사람에 의해 수행된 관대하고 용감하며 고상한 행위는 그 결과에서는 우리의 특수한 이익에 해롭다는 점이 인정될는지 모르지만, 그래도 우리의 시인을 받을 만하다.

개인적인 이점이 덕에 대한 일반적인 호의와 일치하는 경우, 우리는 마음에 완전히 다른 감정과 영향을 주는 이러한 별개의 감정들의 혼합을 쉽게 지각하고 인정한다. 고매한 인도적 행위가 우리의 특수한 이익에 기여하는 경우, 아마도 주저하지 않고 더욱 적극적으로 칭찬할 것이다. 그러나 우리가 주장하는 칭찬의 문제는 이러한 사정과는 무관하다. 그리고 다른 사람들의 시인을 받고 찬양을 받을 수 있도록 우리가 추천하는 행위들에서부터 그들이 무언가의 이점을 얻는다고 그들을 설득하는 노력은 하지 않고, 그들을 우리의 감정에 동조하도록 시도할 것이다.

가장 호감을 주는 도덕적 덕을 모두 갖춘 한 명의 칭찬할 만한 가치가 있는 인물의 모형을 만들고, 이러한 덕들이 우수하고 비범한 방식으로 발휘되는 사례를 제시해보자. 그러면 여러분은 전체 청중에게서 경의와 시인을 쉽게 불러일으킨다. 이때 청중은 고귀한 성질을 가진 인물이 어느 시대의 어느 나라에 살고 있는지 그다지 따지지 않는다. 그러나 모든 다른 사정 중에서 특히 이 사정은 자기애 또는 우리 자신의 개인적 행복에 대한 관심에서 가장 중요한 것이다.

일찍이 어떤 정치가가 정당 간의 충돌과 논쟁에서 자신의 웅변으로 유능한 정적을 추방하는 데까지는 승리를 거두었지만, 비밀리에 그를 따라가 망명하는 동안 후원하기 위해 돈을 제공하고, 그의 불운에 대해 위로가 되는 화제를 가지고서 그의 마음을 진정시켰다. **아!** 그러자 그 추방된 정치가는 크게 외친다. **적에게조차 이토록 관대한 이 도시에서 나의 친구를 떠나지 않으면 안 되는 것은 얼마나 유감스러운 일인가!** 이 경우 적의 덕이긴 하지만, 그 덕이 그를 기쁘게 한 것이다.

그리고 우리도 정당한 찬사와 시인의 말을 그 덕에 부여한다. 그런 행위가 아테네에서 대략 2천 년 전에 일어났고, 그들의 이름이 에쉬네스[2]와 데몬스테네스[3]였다는 것을 듣고도 우리가 이러한 감정들을 철회하는 일은 없다.

그것이 나와 무슨 상관이 있는가? 이 물음이 적절하지 않은 경우는 거의 없다. 그리고 만약 그것이 예상되는 것 같은 보편적이고 절대 확실한 영향력을 가진다면, 그것은 인간과 예의에 대한 어떤 칭찬이나 질책도 포함하는 모든 문장과 거의 모든 대화를 조롱하는 것이 될 것이다.

우리는 이러한 사실들과 논의들에 밀려서 상상력의 힘으로 우리 자신을 먼 시대와 국가로 옮기고, 만약 우리가 그 사람들과 동시대인이며 그 사람들과 교제했더라면, 이러한 성격들에서 얻을 수 있는 이점들을 고려한다고 말하는 것은 근거가 빈약한 구실에 불과하다. **현실의** 감정 또는 정념이 인식된 **상상의** 이익에서부터 도대체 어떻게 발생할 수 있는지는 이해될 수 없는 일이다. 특히 우리의 현실적 이익이 여전히 기억 안에 머물고 있으며, 가끔 상상과는 전혀 다르고, 심지어 가끔은 상상과 반대된다는 것이 종종 인정될 때 그렇다.

벼랑 끝에 끌려온 사람은 전율 없이는 아래를 내려다볼 수 없다. 그리고 **상상에 따른** 위험의 감정이 **현실의** 안전에 대한 의견 및 믿음과는 반대로 그를 움직인다. 그러나 이 경우 상상력은 인상적인 대상이 존재함으로써 지원된다. 게다가 상상력 또한 그 대상의 색다름과

2 〈에쉬네스(Eschines, 기원전 393~314)는 아테네의 웅변가다.〉

3 〈데몬스테네스(Demosthenes, 기원전 384~322)는 아테네의 웅변가다.〉

예사롭지 않은 출현에 의해 도움을 받게 되는 경우를 제외하고는 효력이 없다. 습관은 곧 우리를 고도와 절벽에 적응하게 만들고, 이 잘못되고 망상적인 공포를 서서히 소멸시켜버린다. 우리가 성격과 태도에 관해 형성하는 평가에서는 그것과 반대되는 것이 관찰될 수 있다. 그리고 우리가 도덕의 정밀한 음미에 익숙해질수록 악덕과 덕 사이의 가장 미세한 구별에 대한 더욱 세밀한 느낌을 얻게 된다. 사실상 우리는 일상생활에서 모든 종류의 도덕적 결정을 표명할 기회가 종종 있으므로 이러한 종류의 어떤 대상도 우리에게는 새롭지도 않고 색다를 수도 없다. 또한 어떤 **거짓된** 견해나 선입견도 그렇게 일상적이고 친숙한 경험에 반(反)해서는 그 지반을 유지할 수 없을 것이다. 경험은 주로 관념들의 연합을 형성하는 것이기 때문에 어떠한 연합도 그것의 원리와 정면으로 반대해서 스스로를 확립하고 지지하는 일은 불가능하다.

유용성은 유쾌한 것이고, 우리의 시인을 유도한다. 이것은 매일의 관찰을 통해 확인된 사실의 문제다. 그러나 **유용하다는 것**은 무엇인가? 무엇을 위해 유용한가? 물론 누군가의 이익을 위한 것이다. 그렇다면 누구의 이익인가? 우리 자신의 이익만은 아니다. 왜냐하면 우리의 시인은 가끔 그 이상으로 확장되기 때문이다. 그러므로 그것은 시인을 얻는 성격이나 행동이 도움이 되는 사람들의 이익임에 틀림없다. 그리고 이 사람들이 아무리 멀리 떨어져 있어도 우리와 완전히 무관한 사람은 아니라는 결론이 도출될 수 있겠다. 이 원리의 해명을 통해 우리는 도덕적 구별의 한 가지 큰 원천을 발견하게 될 것이다.

제2절

자기애는 인간 본성 안에 있는 매우 많은 양의 에너지를 가지는 원리이며, 각 개인의 이익은 일반적으로 공동체의 이익과 매우 밀접하게 결합해 있으므로 철학자들이 대중에 대한 우리의 모든 관심이 우리 자신의 행복과 보존에 대한 관심으로 환원될 수 있다고 상상한 것은 무리가 아니다. 그들은 매 순간 성격과 행위들에 대한 시인이나 비난, 만족이나 불쾌의 사례들을 목격했으며, 이러한 감정의 대상들을 **덕**이나 **악덕**이라고 불렀다. 그들은 전자가 인류의 행복을, 후자가 인류의 불행을 증가시키는 경향을 가진다는 사실을 관찰했고, 우리가 사회에 대해 어떤 일반적인 관심이라도 가지거나 다른 사람들의 번영이나 손해에 대해 어떤 사욕이 없는 분개(disinterested resentment)를 가지는 것이 가능한지를 물었다. 그들은 이러한 감정 모두를 자기애의 변용(變容)이라고 보는 것이 더 간명하다는 것을 알게 되었다. 그리고 그들은 적어도 원리의 이러한 통일에 대한 구실을 대중과 각 개인 사이에 현저하게 인정되는 이익의 밀접한 결합 안에서 발견했다.

그러나 이처럼 여러 이익이 자주 혼동됨에도 베이컨 경[4] 이후의 자연철학자들이 즐겨 **결정적 실험**(*experimentum crucis*)이라고 부르기는, 또는 아무리 의심이나 모호함에 처하더라도 올바른 방법을 지적하는 그런 실험을 수행하기는 쉬웠다. 우리는 사익이 공익과 분리되는 사례, 심지어 그 반대 사례를 발견했다. 그렇지만 우리는 이익들의 이러한 분열에도 도덕적 감정이 지속하는 것을 관찰했다. 그리고 이러한

4 〈베이컨(Francis Bacon, 1561~1626)은 영국의 철학자, 수필가, 법률가다. 데카르트와 함께 근대 철학의 개척자로 평가받는다.〉

별개의 이익들이 지각될 정도로 일치하는 경우라면 언제나 우리는 도덕적 감정의 현저한 증대 및 덕에 대한 더 온화한 애정과 악덕에 대한 혐오 또는 적절하게도 "감사"와 "복수심"이라 칭하는 것을 발견했다. 이러한 사례들을 가지고 할 수밖에 없는 것은 자기애의 원리로 모든 도덕적 감정을 설명하는 이론을 포기해야 한다는 것이다. 우리는 더 사회적인 감정을 채택하고, 사회의 이익이 그 사회 자신을 위한 것이라 하더라도 우리와 전혀 무관한 것이 아니라는 점을 인정해야 한다. 유용성은 어떤 목적을 향하는 경향성일 뿐이다. 그리고 목적 자체가 결코 우리의 마음을 움직이지 않는데도 어떤 사물이 그 목적에 대한 수단으로 기쁨을 준다는 것은 용어들의 모순이다. 그러므로 만약 유용성이 도덕적 감정의 원천이라면, 그리고 이러한 유용성이 반드시 자기와의 연관성에 관련해서만 고려되는 것이 아니라면, 사회의 행복에 공헌하는 모든 것은 곧바로 우리의 시인과 호의의 추천을 받게 된다. 여기에 도덕성의 기원을 대부분 설명하는 원리가 있다. 그리고 그렇게 분명하고 자연적인 학설이 존재하는데도 우리가 난해하고 막연한 학설을 찾는 이유가 무엇인가?*

* 무엇 때문에 우리는 인간성이나 다른 사람에 대한 동료 의식(fellow-feeling)을 가지는가를 묻는 데까지 우리의 탐구를 강요하여 진행하는 것은 불필요한 일이다. 이것이 인간 본성의 원리라는 것이 경험된다는 것만으로 충분하다. 우리는 원인을 조사할 때 어느 지점에서 멈춰 서지 않으면 안 된다. 그리고 모든 과학에는 일반적인 어떤 원리가 있으며, 우리는 그것을 넘어선 일반적인 원리를 발견하기를 희망할 수 없다. 누구도 다른 사람의 행복과 불행에 절대

적으로 무관심하지는 않다. 전자에는 쾌락을 주는 자연적 성향이, 후자에는 고통을 주는 자연적 성향이 있다. 모든 사람은 이것을 자신 안에서 발견한다. 이런 원리들을 더 단순하고 보편적인 원리로 환원하는 것은 그런 목적을 위해 어떤 시도가 이루어지더라도 불가능할 것이다. 그러나 설사 가능하다고 하더라도 그것은 현 주제에 속하는 문제가 아니다. 그리고 우리는 여기서 안전하게 이러한 원리들을 근원적인 것으로 간주해도 좋을 것이다. 만약 우리가 모든 귀결을 충분히 평이하고 명쾌하게 할 수 있다면 다행이다!

인간성과 자비심의 힘을 이해하는 데 어떤 어려움이 있을까? 또는 행복, 환희, 번영 같은 모습이 쾌락을 주고, 고통, 고뇌, 슬픔 같은 그런 모습이 불안을 전달한다는 것을 생각하는 데 어떤 어려움이 있을까? 인간의 표정은 인간의 표정에서부터 미소 또는 눈물을 빌려온다고 호라티우스[5]는 말하고 있다.* 어떤 사람을 고독하게 하면, 그는 관능적이거나 사변적인 종류의 즐거움을 제외하고는 모든 즐거움을 잃는다. 그리고 그것은 그의 마음의 운동들이 그의 동료의 대응하는 운동에 의해 촉진되지 않기 때문이다. 슬픔과 애도의 표시는 자의적이기는 하지만, 우리를 우울하게 한다. 그러나 눈물, 절규, 신음 등 자연의 징후는 반드시 공정과 불안을 불러일으킨다. 그리고 만약 불행의 결과가 그렇게 강렬한 방식으로 우리의 심금을 울린다면, 심술궂거나 배신하는 성격과 행동이 우리에게 나타날 경우, 그것의 원인에 대해 우리가 완전히 무감각하거나 무관심하게 되는 것을 생각하는 일이 가능하

5 〈호라티우스(Horace, 기원전 65~8)는 로마 공화정 말기의 시인이다.〉

기나 할까?

* Ut ridentibus arrident, ita flentibus adflent Humani vultus [인간의 얼굴은 웃는 사람과 함께 웃는 것처럼, 우는 사람과 함께 운다(호라티우스 『작시론(*The Art of Poetry*)』, 101-102).]

우리가 편리하고 따뜻하며 잘 설계된 방으로 들어간다고 가정해 보자. 우리는 반드시 그것을 보는 것만으로 쾌감을 얻는다. 왜냐하면 그것은 우리에게 안락, 만족, 유쾌의 즐거운 관념들을 우리에게 제공하기 때문이다. 붙임성 좋고, 상냥하며, 인정 많은 집주인이 나타난다. 이러한 사정은 확실히 전체를 아름답게 장식함에 틀림없다. 또한 우리는 그의 교제와 친절한 보살핌에서 모든 사람에게 생기는 만족을 생각할 때, 억누르기 힘든 쾌락을 느끼지 않을 수 없다.

그의 가족은 모두 그들의 표정에 퍼져 있는 자유, 안락, 신뢰, 차분한 기쁨으로 자신들의 행복을 충분히 표현한다. 나는 그렇게 큰 기쁨의 광경을 보고 편안한 공감을 느끼게 되며, 그것의 원천을 생각할 때 가장 유쾌한 정서를 가질 수밖에 없다.

그가 나에게 어떤 압제적이고 권력이 있는 이웃이 자신의 유산을 빼앗으려고 시도했으며, 오랫동안 그의 죄 없는 사교적 쾌락 모두를 방해했다고 말할 때, 내 안에서 그러한 폭력과 위해에 대해 직접적인 격노가 일어남을 느낀다.

그러나 그는 개인적인 불법 행위가 여러 지방을 노예화하고, 여러 도시의 주민을 절멸시키며, 전쟁터와 처형대를 만들어 인간의 피로 실개천을 만든 사람에 의해 행해졌다는 것은 놀라운 일이 아니라고 덧붙인다. 나는 그런 큰 불행의 광경에 공포를 느꼈으며, 그 당사자에 대한 강한 반감에 휩싸였다.

일반적으로 말해서 우리가 어디를 가든, 무엇을 생각하거나 이야기를 나누든, 모든 일은 여전히 인간의 행복이나 불행의 광경을 우리에게 제공하고, 우리의 가슴 속에 쾌락이나 불안의 공감 운동을 일으킨다는 것은 확실하다. 우리의 진지한 업무에서도, 편안한 오락에서도 이 원리는 여전히 자신의 활동적인 에너지를 발휘한다.

극장에 들어가는 사람은 수많은 사람이 하나의 공통된 오락에 참여하는 광경을 보고 순식간에 감동한다. 그리고 그는 그들의 얼굴 자체에서 그가 동포와 함께 나누는 모든 감정에 의해 영향을 받는 뛰어난 감수성이나 기질을 경험한다.

그는 가득 찬 관중의 출현에 배우들이 고무됨을 관찰하고, 그들이 혼자 있거나 조용한 순간에는 얻을 수 없는 정도의 열광에 이르기까지 기분이 고조됨을 관찰한다.

솜씨 있는 시인에 의한 극의 전개는 모두 마치 마법처럼 관객에게 전달된다. 그리고 관객은 울고 전율하며, 분개하고 기뻐하며, 그 연극의 다양한 등장인물을 움직이는 모든 종류의 정념들로 흥분한다.

어떤 사건이 우리의 희망과 달리 마음에 드는 사람들의 행복을 방해할 경우, 우리는 걱정과 우려를 느낀다. 그러나 그들의 고난이 적의 배반, 잔학, 압제에서 생겨나는 경우, 우리의 가슴은 이러한 재난을 일으킨 당사자에 대한 가장 격렬한 분개의 마음을 가지게 된다.

이 경우 매사를 냉담하게, 어떻게 되어도 좋은 일처럼 표현하는 것은 예술의 규칙에 위반되는 것으로 생각된다. 시인은 비극의 대단원에서 가능한 한 직접적인 이해관계가 없는 먼 곳의 친구나 신뢰하는 친구의 등장을 피해야 한다. 그것은 같은 모양의 무관심을 관객에게 전해서 감정이 고조되는 것을 방해하기 때문이다.

전원시(田園詩)보다 재미있는 종류의 시는 거의 없다. 그리고 그 즐거움의 주된 원천이 시 안의 인물로 표현되는 온화하고 부드러운 평온의 심상(心象)에서 생겨난다는 것은 모든 사람이 느끼는 것이다. 시는 이와 유사한 감정을 독자에게 전달한다. 무대를 해안으로 옮긴 산나자로[6]는 자연의 가장 장대한 대상을 제공했음에도 선택을 잘못했다고 일반적으로 인식되고 있다. 어부가 경험하는 수고, 노동, 위험의 관념은 인간의 행복이나 불행의 모든 개념에 불가피하게 수반되는 공감을 통해 가슴 아픈 것이다.

어떤 프랑스 시인은 20세 무렵에는 오비디우스[7]를 좋아했지만, 40세인 지금은 호라티우스임을 분명히 한다고 말하고 있다. 확실히 우리는 매일 우리가 느끼는 감정들과 비슷한 감정 안으로 더 쉽게 빠져들어간다. 그러나 어떤 정념도 제대로 표현된다면 우리와 전혀 무관할 수는 없다. 왜냐하면 누구든 그의 안에 적어도 씨앗과 최초의 근원들이 없는 정념은 하나도 존재하지 않기 때문이다. 모든 정서를 생생한 비유와 묘사를 통해 우리의 신변 가까이 가져오며, 그것을 진리이고 진실인 것처럼 보이게 하는 것이 시가 하는 일이기 때문이다. 이것은 진실이 밝혀질 경우 언제나 그것으로 우리의 마음이 움직이는 경향이 있다는 확실한 증거다.

여러 나라, 여러 지방, 많은 개인의 운명에 영향을 주는 최근의 사

6 〈산나자로(Sannazarius, 1456~1536)는 나폴리 출신의 이탈리아 시인이다.〉

7 〈오비디우스(Ovid)는 기원전 43년에 태어난 로마 제국의 시인이다. 즐거움을 노래하는 연애시로 유명하며, 호라티우스와 더불어 로마 문학의 황금시대를 이루었다.〉

건이나 뉴스 단편은 자신의 행복에 직접 상관이 없는 사람들에게도 큰 관심의 대상이 된다. 그러한 정보는 신속하게 전달되고, 탐욕스럽게 들리며, 주의와 관심을 가지고서 조사된다. 이 경우 사회의 이익은 어느 정도 각 개인의 이익인 것으로 여겨진다. 일어난 정념이 언제나 행동과 행위에 큰 영향을 줄 만큼 강하고 확고할 수는 없겠지만, 상상력은 반드시 움직이게 마련이다.

역사책을 정독하는 것은 조용한 즐거움인 것처럼 보인다. 그러나 우리의 심장이 역사가들에 의해 기술되는 사람들에게 호응해 고동치는 것이 아니라면 아무런 즐거움도 느끼지 못한다.

투키디데스[8]가 그리스 작은 도시들의 시시콜콜한 충돌을 기술하고, 차르디니[9]가 피사(Pisa)의 해롭지 않은 전쟁을 기술하는 동안에는 그들이 우리의 주의력을 지탱하기는 어렵다. 이해관계를 가지는 사람이 소수이며, 그 이해관계가 작다는 것은 상상력을 만족시키지 못하며, 정서를 불러일으키지 못한다. 시라쿠사(Syracuse)를 앞에 둔 다수 아테네군의 깊은 고뇌, 베네치아에 다가오는 위험 등은 동정을 불러일으키고, 공포와 우려의 감정을 야기한다.

수에토니우스[10]의 평범하고 재미없는 문체는 타키투스[11]의 교묘

---

8 〈투키디데스(Thucydides, 기원전 460년경~400년경)는 고대 그리스 아테네의 역사가이며, 기원전 5세기경 아테네와 스파르타가 기원전 411년까지 싸운 전쟁을 기록한 『펠로폰네소스 전쟁사』를 저술했다.〉

9 〈차르디니(Guicciardin, 1483~1540)는 이탈리아의 작가, 역사가, 정치가다.〉

10 〈수에토니우스(Suetonius, 75년경~130년경)는 로마 제국 오현제(五賢帝) 시대의 전기작가, 역사가, 정치가다.〉

11 〈타키투스(Tacitus, 55년경~120년경)는 고대 로마의 역사가, 웅변가, 정치가다. '가이우스'라는 이름으로 기록되기도 한다.〉

한 필치와 마찬가지로 네로[12]나 티베리우스[13]의 잔학한 악행을 우리에게 확신시켜준다. 그러나 어떤 감정의 차이가 있는가! 전자는 냉정하게 사실들을 말하지만, 후자는 소라누스[14]와 트라시아[15]처럼 운명을 두려워하지 않고 다만 친구나 친족들의 슬픔을 유발하는 비탄에 의해서만 마음이 움직이는 존경해야 할 인물들을 우리의 눈앞에 그려낸다. 그때 어떤 공감이 모든 인간의 심금을 울릴까! 원인 없는 공포나 이유 없는 악의에 의해 저 같은 가증스러운 잔학 행위를 일으킨 폭군에 대해서는 어떤 분개의 감정을 느낄 것인가!

만약 우리가 이런 주제들을 더 가까이 가져오고, 허구와 기만의 모든 의심을 제거한다면, 얼마나 강력한 관심이 일어날까! 그리고 그것은 많은 경우 자기애와 사익의 좁은 애착심에 비교해서 얼마나 우월한 것일까! 민중의 폭동, 당파열(黨派熱), 당파의 지도자에 대한 헌신적 복종 등은 인간 본성 안에 있는 이 사회적 공감의 별로 칭찬할 것은 아니지만 가장 두드러진 결과 중 일부다.

우리는 주제가 아무리 보잘것없이 시시하다 하더라도 그것이 인간의 감정과 정서의 심상을 전하는 것에서 우리를 완전히 떼어놓을 수 없다는 것을 관찰할 것이다.

누군가 말을 더듬고 발음에 어려움을 겪을 때, 우리는 이런 하찮은 불안에 공감하기도 하고 그를 위해 괴로워한다. 또한 낭독할 때 발성 기관에 고통을 주는 음절이나 문자의 모든 조합도 일종의 공감에서

---

12 〈네로(Nero, 37~68)는 로마 제국의 제5대 황제다(재위 기간, 54~68).〉

13 〈티베리우스(Tiberius, 기원전 42~기원후 37)는 로마 제국의 황제다(재위 기간, 14~37).〉

14 〈소라누스(Soranus)는 로마의 집정관으로, 66년 사형에 처해졌다.〉

15 〈트라시아(Thrasea)는 스토아 철학자다. 네로 황제 치하인 66년 사형에 처해졌다.〉

부터 귀에 껄끄럽고 불쾌하게 들린다는 것은 비평에서 하나의 규칙이다. 아니, 우리는 재빨리 책을 훑어볼 때, 그러한 조화롭지 못한 조합을 느낀다. 왜냐하면 우리는 어떤 사람이 우리를 위해 그것을 낭독하고, 이 삐걱거리는 소리의 발음에서 고통을 느낀다고 상상하기 때문이다. 우리의 공감은 그토록 섬세하다!

편안하고 자유로운 자세와 동작은 언제나 아름답다. 건강하고 활기찬 모습은 유쾌하다. 몸에 무거움을 주지 않고 따뜻하며, 갑갑함을 주지 않고 손발을 덮는 옷들은 바느질이 좋다. 모든 아름다움의 판단에는 영향을 받는 사람의 느낌이 고려되며, 관찰자에게 유사한 감촉의 고통이나 쾌락을 전달한다.* 그렇다면 우리가 사람들의 성격이나 행위에 대해 그들의 행동 경향 및 그것으로 인해 사회에 일어나는 행복이나 불행을 고려하지 않고는 어떤 판단도 할 수 없다고 하더라도 무엇이 이상할까? 이 경우 이러한 원리가 전혀 작동하지 않는다면, 도대체 어떤 관념 연합이 작동할까?**

* "Decentior equus cujus astricta suntilia; sed idem velocior. Pulcher aspectu sit athleta, cujus lacertos execitatio expressit; idem certamini paratior nunquam enim *species* ab utilitae dividitur. Sed hoc quidem discernere modici judicii est." Quintilian, *Inst.* lib. viii. cap. 3. [옆구리가 팽팽하게 당겨진 말은 더 아름답다. 또한 그 말은 날래기도 하다. 연습을 반복하여 몸에 근육이 붙은 운동선수는 보기에도 아름답다. 또한 그는 시합을 위한 준비도 훌륭하다. 왜냐하면 외모는 유용성과 결코 분리될 수 없기 때문이다. 그러나 이것들을 구별하는 것은 전적으로 평범한

판단력의 문제다(퀸틸리아누스,[16] 『변론술 교과과정』 제8권, 제3장).]

** 우리는 언제나 사람이 가진 지위에 비례해서, 그가 놓여 있는 관계에 따라 그에게서 크거나 작은 정도의 선을 기대한다. 그리고 이러한 기대가 어긋나는 경우, 그를 쓸모없다고 비난한다. 하물며 그의 행동과 행위에서 해악이나 불이익이 발생한다면, 그를 더욱 비난한다. 한 나라의 이익이 다른 나라의 이익과 충돌할 때, 우리는 정치가의 공적을 그의 방책이나 회의에서부터 그 자신의 국가에 생겨나는 선이나 악에 따라 평가하며, 그가 적국이나 그의 경쟁 상대자에게 초래하는 해악은 고려하지 않는다. 우리가 그의 명성을 결정할 때, 가장 중시하는 것은 그의 동포다. 그리고 자연은 모든 사람에게 다른 나라보다 자기 나라에 대한 강한 애정을 심어 놓았기 때문에 자기 나라와의 경쟁이 발생할 때는 먼 나라에 대한 어떤 배려도 우리는 절대 기대하지 않는다. 말할 것도 없이 모든 사람이 자신이 몸담고 있는 공동체의 선을 고려할 때, 인류의 선에 대한 무언가 막연하고 불확실한 고찰에 의한 것보다 인류의 일반적 이익이 더 잘 촉진될 것임을 우리는 인식한다. 인류의 선에 대한 고찰에서는 어떤 유익한 행위도 일어날 수 없다. 왜냐하면 그것은 고찰하려는 노력을 기울일 수 있는 적절하게 제한된 대상이 결여해 있기 때문이다.

만약 누군가가 냉정한 무감각 또는 협소한 이기적 기질로 인해 인

16 〈퀸틸리아누스(Marcus Fabius Quintilianus, 35년경~100년경)는 스페인 출신의 로마 제국 웅변가이자 수사가다.〉

간의 행복이나 불행의 심상에 의해 마음이 움직여지지 않는다면, 그는 악덕과 덕의 심상에 대해서도 똑같이 무관심함에 틀림없다. 이와 마찬가지로 다른 한편에서 우리가 언제나 알게 되는 것은 인류의 이익에 대한 따뜻한 관심이 모든 도덕적 구별에 대한 섬세한 느낌, 사람들에게 가해진 위해에 대한 강한 분개, 사람들의 안녕에 대한 열렬한 시인을 동반한다는 것이다. 이 점에서 어떤 사람은 다른 사람보다 매우 우월하다는 점이 관찰될 수 있다 하더라도 행위와 원리의 경향이 다르다고 해서 도덕적 선과 악의 구별을 감지하지 못할 정도로 동포의 이익에 완전히 무관심한 사람은 아무도 없다. 만약 인류 또는 공동체에 대해 유익한 하나의 성격이나 행동 체계와 해로운 다른 하나의 성격이나 행동 체계가 누군가의 비판에 맡겨진다면, 그가 냉정하게 전자를 선택조차 하지 않고 또는 최소의 가치나 존경도 그것에 귀속조차 시키지 않는 일이 인간의 마음을 가지고 있는 누구에게든 가능하다고 감히 어떻게 상상할 수 있겠는가? 그 사람이 그렇게 이기적이라고 상상하고, 개인적인 이익이 그렇게 많이 그의 주의를 빼앗았다고 상상하자. 그러나 개인적인 이익이 관계없는 사례들에서는 그가 인류의 선을 향한 **어떤** 성향을 불가피하게 느끼고, 만약 다른 모든 것이 같다면 그것을 선택의 대상으로 삼으리라는 것은 틀림없는 사실이다. 누군가 길을 걸어가고 있는 사람이 자신과 전혀 다투지 않는 다른 사람의 통풍(痛風) 발가락을, 더군다나 단단한 돌이나 포장도로를 밟는 것처럼 거리낌 없이 밟을 수 있을까? 이 경우 상황은 달라질 수밖에 없을 것이다. 개인적인 배려가 우리의 동포에게 상처를 입히면서도 우리 자신의 승진이나 이익을 추구하도록 부추기는 일이 없다면, 분명히 우리는 행위의 몇 가지 동기를 비교하면서 다른 사람의 행복과 불행을 고려하며, 전자 쪽으로 마음을 기울일 것이 분명하다. 그리고 만약 인간성의 원리들이 다수의 사례에서 우리의 행동에 영향을 미칠 수 있다면, 그것들은 언제나 우리의 감정에 대해 **어떤** 권위를 가지게 되고, 우리에게 사회에 유용한 것에 대해 일반적으로 시인하도록 하며, 위험한 것 또는 해로운 것에 대해 비난하도록 한다. 이러한 감정들의 정도는 논쟁의 대상이 될는지도 모른다. 그러나 이러한 감정들이 실제로 존재한다는 것은 모든 이론이나 학설에서 인정되어야 한다고 생각된다.

만약 완전히 악의에 차고 심술궂은 생물이 자연에 존재한다면, 악덕과 덕의 심상에 무관심한 것보다 틀림없이 더 나쁠 것이다. 그의 모든 감정은 거꾸로 되어 인류에게 퍼져 있는 감정과는 정면으로 대립할 것이 틀림없다. 인류의 선에 기여하는 것은 무엇이든 그의 소망이나 욕망의 지속적인 경향을 방해하기 때문에 틀림없이 불안과 부인(否認)을 낳는다. 이와 반대로 사회의 혼란과 불행의 원천이 되는 것은 무엇이든 바로 같은 이유에서 쾌락과 만족을 주는 것으로 생각됨에 틀림없다. 뿌리 깊은 악의에서라기보다 아마도 그의 변질된 우울 때문에 인간 혐오자라 칭해진 티몬[17]은 깊은 애정을 가지고서 알키비아데스[18]를 포옹했다. 그는 외쳤다. **"그대가 점점 사람들에게 신뢰를 얻게 된 건 잘된 일이야. 내 예측으로는 그대는 언젠가 그들에게 큰 재앙을 가져다줄 걸세."**[19] 만약 우리가 마니교도(Manicheans)의 이원론을 인정할 수 있다면, 인간 행위에 관한 신들의 감정은 다른 모든 것에 관한 그것과 마찬가지로 완전히 대립적이며, 정의와 인간성의 모든 사례는 그것의 필연적

---

17 〈티몬(Timon)은 페리클레스(기원전 495년경~429)와 동시대 인물로 인간 혐오로 유명하다.〉

18 〈알키비아데스(Alcibiades, 기원전 450년경~404)는 아테네의 장군이자 정치가다.〉

19 플루타르코스, 『알키비아데스』 16.

성향에서부터 반드시 한쪽의 신을 즐겁게 하고, 다른 쪽의 신을 노엽게 한다는 것이 필연적 귀결이다. 모든 인간은 선한 원리에서 매우 유사하므로 이익이나 원한 또는 시샘이 우리의 기질을 비틀어 꺾지 않는다면, 우리에게는 언제나 우리의 자연적 박애에서 사회의 행복을, 따라서 덕을 그것의 반대보다 선택하는 마음이 생겨난다. 절대적이고 정당한 이유가 없으며 개인의 이익과 무관한 악의는 아마 어떤 인간의 마음에도 절대 존재하지 않을 것이다. 만약 존재한다면, 인간성의 느낌만큼이나 도덕의 모든 감정도 반드시 전복시켜버릴 것이다. 네로의 잔학함이 완전히 자발적이며, 항구적인 공포와 분개의 결과가 아니라는 점이 인정된다면, 그의 시종 변함없는 시인을 받은 것은 세네카[20]나 부루스[21]라기보다는 티겔리누스[22]였음에 틀림없을 것이다.

우리 시대에 우리나라에서 봉사하는 정치가나 애국자는 옛 시대나 먼 나라에서 유익한 영향력을 미쳤던 사람보다 언제나 열렬한 존경을 받게 된다. 후자의 경우 그의 고매한 인간성의 결과로 생겨나는 선은 우리와의 관계가 비교적 약하기 때문에 더 막연하고, 우리에게 생생한 공감을 미치는 정도가 적은 것처럼 보인다. 이 두 사례에서 우리의 감정은 동등한 정도로 높아지지는 않지만, 우리는 그것의 가치가 동등하게 위대하다고 평가한다. 이 경우 판단력이 우리의 내면의 정서와 지각들의 불균형을 정정한다. 그것은 우리의 외부적 감각기관에 나

---

20 〈세네카(Seneca)는 기원전 4년경~65년의 인물로 로마 제국 시대의 정치인, 철학자(스토아학파), 문학자다. 로마 제국의 황제인 네로의 스승으로도 유명하다. 동명의 아버지 대세네카와 구분하기 위해 '소세네카'로도 불린다.〉

21 〈부루스(Burrhus)는 네로의 교사이자 정치고문으로 세네카의 동료다.〉

22 〈티겔리누스(Tigellinus)는 비천한 태생의 시칠리아 사람이다. 네로 치하에서 권력과 명예로운 지위를 얻었으며, 네로에게 다수의 처형을 권유했다.〉

타나는 상들이 여러 가지로 변화하는 경우 판단력이 우리를 오류에 빠지지 않도록 보호하는 것과 마찬가지다. 같은 대상이라도 거리가 두 배 떨어지면 실제로 눈에 비치는 것은 절반 크기의 그림에 불과하지만, 우리는 그것이 두 상황에서 크기가 같다고 상상한다. 왜냐하면 가까이 가면 그 상은 확대되어 눈에 비치고, 차이는 대상 자체에 있는 것이 아니라 그 대상에 대한 우리의 위치에 있다는 것을 알게 되기 때문이다. 그리고 사람들의 변동하는 정황들이 대상에 대해 끊임없는 변화를 낳고, 그것들을 이 같은 다른, 그리고 상반된 빛과 위치 안에 투입하는 한 실제로 내적이고 외적인 감정에서 외견(外見)에 대한 그러한 정정이 없다면, 사람들이 어떤 주제에 관해서도 견실하게 생각하거나 말하는 일은 결코 없을 것이다.*

* 같은 이유로 우리의 도덕적 결정이나 일반적 판단에서는 행위나 성격의 경향만이 고려되며, 현실적으로 생겨난 우연의 결과는 고려되지 않는다. 그러나 무엇보다 우리의 현실의 느낌과 감정에서 단지 선의와 자비심의 감정에서만 사회적 덕을 발휘하는 사람보다 덕뿐 아니라 그 사람의 사회적 지위가 그를 사회에서 현실에 유용하게 만드는 사람에 대해 더 큰 존경을 보여줄 수밖에 없다. 우리는 사유의 쉽고도 필요한 노력으로 성격을 운명에서 분리하여 이러한 인물들을 한결같다고 선언하고, 그들에게 똑같은 일반적 칭찬을 한다. 판단력은 외견을 정정하거나 정정하려고 노력한다. 그러나 우리의 감정을 완전히 극복할 수는 없다.

이 복숭아나무가 더 많은 또는 더 좋은 과일을 생산하기 때문이 아니라면, 이 복숭아나무가 저 복숭아나무보다 좋다고 일컬어지는 이유가 무엇이겠는가? 그리고 복숭아 과실이 완전히 성숙하기 전에 달팽이나 해충이 그 과실을 망쳐놓았더라도 그 나무에 같은 칭찬이 내려질까? 도덕에서도 **나무는 과일에 의해 알려지는** 게 아닐까? 그리고 우리는 도덕의 경우에도 복숭아나무의 경우와 마찬가지로 본성과 우연을 쉽게 구별할 수 없을까?

우리는 다른 사람과 대화할수록, 유지하는 사고 범위가 넓을수록 이러한 일반적 선택과 구별에 더 정통하게 될 것이다. 그것이 없다면 우리의 대화와 담론이 서로를 이해하는 일은 거의 없을 것이다. 각자의 이익은 그 자신에게 특유한 것이며, 그리고 거기에서 발생하는 혐오와 욕망은 같은 정도로 다른 사람의 마음을 움직인다고 생각될 수 없다. 그러므로 일반적인 언어는 일반적 용도를 위해 형성되기 때문에 더 일반적인 어떤 관점에 따라 형성될 것이 틀림없다. 그리고 공동체의 일반적 이익에서 발생하는 감정에 따라 칭찬이나 비난의 형용사가 첨부됨에 틀림없다. 그리고 설령 이러한 감정들이 대부분 사람에게는 개인적인 선에 관계하는 감정만큼 강하지 않다고 해도 가장 타락하고 이기적인 인물조차 이런 감정들에서 여전히 어느 정도 구별하고 있음에 틀림없다. 그리고 틀림없이 자선의 행동에 대해서는 선의 개념을 부여하고, 그 반대에 대해서는 악의 개념을 부여한다. 공감은 우리 자신에 대한 관심보다 훨씬 약하고, 우리와 멀리 떨어져 있는 사람에 대한 공감은 인접해 있는 사람에 대한 공감보다 훨씬 약하다는 것을 우리는 인정할 것이다. 그러나 바로 이런 이유로 사람들의 성격에 관해 냉정하게 판단하고 대화를 나눌 때는 이러한 차별을 완전히 무시하고, 우리의 감정들을 더 공적이고 사회적으로 만드는 일이 우리로서는 필요하다. 우리는 이 점에 관해 종종 자신의 입장을 바꿀 뿐만 아니라 우리와 입장이 다른 사람들을 매일 만난다. 그리고 만약 우리가 언제나 자신에게 특유한 위치와 관점에 머무른다면, 그들은 결코 우리와 대화를 나눌 수 없을 것이다. 따라서 사교와 대화에서의 감정 교류는 우리에게 어떤 일반적인 불변의 기준을 만들도록 한다. 이런 기준에 의해 우리는 성격과 예절을 시인하거나 부인할 수 있다. 그리고 마음이 이러한 일반적인 개념에 대해 전혀 동조하지 않고, 자기에 대한 또는 우리가 비교적 친밀하게 관계를 맺었던 사람에 대한 배려 없이 악덕과 덕의 보편적이고 추상적인 구별로 자신의 모든 사랑과 미움을 규정하지 않더라도 이러한 도덕적 구별은 상당한 영향을 가지며, 적어도 담론을 위해 충분하므로 교제, 설교, 연극이나 학교에서의 우리의 모든 목적에 대해 일정한 역할을 한다.*

* 개인적인 결합 관계가 통상 보편적 견해나 고려보다 우세하다는 것은 자연에 의해 현명하게 정해진 것이다. 그렇지 않으면 우리의 애정과 행위는 적절히 제한된 대상의 부족 때문에 혼란스럽고 상실될 것이다. 그래서 우리 자신 또는 우리 가까이에 있는 친구에게 행해지는 작은 은혜가 멀리 떨어진 나라에 행해지는 큰 은혜보다 더 생생한 사랑과 시인의 감정을 불러일으킨다. 그러나 모든 감각기관에서와 마찬가지로 이 경우에도 우리는 반성을 통해 이러한 불평등을 시정하고, 주로 일반적인 유용성에 근거해서 덕과 악덕의 일반적 기준을 유지하는 방법을 안다.

그래서 우리가 이 문제를 어떤 견지에서 다루더라도 사회적 덕에 귀속되는 가치는 여전히 한결같이 나타나고, 자비심의 자연적 감정에 의해 우리가 인류와 사회의 이익에 표하는 존경에서 주로 발생한다. 만약 우리가 일상의 경험과 관찰에 나타나는 인간 구조의 그와 같은 여러 원리를 고찰한다면, 우리는 **연역적으로**(*a priori*) 반드시 다음과 같은 결론에 이르게 된다. 즉 인간 같은 생물에게 동포의 행복이나 불행에 완전히 무관심하고, 또한 그에게 뭔가 특별한 편견을 갖게 하는 어떤 것도 없다면, 동포의 행복을 증진하는 것은 선, 그들에게 불행을 가져다주는 경향이 있는 것은 악이라고 그 이상의 배려나 고찰을 하지 않고, 그 자신 자진해서 선언하지 않기란 불가능하다. 여기서 적어도 행위의 **일반적** 구별의 희미한 기초나 윤곽이 존재한다. 그리고 인간이 가지고 있는 인간성이, 침해 또는 이익을 받는 사람들과 그가 맺는 연계나, 그들의 불행 또는 행복에 관한 그의 생생한 사고를 증대한다고 가정됨에 따라, 결과로서의 그의 질책 또는 시인은 그것에 비례하는 강도를 획득하게 된다. 옛 역사나 먼 나라의 신문에 조금밖에 언급되어 있지 않은 고매한 행위가 찬양과 감탄의 강한 감정을 전달할 필연성은 전혀 없다. 이렇게 멀리 떨어져 있는 덕은 붙박이별과 같은 것이며, 그 별은 이성의 눈에는 정오의 태양처럼 빛나게 보이지만, 무한한 거리에 떨어져 있으므로 감각기관에는 빛도 열도 느끼게 만들지 못한다. 그 사람들에 대한 면식이나 그들과의 관계에 의해, 또는 심지어 그 사례에 대한 웅변적인 이야기에 의해서조차 이 덕을 더 가까이 가져오면 우리의 마음은 곧바로 사로잡혀 우리의 공감은 활기를 띠고, 우리의 냉담한 시인은 우정과 존경의 가장 따뜻한 감정으로 전환된다. 이것들은 일상생활과 실천에서 발견되듯이 인간 본성의 일반적 원리들의 필연적이고 의심의 여지 없는 귀결이라고 여겨진다.

다시 한번 이러한 견해와 추론을 역전시켜 그 문제를 **귀납적으로**(*a posteriori*) 고찰해보자. 그리고 귀결을 평가하면서 사회적 덕의 가치는 대부분 그것이 관찰자에게 안겨주는 인간성의 감정들에서 유래하는 것은 아닌지 조사해보자. 모든 주제에서 **효용성**이라는 사정은 칭찬과 시인의 원천이라는 것, 언제나 행위의 공과(功過)에 관한 모든 도덕적 결정에서 효용성이 거론된다는 것, 그것은 정의, 충실, 명예, 충성 및 정절에 대해 보내는 높은 존경의 **유일한** 원천이라는 것, 그것은 인간성, 관대, 자애, 온화, 자비, 연민, 절제 등의 모든 다른 사회적 덕과 분리될 수 없다는 것, 그리고 한마디로 말해서 그것은 인류와 우리 동포와 연관을 가지는 도덕의 주요 부분의 기초라는 것은 사실의 문제(matter of fact)인 것처럼 여겨진다.

또한 성격과 예절에 관한 우리의 일반적 시인에서 그 사회적 덕의 유용한 경향은 개인의 이익에 관한 배려로 우리를 움직이는 것이 아니라 훨씬 보편적이고 광대한 영향을 가지는 것처럼 보인다. 공공의 선에 대한 경향, 사회에서의 평화, 조화, 질서를 촉진하는 경향이 언제나 우리의 구조(構造)가 가지고 있는 자비심 원리들에 영향을 끼침으로써 우리를 사회적 덕의 편으로 끌어들인다는 것은 분명하다. 그리고 더 나아가 이것을 확정하는 것으로서 이러한 인간성과 공감의 원리들은 너무나 깊이 우리의 모든 감정에 침투하고 너무나 강력한 영향력을 가지기 때문에 그들에게 가장 강한 질책과 찬양을 일으킬 수 있도록 한다는 것은 분명하다. 지금 이야기하고 있는 이론은 그 하나하나가 한결같이 경험과 관찰에 기초하고 있는 듯이 보이는 이 모든 추론의 단순한 귀결이다.

우리의 본성 안에 인간성이나 다른 사람에 대한 관심 같은 원리가 있는지 의심스럽다 하더라도 수많은 사례에서 사회의 이익을 촉진하는 경향이 있는 것은 무엇이든 대단히 높이 시인되고 있다는 것을 보게 될 때, 거기에서 자비심의 원리가 가지는 힘을 배워야 한다. 왜냐하면 목적이 완전히 아무래도 좋은데, 목적을 위한 수단에 불과한 무언가가 기쁨을 준다는 것은 있을 수 없기 때문이다. 다른 한편 우리의 본성 안에 도덕적 비난과 시인의 일반적 원리가 심겨 있는지 의심스럽다 해도 수많은 사례에서 인간성이 가지는 영향력을 볼 때, 이로부터 사회의 이익을 촉진하는 모든 것은 반드시 쾌락을 전달하고, 해로운 것은 반드시 불안을 준다는 결론에 도달하게 된다. 그러나 이러한 여러 가지 다른 반성과 고찰이 같은 결론의 확립에서 일치할 때, 이는 분명히 그것에 대해 의심의 여지가 없는 증명을 보여주는 것은 아닐까?

그러나 이러한 논의가 진전됨에 따라 같거나 유사한 원리에서 존경과 존중의 여러 다른 감정들이 생겨난다는 것이 밝혀짐으로써 현재 논의되고 있는 이론에 더 확증을 가져다줄 것이라고 희망해본다.

6장

우리 자신에게 유용한 성질들에 관하여

제1절[1]

우리가 어떤 성질이나 습관을 검토할 때, 만약 그것이 어떤 면에서 그것을 소유한 사람에게 불리하게 되거나 일이나 행위에서 그를 무능력하게 만드는 것처럼 보인다면 그것은 즉각 비난받게 되고, 그의 결점과 단점에 편입된다는 것은 명백한 것처럼 보인다. 게으름, 태만, 질서와 규율의 부족, 고집, 변덕, 경솔, 쉽사리 믿음 등의 성질은 성격에 무관심한 사람이라 하더라도 존중하지 않는다. 하물며 재능이나 덕

1 [G-N판에서 이 절은 그 뒤의 부록 4「몇 가지 언어상의 논쟁에 관하여(Of Some Verbal Disputes)」의 제1절에 해당하는 몇몇 단락에서 시작되었다.]

으로 칭찬받을 일은 더더욱 없다. 그것들에서 생겨나는 불이익은 곧바로 우리의 눈에 띄어 우리에게 고통과 부인(否認)의 감정을 주게 된다.

어떤 성질이라 하더라도 절대적으로 비난받을 만하다거나 칭찬받을 만한 것이 없다는 것은 인정된다. 그것은 모두 정도에 따르는 문제다. 페리파토스학파[2]에 따르면 적절한 중간이 덕의 특성이다. 그러나 이 중간은 주로 효용성에 의해 결정된다. 예를 들면 일에서 적절한 신속성과 민첩성은 추천할 만하다. 이것이 부족하면, 어떤 목적의 수행에서든 진전이 이루어지지 않는다. 이것이 과도하면, 우리는 조급하고 조화를 이루지 못한 방책과 기획에 참여하게 된다. 이런 추론을 통해 우리는 모든 도덕적이고 사려분별을 요구하는 일을 추구하는 데 있어 적절하고 권장할 만한 중용(mediocrity)을 확정한다. 그리고 어떤 성격이나 습관에서 생겨나는 이점들을 절대 놓치지 않는다.

그런데 이러한 이점들은 그런 성격의 소유자가 누리는 것이기 때문에 그 이점들의 가망성을 우리 관찰자에게 유쾌한 것으로 만들고, 우리의 경의와 시인을 촉진하게 하는 것은 결코 **자기애**일 수 없다. 아무리 상상력의 힘을 발휘하더라도 우리를 다른 인물로 변하게 하고, 만약 우리가 그 사람이라면 그에게 속한 이러한 가치 있는 성질들에서 우리가 이득을 얻게 된다는 생각에 빠져들 수 없다. 또는 가령 그랬으면 하고 아무리 신속하게 상상력을 발동하더라도 그 상상력은 우리를 곧바로 우리 자신으로 되돌아오게 하며, 우리에게 우리와는 다른 그 인물을 사랑하게 하고 존경하게 할 수는 없다. 알려진 진실과는 정반대인 그리고 서로에 대해 정반대인 견해와 감정들이 같은 사람 안에

2 〈아리스토텔레스가 제자들과 산책하면서(페리파테인) 강의하고 논의한 페리파토스(산책길)에서 유래되어 '페리파토스학파(Peripatetic school)'라고도 불린다.〉

동시에 존재한다는 것은 있을 수 없다. 그러므로 이기적인 고려에 대한 모든 의혹은 여기서 완전히 제외된다.

우리의 마음을 움직이고, 우리가 주시하는 인물의 복지에 우리의 관심을 끌게 하는 것은 완전히 다른 원리다. 그의 천부적 재능과 후천적으로 획득된 능력들이 등용, 승진, 삶에서의 명성, 순조로운 성공, 운명에 대한 견실한 지배, 크거나 유리한 기회의 수행 등의 전망을 우리에게 줄 경우, 우리는 그렇게 즐거움을 주는 심상에 감동되어 그를 향한 만족과 존경이 즉시 발생함을 느낀다. 행복, 기쁨, 큰 성공, 번영은 그의 성격의 모든 정황과 결합하여 우리의 마음에 공감과 인간성의 유쾌한 감정을 확산한다.*

* 행복의 외관(시샘이나 복수심이 존재하지 않는 경우)이 쾌락을 주지 않고, 불행의 외관이 불안을 주지 않는 사람은 한 명도 존재하지 않는다고 감히 단언해도 좋다. 이것은 우리의 구조 및 본질과 불가분의 것이라 여겨진다. 그러나 거기에서 다른 사람들의 선을 간절히 찾고, 그들의 번영에 대해 진정한 정념을 가지도록 고무되는 사람들은 마음이 넓은 사람뿐이다. 비뚤어지고 편협한 정신의 소유자들에게 이러한 공감은 상상력의 미약한 느낌의 범위를 넘어서지 못한다. 이러한 미약한 상상력은 그들에게 단지 만족이나 질책의 감정들을 야기하고, 명예롭다거나 명예롭지 않다는 별칭을 대상에 적용하게 하는 역할만 할 뿐이다. 예를 들어 진정한 수전노는 **근면**과 **검약**을 다른 사람의 경우에서조차 극단적으로 칭찬하고, 자신의 평가에서 그것들을 다른 모든 덕보다 상위에 둔다. 그는 이것들에서 생겨나는 선을 알고 있으며, 여러분이 그에게 제

시할 수 있는 다른 어떤 행복보다 그런 종류의 행복에 대해 더 생생하게 공감을 느낀다. 무엇보다 그는 아마도 자신이 그만큼 높이 칭찬하는 근면한 사람의 재산을 만들기 위해 한 푼도 내놓지 않을 테지만.

동포에 대해 아무런 관심이 없고, 지각 능력이 있는 모든 존재의 행복이나 불행을 고려할 때 같은 색의 두 가지 인접한 색조의 구별도 하지 않을 만큼 처음부터 그렇게 만들어진 인간을 상상해보자. 한편으로 국민의 번영, 다른 한편으로 국민의 몰락 상황에 놓여 있고, 그의 선택이 요구되는 경우, 그가 스콜라 철학자의 당나귀처럼 서로 같은 동기 사이에 우유부단하게 결단을 내리지 못하고 있다고 상상해보자. 또는 두 그루의 나무나 대리석 사이에 있는 당나귀가 양쪽 어느 곳에도 호기심이나 기호를 가지지 않는 것처럼 서 있다고 가정하자. 그 결과가 다음과 같으리라는 것이 당연하다고 믿는다. 즉, 그 사람은 공동체의 공공의 선이나 다른 사람들의 개인적인 효용성 중 어느 것에도 완전히 무관심하므로 모든 성질이 사회에나 그것을 소유한 사람에게 얼마나 해롭든 유익하든 간에 가장 흔하고 흥미를 끌지 못하는 대상을 보는 경우와 같은 무관심으로 볼 것이다.

그러나 이 공상 속의 괴물 대신에 만약 **인간**이 이 경우에 판단이나 결정을 내린다고 가정하면, 다른 모든 것이 같다면 그에게는 명료한 선택의 기초가 존재하게 된다. 만일 그의 마음이 이기적이거나 해당하는 인물들이 그와 관계가 약한 경우에는 그의 선택이 매우 냉정할 수 있겠지만, 그래도 유용한 것과 해로운 것 사이에 선택이나 구별이 존재함이 틀림없다. 그런데 이 구별은 모든 부분에서 그 기초가 자주 논구되고 실패로 끝날 때가 많았던 **도덕적 구별**과 같다. 똑같은 정신적 자질은 모든 상황에서 도덕의 감정과 인간성의 감정에 대해 유쾌하게 느끼며, 똑같은 기질은 전자의 감정과 후자의 감정을 높은 정도로 수용할 수 있다. 그리고 대상이 더 가까이 접근하거나 결합함으로써 생겨나는 대상에서의 똑같은 변화는 전자와 후자에 생기를 준다. 그러므로 철학의 모든 규칙에 따르면, 이러한 감정들은 본래 같은 것이라고 결론 내려야 한다. 왜냐하면 그것들은 개개의 사항에서 가장 세밀한 점에 이르기까지 같은 법칙의 지배를 받고, 같은 대상에 의해 움직이기 때문이다.

철학자가 최대의 확실성을 가지고 달이 궤도에 머물러 있는 것과 물체를 지구의 표면 가까이에 낙하시키는 것이 같은 중력의 힘으로 인해 일어난다는 것을 추론하는 것은 이러한 결과들이 계산상 유사하고 동등한 것으로 알려진 것이 아니라면 도대체 무엇일까? 그리고 자연적 탐구에서와 마찬가지로 도덕의 논구에서도 이 논의가 강한 확신을 가져다주지 않겠는가?

소유자에게 유용한 모든 성질은 시인되고, 그 반대는 질책을 받는다는 것을 어떤 길고 상세한 설명을 통해 증명하는 것은 불필요한 일일 것이다. 일상생활에서 매일 경험하는 것을 조금만 반성하는 것만으로도 충분할 것이다. 우리는 가능한 한 모든 의심과 망설임을 없애기 위해 두세 가지 사례만 언급할 것이다.

어떤 유용한 기획을 수행하는 데 가장 필요한 성질은 분별이다. 우리는 그것에 의해 다른 사람들과 안전한 교제를 계속하고, 우리 자신과 그들의 성격에 당연한 주의를 기울이며, 우리가 기획하는 사업에 관해 각각의 정황을 살펴보고, 어떤 목적이나 의도를 달성하기 위해 가장 확실하고 안전한 수단을 사용한다. 크롬웰[3]이나 아마도 드 레츠[4] 같은 사람에게 분별은 스위프트 박사[5]가 그렇게 말했듯이 시 참사회 회원다운 덕으로 보일 수도 있다. 그리고 그들의 용기와 야심이 그들에게 떠오른 그 큰 계획과 양립할 수 없으므로 분별은 그들에게 실제로 단점이나 결점일지 모른다. 그러나 일상생활의 행동에서는 성공하기 위해서뿐 아니라 가장 치명적인 실책이나 실망을 피하기 위해서도 분별 외에 어떤 덕도 필요하지 않다. 어떤 고상한 작가가 서술하고 있는 것처럼 가장 위대한 자질도 분별이 없으면 그런 위대한 자질을 소유한 사람에게 치명적일 것이다. 이것은 눈을 빼앗긴 폴리페무스[6]가 자신의 거대한 힘과 키 때문에 오히려 더 많이 노출될 수밖에 없는 것과 같다.

인간 본성에서 너무 완벽하지만 않다면, 실로 최선의 성격은 어떤 종류의 기분에 의해서도 흔들리지 않으며, 모험심과 조심성을 각각 의도된 특정 목적에 **유용**하게 교대로 사용하는 성격이다. 그것은 성 에브레몬드[7]가 튀렌 원수[8]의 탁월한 점이라고 묘사한 것이다. 그는 해를 거듭함에 따라 전쟁 때마다 무모한 작전을 보여주었지만, 오랜 경험을

---

3 〈크롬웰(Oliver Cromwell, 1599~1658)은 영국 내란기의 정치·군사 지도자다. 영국 군주제의 전복을 지도한 후, 1653년 12월 16일부터 5년 후 죽을 때까지 호국경으로서 잉글랜드, 스코틀랜드, 아일랜드를 다스렸다.〉

4 〈드 레츠(De Retz, 1613~1679)의 본명은 Jean François Paul de Gondidlek. 프랑스의 성직자이자 정치적 지도자다.〉

5 〈스위프트(Dr. Jonathan Swift, 1667~1745)는 아일랜드 태생의 풍자작가이자 성공회 성직자다.〉

6 〈폴리페무스(Polyphemus)는 호메로스의 『오디세이아』 속에 묘사된 외눈박이 거인이다.〉

7 〈성 에브레몬드(St. Evremond, 1613~1703)는 프랑스의 문인.〉

8 〈튀렌(Mareschal Turenne, 1611~1675)은 루이 14세의 전쟁에서 지도적인 프랑스 장군 중 한 사람이다.〉

통해 전쟁의 모든 우연적인 것도 완전히 파악하고 있었기 때문에 그가 잘 알고 있는 길을 더욱 견실하고 안전하게 나아갔다. 마키아벨리[9]에 따르면 파비우스[10]는 신중했으며, 스키피오[11]는 모험적이었다. 그리고 둘 다 성공했다. 왜냐하면 로마의 국사를 둘러싼 정황이 각자 지휘봉을 잡고 있는 동안 각각의 소질에 특히 적합했기 때문이다. 그러나 이런 상황이 반대로 전개되었다면, 둘 다 실패하고 말았을 것이다. 환경이 자신의 성격에 맞는 사람은 행복하다. 그러나 자신의 성격을 어떤 환경에도 맞출 수 있는 사람은 더 뛰어나다.

근면(industry)에 대해 찬사를 보내고, 권력과 부의 획득이나 세상에서 우리가 이른바 **재산**(fortune)을 축적할 때, 그것의 이점들을 칭찬하기 위해 무엇이 필요한가? 우화에 따르면 토끼는 거북보다 훨씬 빠른 속도를 가지고 있지만, 거북은 꾸준한 노력으로 토끼와의 경주에서 승리를 거둔다. 인간의 시간은 잘만 쓰인다면 경작된 밭과 같다. 경작된 밭의 2, 3에이커는 토양이 아무리 비옥하더라도 잡초와 가시로 덮여 있는 광대한 토지보다 생활에 유용한 것을 훨씬 많이 생산한다.

그러나 적당한 **검약**(frugality)이 부족한 경우 인생의 성공은 차치하고라도 웬만한 생활 형편조차 전혀 희망이 없게 될 것이 틀림없다. 축적은 증가하지 않고 오히려 나날이 감소하고, 그 주인은 더욱 불행해진다. 왜냐하면 그는 큰 수입 안에서는 자신의 지출을 억제할 수 없었

---

9 〈마키아벨리(Machiave, 1469~1527)는 이탈리아 피렌체의 외교가, 정치가, 정치이론가. 레오나르도 다빈치와 함께 르네상스인의 전형으로 알려져 있다.〉

10 〈파비우스(Fabius)는 기원전 203년에 죽은 인물로 한니발 지휘 아래 있었던 카르타고와 싸웠던 로마의 장군이다.〉

11 〈스키피오(Scipio, 기원전 234~183)는 로마의 장군, 정치가. 짜마(제2차 포에니) 전투에서 한니발을 격파한 로마의 영웅이다.〉

고, 작은 수입으로 만족하면서 살 수는 더더욱 없었기 때문이다. 플라톤에 따르면[12] 인간의 영혼은 불순한 욕망에 불타고, 유일하게 만족스러운 수단을 공급한 육체를 잃어버려 지상을 헤매며, 잃어버린 감각기관을 되찾으려는 열망에 집착한 나머지 그들의 육체가 놓여 있는 장소에 출몰한다. 우리는 자신의 재산을 크게 낭비하고 온갖 성대한 연회나 유흥 모임에 얼굴을 내밀었다가 악인에게조차 미움을 받고 바보에게조차 경멸당하는 하잘것없는 낭비자를 그렇게 보아도 좋다.

검약의 한쪽 극단은 **탐욕**(avarice)이다. 그것은 사람들에게서 부의 모든 사용을 빼앗는 것과 함께 환대와 모든 사교적 재미를 억제하기 때문에 이중의 이유로 당연히 질책된다. **낭비**(prodigality)는 다른 극단으로서 통상 그 자신에게 더욱 해롭다. 그리고 이러한 극단의 각각은 질책하는 사람의 성격에 따라, 그리고 사교적이든 관능적이든 쾌락에 대한 그의 감수성의 대소에 따라 다른 것보다 더 비난받게 된다.

[13]여러 성질은 종종 그것들의 가치를 복잡한 원천에서 가져온다. **정직**(honesty), **성실**(fidelity), **진실**(truth)은 직접 사회의 이익을 촉진하는 경향성을 가지기 때문에 칭찬받지만, 이러한 덕은 일단 이러한 기초 위에 구축된 이후에는 그 인물 자신에게도 유리하고, 신용과 신뢰의 원천으로도 여겨진다. 그리고 신용과 신뢰만이 사람에게 이 세상에서 어느 정도의 중요성을 부여할 수 있다. 이 점에서 사람들이 사회에 대해서뿐 아니라 자신에 대해 지고 있는 의무를 잊어버릴 때, 증오해야 할 자가 되는 것과 마찬가지로 경멸해야 할 자가 되기도 한다.

---

12 『파이돈』 81.

13 [이 단락과 다음 단락은 N판에 추가되었다.]

아마도 이러한 고찰은 여성들이 **정절**(chastity)이 없는 경우에 예외 없이 받게 되는 격렬한 비난의 한 가지 **주요한** 원천이다. 여성이 획득할 수 있는 최대의 존경은 그들의 충실에서 오게 된다. 그리고 이 점에서 부족함이 있는 여성은 싸구려이고, 저속하며, 자신의 품위를 잃어버리고, 온갖 모욕에 노출된다. 이 경우 가장 작은 실패도 그녀의 인격을 부수기에 충분하다. 여성은 비밀리에 이러한 욕구에 빠질 기회가 너무나 많으므로 그녀의 절대적인 절제와 자제 외에 우리를 안심시킬 수 있는 것은 아무것도 없다. 한번 상처를 입게 되면, 완전히 회복하는 것은 거의 불가능하다. 남자라면 어떤 경우에 비겁한 행동을 했더라도 그 반대의 행동이 그의 인격에서 그를 본래대로 회복시켜준다. 그러나 한번 몸가짐이 나빴던 여성이 어떤 행위로 인해 자신이 좋은 결심을 했다고, 또 결심을 실행에 옮길 만한 자제심을 가지고 있다고 우리를 설득할 수 있을까?

모든 사람이 동등한 행복을 바라고 있다는 것은 인정된다. 그러나 그것을 좇아 성공을 거두는 사람은 거의 없다. 하나의 중요한 원인은 그들에게 눈앞의 안락이나 쾌락의 유혹에 저항하게 만들고, 그들을 더 멀리 떨어진 이익과 재미를 추구하도록 하는 **정신력**(strength of mind)의 부족이다. 우리의 성정(affections)은 그 대상의 일반적인 개관에 기초해서 일정한 행동 규칙들을, 그리고 어떤 것보다 다른 것을 선택하는 어떤 기준들을 형성한다. 그리고 이런 결정들은 실제로 우리의 온화한(calm) 정념과 성벽(propensities)의 결과이지만(왜냐하면 어떤 대상이 바람직하다거나 바람직하지 않다고 선언할 수 있는 것은 또 무엇이 있을까?), 이것들은 용어들의 자연적 남용으로 말미암아 순수 **이성**과 반성의 결정들이라고 일컬어진다. 그러나 이러한 대상 중 어떤 것이 우리에게 더 가까이 오거나 좋은 빛과 위치의 이점을 획득하고, 이를 통해 마음이나 상상력을 사로잡을 때, 우리의 일반적인 결심은 종종 혼란스러워져서 작은 향락을 선택하게 되고, 두고두고 우리에게 부끄러움과 슬픔을 부과한다. 그리고 시인들이 아무리 자신들의 재치와 웅변을 사용하여 눈앞의 쾌락을 칭송하고, 먼 미래의 명예, 건강, 재산에 대한 모든 고려를 거부하더라도 이런 실행이 모든 방탕과 혼란, 후회와 불행의 원천이 된다는 것은 명백하다. 강하고 견고한 기질을 가진 사람은 자신의 일반적인 결정을 철저하게 지키고, 쾌락의 유혹에 현혹되지 않으며, 고통의 위협을 두려워하지 않고, 행복과 명예를 동시에 보장해줄 먼 미래의 일을 성취하는 것을 항상 마음에 새겨둔다.

자기만족은 적어도 어느 정도 **어리석은 자**에게도 **현자**에게도 동등하게 수반되는 이점이다. 그러나 그것은 유일한 공통 이점이며, 일상생활의 행동에서 그들이 동등한 입장에 설 수 있는 사정은 그 밖에 어떤 것도 존재하지 않는다. 일, 독서, 대화, 이 모두에 대해 어리석은 자는 완전히 무능력하며, 그의 신분에 따라 대단히 고된 일에 처해진 경우를 제외하고는 지상에서 불필요한 짐이 되는 상태에 머무른다. 따라서 인간은 이러한 점에서 자신의 평판을 떨어뜨리지 않도록 극도로 조심한다는 점이 발견된다. 그리고 방탕과 반역의 내용이 가장 공공연하고 무제약적으로 이루어진 많은 사례를 볼 수 있지만, 무지와 미련에 대한 비난에 강하게 버틴 사례는 전무하다. 폴리비오스(Polybius)가 우리에게 말하는 바에 따르면,[14] 마케도니아 장군 디카에아르코스[15]는

14 『역사』 제17권, 35장.

15 〈디카에아르코스(Dicaearchus)는 아리스토텔레스의 제자로 같은 이름의 그리스 저술가와는 다르다.〉

인류에게 반항하려고 하나의 제단을 불신앙 때문에, 다른 하나의 제단을 불공정 때문에 공개적으로 건립했는데, 그조차 **바보**라는 별명에 깜짝 놀라서 그런 모욕적인 명칭에 대해 복수를 기도했다고 나는 확신한다. 자연에서 가장 강하고 지속적인 결속관계인 부모들의 애정을 제외하고는 어떤 결합도 이 어리석음의 성격에서 발생하는 혐오를 견딜 수 있을 만큼 충분한 힘을 갖지 못한다. 반역, 배은망덕, 악의 및 충실하지 못함 아래서 살아갈 수 있는 사랑조차 어리석은 성격이 지각되고 인식되면 즉시 소멸한다. 그러한 정념의 지배에 더 치명적인 것은 불구도 노령도 아니다. 이처럼 어떤 목적이나 기획에 대해 완전히 무능력한 관념 및 인생에서의 과오와 실책의 연속된 관념은 두렵다.

가장 가치 있는 것은 빠른 이해인가 아니면 느린 이해인가, 첫눈에 문제를 깊이 통찰하지만 연구에서는 아무것도 수행할 수 없는 사람인가, 아니면 무슨 일이든 부지런히 해낼 것이 틀림없는 그 반대의 성격인가, 명석한 두뇌인가 아니면 풍부한 창작력인가, 심오한 천재인가 아니면 확실한 판단력인가? 한마디로 말하면 지성의 어떤 성격, 즉 특수한 경향이 다른 것보다 더 탁월한가를 물을 때 분명한 점은 우리가 이러한 성질 중 어떤 것이 세계를 위해 가장 큰 역할을 하는 능력을 인간에게 부여하는지, 그리고 어떤 계획에서 그를 가장 성공으로 이끌 것인지를 고려하지 않고서는 이러한 물음 중 어떤 것에도 대답할 수 없다는 것이다.

세련되고 고상한 감각은 상식만큼 **유용**하지 않지만, 그것들의 신선함, 그것들의 색다름, 그것들이 찾는 대상들의 고귀함은 어느 정도 보상되어 인류에게 감탄의 대상이 된다. 그것은 금이 쇠보다 쓸모가 덜하지만, 그것의 희소성에서 훨씬 우월한 가치를 지니는 것과 같다.

판단력의 부족은 기술 또는 발명으로 보충될 수 있는 것은 아니지만, **기억**의 부족은 업무에서든 연구에서든 방법과 근면으로, 그리고 모든 것을 써서 남기려는 정성으로 종종 보완될 수 있다. 그리고 우리는 사람이 무언가 사업에 실패했을 경우 기억력의 부족 때문이라는 이유를 좀처럼 들을 수 없다. 그러나 고대에는 언변의 재능이 없으면 누구도 출세할 수 없었고, 청중은 즉석 웅변가가 공중이 모인 집회에서 시도하는 조잡하고 소화되지 않는 열변을 견뎌내기에는 너무나 섬세했으므로 당시에는 기억력이 가장 중요했으며, 따라서 현재보다 훨씬 높이 평가되었다. 이러한 재능으로 세상에 알려지지 않은 고대의 어떤 천재도 사람들의 입에 오르내리지 않는다. 그리고 키케로(Cicero)는 카이사르[16] 그 사람의 다른 탁월한 성질 중 이 재능을 들고 있다.*

* Fruit in illo Ingenium, ratio, memoria, literae, cura, cogitatio, diligentia, etc. [그의 안에는 천부의 재능, 이성, 기억력, 학식, 주의력, 숙려, 세심 등이 있었다"(키케로의 『필리피카이(*Philippicae*)』, 2. 45).]

특수한 관습과 풍속은 여러 성질의 유용성을 바꾼다. 또한 그러한 성질들의 가치를 바꾼다. 특수한 정황과 우연한 사건도 어느 정도 같은 영향을 미친다. 자신의 지위와 직업에 적합한 재능과 업적을 소유한 사람은 운명에 의해 그 역할이 잘못된 장소에 놓인 사람보다 언제나 더 많은 존경을 받게 된다. 이 점에서 개인적인 또는 이기적인 덕

---

16 〈카이사르(J. Caesar, 기원전 100~44)는 로마의 장군이자 정치가다. 그는 로마 공화국이 로마 제국으로 변화하는 데 중요한 역할을 했다. 카이사르의 삶은 본인이 쓴 전쟁 기록(갈리아 전기, 내란기)을 통해 상당 부분 알려져 있다.〉

들은 공적이고 사회적인 덕들보다 더 자의적이다. 다른 점들에서는 저 덕들이 의심이나 논쟁을 일으킬 우려는 오히려 더 적을 것이다.

이 왕국에서 최근 **활동적인** 생활을 하던 사람들 사이에서는 **공공의 정신**(public spirit)에 관해, 또한 **사색적인** 생활을 하던 사람들 사이에서는 **자비심**에 관해 불변적인 허식이 지배적이었다. 그리고 의심할 것도 없이 각각의 덕에 대한 주장에서 매우 많은 거짓이 발견되었기 때문에 세상 사람들은 어떤 악의도 갖지 않고서 그들의 도덕적 자질에 대해 무뚝뚝한 불신감을 쉽게 표시하며, 심지어 때로는 그것들의 존재와 진실성을 완전히 부정하는 성향마저 있었다. 마찬가지로 나는 **덕**에 관한 스토아학파와 키니코스학파의 계속된 위선적 말투, 그들의 장대한 공언과 빈약한 실행[17]이 인류 안에 증오를 증식시켰다는 점을 알았다. 그리고 쾌락에 관해 방종했지만 다른 점에서는 매우 도덕적인 저술가인 루키아노스[18]는 때때로 사람들이 그렇게 자랑스러워하는 덕에 대해 말했는데, 그 경우 반드시 불쾌함과 비아냥거림의 징후를 보여주었다.* 그러나 분명히 이 까다로운 섬세함은 그것이 어디에서 발생한 것이든 우리가 모든 종류의 가치의 실재와 풍습, 행동의 모든 구별을 부정하게끔 만드는 데는 결코 도달할 수 없었다. **분별, 주의력, 모험심, 근면, 부지런함, 검약, 절약, 양식, 사려, 식별력** 외에, 그 이름만으로 그

---

17 [흄은 두 학파의 가르침 중 금욕적인 측면을 언급하고 있는데, 그것은 물론 그들이 주창한 윤리 이론의 한 부분일 뿐이다. 이 학파들의 대표자들이 자신들의 가르침에 따라 살지 못했다는 그의 일반적인 관찰은 편견을 반영한다. 그들이 성실하게 가르쳤다는 것은 의심의 여지가 없었고, 두 학파의 많은 대표자들은 모범적인 삶을 살았다. 스토아학파의 윤리 이론의 훌륭한 요약은 에픽테토스(Epictetus)의 『엥케이리디온(*Enchiridion*, 편람)』에 제시되어 있다. 이 책에 대한 히긴슨(Higginson)의 번역 "Library of Liberal Arts" (New York: Liberal Arts Press)를 참조하라.]

18 〈루키아노스(Lucian, 125년경~180년경)는 그리스의 풍자작가다.〉

것들의 가치를 인정하게 만드는 힘을 가진 이러한 자질 외에 가장 신념이 굳건한 회의론자조차 잠시라도 칭찬과 시인의 찬사를 거부할 수 없는 다른 많은 자질이 존재한다. **절제, 근엄, 인내, 강한 지조, 불굴, 선견 능력, 신중, 규율의 정연함, 완곡, 응대의 묘수, 침착, 명민, 유창한 표현** 및 같은 종류의 무수한 것이 탁월하고 완벽하다는 것을 누구도 부인하지 못할 것이다. 이것들의 가치는 그것들을 소유하고 있는 사람에게 도움이 되는 그것들의 성향에서 성립하고, 공적이고 사회적인 공적에 대해 어떤 장대한 요구를 하지 않기 때문에 그만큼 우리는 그것들이 가치가 있다는 주장에 대해 신경 쓰지 않고, 기꺼이 그것들을 칭찬할 만한 성질들의 목록에 넣게 된다. 우리는 이러한 양보를 통해 무의식적으로 모든 다른 도덕적 탁월성을 위한 길을 터주었으며, 공평무사한 자비심, 애국심, 인간성에 관해 더는 일관되게 주저할 수 없다.

* *Ἀρετήν τινα, καὶ ἀσώματα, καὶ λήρους μεγάλῃ τῇ φωνῇ ξυνειρόντων* [덕이나 비물질적인 것이란 무엇인가? 시시한 이야기를 큰 소리로 계속 말하는 것(루키아노스(Lucian), 『티몬(*Timon*)』, 9).] 다시 말하면, Καὶ *συναγαγόντες (οἱ φιλόσοφοι) εὐεξαπάτητα μειράκια τήν τε πολυθρύλητον ἀρετὴν τραγῳδοῦσι* [그들(철학자들)은 쉽게 속는 젊은 이들을 모아 진부한 덕에 관해 비극적인 연설을 한다(『이카로메니포스(*Icaromenippus*)』, 30).] 다른 곳에서 Ἦ *ποῦ γάρ ἐστιν ἡ πολυθρύλητος ἀρετή, καὶ φύσις, καὶ εἱμαρμένη, καὶ τύχη, ἀνυπόστατα καὶ κενὰ πραγμάτων ὀνόματα* [그런데 저 진부한 덕이라거나, 자연이라거나, 운명이라거나, 은총이라거나, 근거 없는 그리고 공허한 사물의 명칭은 도대체 어디에 존재하는가(『신들의 집회(*Deorum concilium*)』, i, 3).]

또한 겉으로 보기만 해서는 여느 때와 마찬가지로 이 경우에도 매우 거짓된 것이라는 점은 정의, 자선 등 사회적 덕의 가치조차 자기애로 환원하기 어렵지만, 위에서 언급한 이기적 덕에 귀속시킨 가치를 사변적 방법을 통해 그렇게 하는 것은 더 어렵다는 점은 실제로 확실하다고 생각된다. 우리는 전자의 목적을 위해 단순히 공동체의 선을 증진하는 행동이 무엇이든 그것은 모든 사람이 나누어 가질 수 있는 효용성과 이익 때문에 공동체에 의해 사랑받고, 칭찬받으며, 존경받는다고 말해도 된다. 그리고 이러한 애정과 존경은 실제로 감사이지 자기애가 아닌데도 천박한 이론가에 의해서는 이런 명백한 성질의 구별조차 쉽게 이루어지지 않는다. 그리고 적어도 거기에 강변과 논쟁을 얼마간 지속할 여지가 존재한다. 그러나 우리 혹은 공동체와 상관없이 소유자의 효용성에만 이바지하는 여러 성질도 여전히 존경받고 평가받기 때문에 어떤 이론이나 학설을 통해 이 감정을 자기애로부터 설명하거나 그것을 저 마음에 드는 기원에서 도출할 수 있을까? 이때 다른 사람들의 행복과 불행이 우리에게 완전히 무관심한 광경은 아니고, 전자의 조망은 그것의 원인에서나 결과에서 태양의 빛이나 잘 경작된 평야의 조망처럼(우리가 이 이상 높은 요구는 하지 않지만) 은밀한 기쁨과 만족을 전달하지만, 후자의 외관은 낮게 드리운 구름이나 불모지의 풍경처럼 상상력에 우울한 습기를 뿌린다. 그리고 이것이 일단 용인되면, 어려움은 끝난다. 그 후에는 인간 생활의 여러 현상에 관한 자연적이고 무리하지 않은 해석이 모든 사변적 연구들 사이에 보급될 것이라고 기대해본다.

제2절[19]

여기서 신체적 자질이나 많은 재산이 우리의 존경과 경의의 감정에까지 미치는 영향을 검토하고, 이러한 현상들이 현재의 이론을 강화할는지 아니면 약화할는지를 고찰하는 것은 부적절할 것이다.[20] 모든 고대의 도덕가들이 가정하고 있는 것처럼 신체의 아름다움은 어떤 점에서 마음의 그것과 유사하다는 것, 그리고 인간에 대해 표하는 모든 종류의 경의는 그것이 그의 심적 자질에서 생겨나든 아니면 외부 환경의 정황에서 생겨나든 그 기원에서 무언가 유사점을 가지리라는 것은 당연히 예상할 수 있다.

모든 동물에서 **아름다움**의 한 가지 중요한 원천은 그 동물들이 자연에 의해 운명 지어진 특수한 생활양식에 적합하도록 그들의 사지 및 신체 각 부분의 특수한 구조에서 얻게 되는 이점에 있음이 분명하다. 크세노폰[21]과 베르길리우스[22]가 묘사한 말의 올바른 균형은 오늘날 우리 근대의 기수들에 의해 환영받는 것과 같다. 왜냐하면 그들의 기초는 같기 때문이다. 즉, 그 동물에서 유해하거나 유용한 것에 대한 경험이 같기 때문이다.

넓은 어깨, 야윈 배, 튼실한 관절, 점점 가늘어지는 다리, 이 모두

---

19 [G-N판에서는 제3절이다.]

20 [이 문장은 N판에서 추가되었다. 그러나 N판에는 "그것이 그의 심적 자질에서 생겨나든 아니면 외부 환경의 정황에서 생겨나든"은 없다.]

21 〈크세노폰(Xenophon, 기원전 428년경~354년경)은 아테네의 정치가, 장군, 작가. 소크라테스의 제자로 플라톤과 동문수학한 사이이다.〉

22 〈베르길리우스(Virgil, 기원전 70~기원전 19)는 로마의 국가 서사시 『아이네이스』의 저자다. 로마의 시성이라 불릴 만큼 뛰어난 시인으로 이후 전 유럽의 시성으로 추앙되었으며, 단테가 저승의 안내자로 선정할 만큼 위대한 인물이었다.〉

는 우리 인류에게는 아름답다. 왜냐하면 그것들은 힘과 활기의 표시이기 때문이다. 효용성과 그 반대의 관념이 어떤 것이 아름답다거나 추하다는 것을 전적으로 결정하지는 않지만, 분명히 시인이나 혐오 중 상당 부분의 원천이 된다.

고대에는 신체적인 힘과 민첩성은 전쟁 시 매우 **유용**하고 중요했기 때문에 오늘날보다 훨씬 더 존경받았고 평가되었다. 호메로스(Homer)[23]와 시인들을 감히 말할 필요는 없지만, 우리는 역사가들이 그리스 전체의 가장 위대한 영웅이며 정치가이자 장군이라는 것을 자신들이 인정한 에파미논다스[24]에 관해서조차 주저하지 않고 그의 다른 여러 재능 중 **육체의 힘**을 언급하고 있는 것을 볼 수 있다.* 같은 찬양이 로마인 중에서 가장 위대한 인물 중 하나인 폼페이우스(Pompey)[25]에게 주어진다.** 이 예는 우리가 이미 기억에 관해 관찰한 것과 유사하다.

* 디오도로스 시쿨루스,[26] 15, 88. 그들의 시대에 보급된 완전한 공적의 관념을 보여주기 위해 저 역사가에 의해 묘사된 에파미논다스의 성격을 제시하는 것은 부적절할 수도 있다. 그의 진술에 따르면 다른 유명한 인물들의 경우 여러분은 각자가 그의 명성의

---

23 〈호메로스(Homeros)는 고대 그리스 암흑기 말기에 활동한 유랑시인이다. 현존하는 고대 그리스어로 쓰인 가장 오래된 서사시 『일리아스』와 『오디세이아』의 작가이며, 맹인 시인으로 알려졌다. 그의 정확한 생몰 연대는 미상이고, 실존하지 않은 인물이라는 주장도 있다.〉

24 〈에파미논다스(Epaminondas)는 기원전 418년경~362년의 인물로 테베의 군인이자 정치가다.〉

25 〈폼페이우스(Pompeius)는 기원전 106년~기원전 48년의 인물로 로마의 군인, 정치가다.〉

26 〈디오도로스 시쿨루스(Diodorus Siculus)는 기원전 1세기 시칠리아 태생의 그리스 역사가다. 세계사 40권을 저술했다.〉

기초가 되었던 빛나는 성질을 가지고 있었다는 점을 관찰하게 될 것이다. 에파미논다스에서는 모든 덕, 즉 체력, 표현력, 정신력, 부의 멸시, 부드러운 기질, 그리고 **무엇보다 존중되어야 할 것**으로 전쟁에서의 용기와 지휘가 통합된다는 점이 발견된다.

** "Cum alacribus, saltu; cum velocibus, cursu; cum validis recte certabat." Sallust. apud Veget" [그는 활발한 사람에게는 도약하고, 민첩한 사람에게는 질주하며, 씩씩한 사람과는 정면으로 싸웠다(베게티우스[27]가 인용한 살루스티우스(Sallust),[28] 『군사에 관하여(*De Re Mil*)』, 19).]

남자와 여자 모두 **성생활의 불능**은 어떤 조소와 경멸을 동반한다. 그러는 사이에 그 불행한 사람은 인생의 주요 쾌락을 뺏긴 사람인 동시에 그것을 다른 사람에게 전달하는 능력을 잃은 사람으로 여겨진다. 여성의 **불임**도 일종의 **비효용성**이기 때문에 질책된다. 그러나 위와 같은 정도는 아니다. 그 이유는 현재의 이론에 따르면 아주 분명하다.[29]

그림이나 조각상의 규칙 중에서 화상(畫像)의 평형을 유지하고, 그

27 〈베게티우스(Vegetius)는 테오도시우스(Theodosius) 1세 치하의 군사 작가다.〉

28 〈살루스티우스(Sallustius)는 기원전 86년경~기원전 35년경의 인물로 로마의 정치가, 역사가다.〉

29 [G판에는 다음의 주가 추가되어 있다. "같은 목적을 위해 우리는 다소 사소하고 우스꽝스럽게 보일는지 모르는 현상들을 관찰할 수 있다. 만약 그렇게 중요한 결론을 강화하는 것이 사소한 것이며, 철학적 추론에서 사용되는 것이 우스꽝스럽다면, 그것은 우리가 선량한 여성들의 남성들이라고 부르는 사람들, 즉 정사(情事)로 이름을 날리거나 체격이나 다른 징후들이 그러한 종류의 특별한 정력을 약속하는 사람들은 여성에게 환영받으며, 그리고 덕이나 지위가 언젠가 이러한 재능들을 사용하려는 어떠한 의도도 방해하는 여성들의 애정조차 자연스럽게 끌어당긴다. 상상력은 이러한 개념들에 만족하며, 그렇게 좋아하는 즐거움의 관념들에 만족감을 느끼면서 그 사람에게 편안과 호의를 느끼게 된다. 같은 원리가 더 광범위하게 작용하며, 더 많은 애정과 시인의 일반적인 원천이 된다."]

것들을 가장 정확하게 그 고유한 중심 위치에 두는 규칙만큼 중요한 것은 없다. 제대로 균형을 갖지 못한 화상은 추하다. 왜냐하면 그것은 전도, 상해, 고통의 불쾌한 관념을 전달하기 때문이다.*

* 모든 사람은 동등하게 고통, 질병, 건강하지 않음에 쉽게 직면한다. 그리고 다시 건강과 안락을 찾을 것이다. 이러한 사정은 사람과 사람 사이에 차별을 두지 않기 때문에 자비나 비하, 존경이나 경멸의 원천이 되지 않는다. 그러나 인류를 더 우월한 종과 비교하면, 우리 모두가 질병과 허약에 쉽게 직면한다는 것은 매우 억울한 생각이 들게 한다. 그래서 성직자들은 자만과 허영심을 줄이기 위해 이 화제를 이용한다. 그러나 우리 사고의 통상적인 경향이 끊임없이 우리 자신을 다른 사람과 비교하도록 만들지 않았더라면, 그들은 더 성공을 거두었을 것이다. 노인의 허약은 억울한 일이다. 왜냐하면 젊은이와 비교하는 일이 생겨나기 때문이다. 연주창(連珠瘡)은 꾸준히 은폐된다. 왜냐하면 그것은 다른 사람에게 영향을 주고, 종종 자손에게 전염되기 때문이다. 그러한 사정은 메스꺼움을 낳을 것 같은 또는 무서운 심상을 전달하는 질병, 예를 들어 간질, 궤양, 종기, 피부질환 등과 거의 같다.

입신출세와 재산 증가에 적격인 사람의 정신 기질 또는 경향은 이미 설명했듯이 경의와 존경을 받을 만하다. 그러므로 부와 권위의 실제적 소유가 이러한 감정들에 상당한 영향을 끼칠 것이라는 점은 당연히 생각될 수 있는 일이다.

부자와 권력자에게 주어지는 존경을 설명할 수 있는 가설을 검토해보자. 우리는 그 존경을 번영, 행복, 안락, 풍부, 권위의 심상과 모든 욕망의 만족을 통해 관찰자에게 전달되는 기쁨에서 도출하는 것 말고는 어떤 가설에도 만족할 수 없다는 것을 알게 될 것이다. 예를 들어 어떤 사람들이 모든 감정의 원천으로 그렇게 많이 간주하고 싶어 하는 자기애는 명백히 이 목적에는 충분하지 않다. 호의나 우정이 조금도 없는 경우, 어떤 것에 근거해서 우리가 다른 사람들의 부에서 이득을 보게 될 희망을 가질 수 있는가를 이해하기 힘들다. 그러나 우리는 부자들이 우리에게 무언가 그러한 호의적인 의향을 보여주기 전이라도 자연스럽게 그들을 존경한다.

우리가 그들의 활동 범위에서 멀리 떨어진 곳에 있어서 그들에게는 우리를 도와줄 힘이 있다고 가정하는 것조차 할 수 없는 경우에도 우리는 같은 존경의 감정에 이끌린다. 모든 문명국가에서 전쟁의 포로는 그의 신분에 맞는 존경에 상응하는 대우를 받는다. 그리고 부가 어떤 인물의 신분을 결정하는 데도 매우 효력이 있다는 것은 분명하다. 만약 혈통이나 가문이 한몫하더라도 이것은 여전히 우리의 현재 목적에 더 도움이 되는 논거를 제공한다. 왜냐하면 소위 명문가의 인물은 부유하고 권력이 있는 선조들에서 오랫동안 이어온 가계의 후손이며, 우리가 경의를 표하는 인물과 혈연관계가 있음으로써 우리의 경의를 얻는 사람이 아니면 무엇일까? 따라서 그의 선조들은 비록 죽었지만, 그들의 부 때문에 어느 정도는 존경받는 것이다. 결과적으로 기대할 것이 아무것도 없더라도 존경받는다.

그러나 부자에 대한 이러한 사심 없는 존경을 찾기 위해 포로나 죽은 자를 그렇게 길게 논할 것도 없으며, 약간의 주의를 기울이면서 일상생활이나 대화에서 생겨나는 현상들을 관찰하면 된다. 상당한 자산가이며, 어떤 직업도 갖지 않은 어떤 사람이 낯선 사람들에게 소개되었다고 가정해보자. 그는 그들 각각의 재산이나 신분을 알게 됨에 따라 자연스럽게 다른 정도의 경의로 그들을 대우한다. 그렇다고 하더라도 그가 그렇게 갑자기 그들에게서 어떤 금전상의 이익을 취하려고 기도한다는 것은 있을 수 없는 일이고, 또한 이득을 취했더라도 아마 그는 그것을 받으려고 하지 않을 것이다. 여행자에게는 언제나 교제가 허용되고, 그의 수행원과 여행 장비가 그를 큰 자산가 또는 보통의 자산가인가를 나타내는데, 그는 이에 비례해서 정중하게 사람들을 만나게 된다. 요컨대 사람의 신분 차이는 대부분 부에 의해 규정된다. 게다가 그것은 열등한 사람들과 마찬가지로 우등한 사람들에 대해서도, 면식이 있는 사람들과 마찬가지로 낯선 사람들에 대해서도 말할 수 있다.

그러므로 부는 현재 또는 상상 속 미래의 어떤 시기에 우리의 욕망을 충족시키는 수단으로서 우리 자신만을 위해 바라게 되는 것이기 때문에 부가 다른 사람에게 경의의 마음을 생기게 하는 것은 그것이 위에서 말한 영향력을 가지기 때문이라고 결론 내릴 수밖에 없다. 사실상 이것이 바로 부의 본성 또는 본질이다. 부는 필수품, 편의품, 생활의 쾌락과 직접적인 연관을 갖는다. 그렇지 않으면 파산한 은행가의 어음이나 무인도의 황금도 부와 완전히 같은 정도로 가치가 있게 될 것이다. 우리가 이른바 안락하게 지내고 있는 사람에게 접근할 때, 풍부, 만족, 청결, 온정, 즐거운 가정, 우아한 가구, 준비된 시중 그리고 음식, 음료, 의상에서 바람직한 모든 것의 즐거운 관념이 우리에게 주어진다. 이에 반해 가난한 사람이 나타나면, 부족, 빈곤, 중노동, 더러운 가구, 조잡하거나 누덕누덕한 옷, 메스꺼운 음식, 맛없는 술 같은 불쾌한 심상들이 우리의 머리에 떠오른다. 우리가 하나를 부자, 다른 하나를 가난한 자라고 말할 때 그것 말고 무엇을 의미하게 될까? 그리고 존경이나 경멸은 인생에서 각각 다른 정황의 자연적 결과이기 때문에 이것이 모든 도덕적 구별에 관해 위에서 서술한 이론에 어떻게 빛과 증거를 부가할지는 쉽게 이해된다.*

* 우리가 다른 사람의 부나 처지를 고려할 때 느끼는 정념의 작용에는 무언가 특별하고 겉으로는 설명될 수 없는 것이 있다. 다른 사람의 승진과 번영은 곧잘 부러움을 낳는다. 그것은 증오와 강하게 섞여 있고, 주로 우리 자신과 그 사람의 비교에서 생겨난다. 그와 동시에 또는 매우 짧은 간격을 두고서 우리는 존경의 정념을 느낄 수 있으며, 그것은 비하와 섞인 일종의 애정이나 호의다. 다른 한편으로 동료의 불운은 연민을 일으키지만, 그 연민은 그 안에 다분히 선의가 섞여 있다. 연민의 감정은 경멸과 거의 가깝다. 경멸은 일종의 혐오이지만, 자부심과 섞여 있다. 나는 단지 도덕 연구에 흥미가 있는 사람들에 대해 사색의 소재로서 이런 현상들을 지적할 뿐이다. 현재의 목적을 위해서는 특수한 견해와 사건들이 때때로 선망이나 연민의 정념을 일으킬 수 있을지 모르지만, 권력과 부는 보통 경의를 낳고, 가난과 비천은 경멸을 낳는다는 것을 일반적으로 관찰하는 것만으로 충분하다.

모든 어리석은 선입견을 스스로 교정하고, 철학뿐 아니라 경험에서 재산의 차이가 세속적으로 상상되는 것만큼 행복의 차이를 낳는 것이 아님을 충분히, 진심으로, 그리고 굳게 확신하는 사람은 그의 지인의 장부에 따라 존경의 정도를 평가하지 않는다. 사실 그는 표면적으로는 신하보다 대영주에게 더 큰 경의를 보낼 것이다. 왜냐하면 부는 가장 안정적이고 명확하므로 구별의 가장 편리한 원천이기 때문이다. 그러나 그의 내면적 감정은 운명의 우연적이며 변덕스러운 은총에 의한 것보다는 사람들의 개인적 성격에 의해 통제된다.

유럽 대부분 국가에서는 가문, 즉 군주가 하사한 칭호나 표장(標章)이 있는 세습 재산이 구별의 주요 원천이다. 영국에서는 현재의 부유와 풍요로움에 대해 더 존경한다. 각각의 관습에는 장점과 단점이 있다. 혈통이 존중되는 곳에서는 활동적이지 않고 무기력한 사람이 오만한 나태를 이어가고, 혈통과 가계 이외에 아무것도 꿈꾸지 않는다. 고매하고 야심 찬 사람은 명예와 권위, 명성과 은전(恩典)을 추구한다. 재산이 주된 우상인 곳에서는 부패, 돈에 좌우되는 행동, 강탈이 팽배하지만, 예술, 공업, 상업, 농업이 번창한다. 전자의 편견은 군사적 덕에 호의적이기 때문에 군주제에 더 적합하다. 후자는 산업에 대해 주요한 자극이 되기 때문에 공화정치와 더 일치한다. 따라서 우리는 이러한 정치 형태의 각각이 이러한 관습들의 효용성을 변화시킴으로써 인간의 감정에 대해 통상 그것에 비례하는 효과를 가진다는 점을 발견하게 된다.

7장

우리 자신에게 직접 유쾌한 성질들에 관하여

딱딱하고 우울한 사람들과 하룻저녁을 보낸 사람에게 기분 좋고 활기찬 동료가 다가오면, 금세 대화가 탄력을 받아 모든 사람의 얼굴, 담화, 행동에 활기가 넘친다는 것을 관찰한 사람이라면 누구나 **쾌활**(cheerfulness)은 큰 가치를 수반하고, 자연스럽게 다른 사람의 호의를 얻는다는 것을 쉽게 인정할 것이다. 사실상 이 이상 신속하게 주위의 모든 사람에게 전달되는 성질은 없다. 왜냐하면 유쾌한 이야기나 즐거운 오락에서 발휘되는 경향이 이만큼 큰 것은 없기 때문이다. 그 불꽃은 그곳에 있는 모두에게 퍼져나가고, 매우 시무룩하고 침울한 사람들도 종종 그것에 사로잡힌다. 호라티우스가 우울한 사람은 쾌활한 사람을 싫어한다고 말했지만, 나로서는 약간 승복하기 어렵다. 왜냐하면 쾌활이 절제되고 품위를 가지는 경우, 보통 그 딱딱한 사람들을 억압하는 침울을 그 쾌활이 떨쳐버리고 그들에게 색다른 즐거움을 주므로 그 딱딱한 사람들이 오히려 더 기뻐한다는 것을 나는 언제나 보아왔기 때문이다.

쾌활은 자신을 다른 데 알리고, 시인을 이끌어내는 등 양쪽 모두에 영향력을 가지고 있으므로 우리는 공동체의 선이든 소유자의 선이든 그것을 촉진하는 효용성이나 어떤 경향성이 없더라도 보는 사람에게 만족을 확산하고, 우정과 존경을 일으키는 다른 여러 심적 성질이 존재한다는 것을 알게 된다. 그런 성질들을 소유한 사람에게는 그것들의 직접적인 감각은 유쾌하고, 다른 사람들은 전염이나 자연적 공감에 의해 같은 기분에 녹아들어 그 감정에 감염된다. 그리고 우리는 기쁨을 주는 것은 무엇이든 사랑하지 않을 수 없기에 그런 큰 만족을 전하는 사람에게 호의적인 감정이 생겨난다. 그는 훨씬 생기를 주는 인물이다. 그의 출현은 우리에게 더욱 온화한 만족과 기쁨을 준다. 우리의 상상력은 그의 감정과 기질 속으로 스며들어 우울하고 기운이 없으며 시무룩하고 불안한 기질의 사람이 우리에게 나타나는 경우보다 한층 유쾌하게 감동된다. 그러므로 쾌활에는 감정과 시인이 뒤따르고, 우리는 우울하고 시무룩한 것을 혐오와 싫증을 가지고서 바라본다.*

* 특별한 경우에 모든 불쾌한 정념, 즉 공포, 분노, 낙담, 슬픔, 우울, 불안에 휩싸이지 않는 사람은 없다. 그러나 이러한 정념들은 자연적이고 보편적인 한 사람을 차별하지 않고, 따라서 비난의 대상이 될 수 없다. 그것들이 성격을 손상시키고, 불안을 가져다줌으로써 관찰자에게 부인(否認)의 감정을 전달하는 것은 기질이 이러

한 불쾌한 정념 중 어느 하나에 대한 **경향**을 줄 때뿐이다.

카이사르가 카시우스[1]에 관해 서술하는 그런 성격을 선망하는 사람은 거의 없을 것이다.

> 안토니오여,
> 그는 자네처럼 유희를 사랑하지 않는다.
> 그는 음악을 듣지 않고, 좀처럼 웃지도 않는다.
> 그리고 자조하듯,
> 또한 무슨 일에도 냉소하고 싶어 하는 그의 정신을 모욕하듯,
> 미소 짓는다.[2]

카이사르가 덧붙이고 있듯이,[3] 그런 사람들은 통상 **위험할** 뿐만 아니라 자신의 내부에서 거의 기쁨을 느끼지 못하기 때문에 결코 다른 사람에게 유쾌한 존재가 될 수도 없고 사교적 모임에 기여할 수도 없다. 모든 문명화된 국가나 시대에서 쾌락에 대한 기호가 절제와 품격을 동반한다면, 가장 위대한 사람들의 경우에서조차 중요한 가치인 것으로 여겨지며, 그보다 못한 신분이나 성격을 가진 사람들에게는 더욱 필요한 것이다. 어떤 프랑스의 저술가가 이 점에 관해 그 자신의 마음의 정황을 다음처럼 서술하고 있는 것은 유쾌한 표현이다. 그는 말한다.

---

1 〈카시우스(Cassius)는 기원전 42년에 죽은 로마의 장군이다. 한때 카이사르의 부하였지만, 브루투스와 함께 카이사르를 암살했다.〉

2 〈셰익스피어(Shakespeare), 『줄리어스 시저(Julius Caesar)』 1-2-203 이하.〉

3 〈셰익스피어, 『줄리어스 시저』 1-2-210 이하. 참조 1-2-195.〉

"나는 덕을 사랑하지만 엄격하지 않게, 쾌락을 사랑하지만 유약(柔弱)하게 흘러가지 않게, 그리고 삶을 사랑하지만 그 끝이 왔음을 두려워하지 않게."*

* "J'aime la vertu. sans rudesse;

J'aime le plaisiir sans molesse;

J'aime la vie, et n'en, crains point la fin."

\- St. Everemond

정신의 위대함 또는 성격의 위엄을 보여주는 어떤 두드러진 사례, 고귀한 감정, 굴종의 멸시, 덕의 자각에서 생겨나는 고귀한 긍지와 기개에 감동받지 않을 사람이 누가 있겠는가? 롱기누스[4]에 따르면 숭고는 종종 도량의 반향이나 심상 외에 다른 것이 아니다. 그리고 이러한 성질이 누군가에게 나타나는 경우, 한마디 없더라도 그것은 우리의 찬양과 감탄을 일으킨다. 그것은 어떤 말이 전달할 수 있는 것보다 더 고귀한 멸시와 결연한 의분을 표현하는 『오디세이아』[5]의 유명한 아약스[6]의 침묵에서 보이는 것과 같다.[7]

---

4 〈롱기누스(Longinus)는 기원후 1세기의 저술가. 그리스어로 쓰인 『숭고에 관하여(*On the Sublime*)』는 그의 작품으로 여겨진다.〉

5 〈『오디세이아』는 오디세우스가 20년간의 파란만장한 유랑 끝에 고향에 돌아와 그의 아들 텔레마코스와 함께 그의 정실한 아내 페넬로페를 넘보던 도당들에게 복수하는 여정을 서술한 호메로스의 대서사시다.〉

6 〈아약스(Ajax)[또는 아이아스, Aias]는 살라미스(Salamis)의 텔라몬(Telamon)의 아들. 트로이 전쟁의 영웅이다.〉

7 제9장.

파르메니온[8]이 말했다. "만약 내가 알렉산드로스[9]라면, 나는 다리우스[10]가 한 이 제안을 받아들일 것이다." 알렉산드로스가 대답했다. "내가 파르메니오라면 나 또한 그럴 것이다." 롱기누스에 따르면 이 말은 같은 원리이기에 감탄할 만한 것이다.[11]

그 동일한 영웅은 부하 병사들이 그를 따라 인도에 들어가기를 거부했을 때, 병사들을 향해 소리쳤다. "가라! 가서 너희들 나라 사람들에게 말하라. 너희들은 세계 정복을 완수하려고 하는 알렉산드로스를 버렸다고." 이 구절을 늘 찬미하고 있는 콩데 공[12]은 다음처럼 말했다. "알렉산드로스는 아직 완전히 정복되지 않은 야만인 가운데서 부하 병사들에게 버림을 받았지만, 그의 마음 한쪽에서는 제국의 위엄과 권리를 느꼈기 때문에 누군가가 그에게 복종하는 것을 거부하는 일이 일어날 수 있으리라고는 믿을 수 없었다. 그는 어디에서든 사람을 발견하면 신하들을 찾아야 한다고 생각했지만, 유럽에서든 아시아에서든, 그리스 사람들이든 페르시아 사람들이든 모두 그에게 관심이 없었다."

---

8 〈파르메니온(Parmenio)은 기원전 400년경~330년의 인물로 마케도니아의 장군이다. 알렉산드로스 대제를 수행해서 아시아에 원정했다.〉

9 〈알렉산드로스(Alexander, 기원전 356~323)는 고대 그리스 북부 마케도니아 왕국 아르게아스 왕조 제26대 군주다. 페르시아 정복을 완수하여 대제국을 건설했지만, 인도 정복에는 실패했다.〉

10 〈다리우스(Darius) 3세는 기원전 380년경~330년의 인물로 페르시아 제국 아케메네스 왕조의 마지막 왕이다. 알렉산드로스 대왕의 원정으로 폐위되었고, 이에 따라 페르시아 제국은 멸망했다.〉

11 제9장.

12 〈콩데(Conde, 1621~1686)는 루이(Louis) 14세의 전쟁에서 지도적인 역할을 한 프랑스 장군이다.〉

비극 속 메디아[13]의 확신에 찬 친구(the confident)[14]는 주의와 순종을 권한다. 그리고 불운한 여주인공의 온갖 위난을 나열하면서 그녀의 무수하고 무자비한 적들에 대해 무엇이 그녀를 지탱해줄 것인지를 물었다. 그녀는 답했다. "나 자신이라고. 나 자신이야. 그리고 그것으로 충분해." 부알로[15]는 정당하게도 이 구절을 참된 숭고의 예로서 추천하고 있다.[16]

저 겸손하고 온화한 포키온[17]이 사형 집행대로 끌려갔을 때, 자신의 가혹한 운명을 애도했던 수난자의 동료 중 한 명을 향해 다음처럼 말했다. "그대가 포키온과 함께 죽는 것은 그대에게 영광이 아닌가?"[18]

타키투스가 비텔리우스[19]에 대해 묘사하고 있는 그림 같은 광경을 앞의 예와 대조해서 살펴보자. 그는 제위에서 끌어내려져 삶의 치욕스러운 집착 때문에 무자비한 폭도에게 넘겨지고, 내동댕이쳐지고, 맞고, 걷어차이고, 그의 턱 아래에 단검을 들이댐으로써 그의 머리를 들고, 몸이 온갖 모욕에 처하도록 강요받았다. 얼마나 수치스러운 일인가! 얼마나 굴욕적인가! 그러나 이 경우에도 역사가들은 말한다. 그

13 〈메디아(Medea)는 로키우스 안나이우스 세네카(Lucius Annaeus Seneca)가 쓴 비극에 나오는 인물이다. 흄이 인용한 메디아의 대답은 코르네유(Corneille)의 번역에서 취해진 것이다.〉

14 [여러 판본에서는 "막역한 친구(confidant)".]

15 〈부알로(Nicolas Boileau-Despréaux, 1636~1711)는 프랑스의 풍자시인, 평론가다. 롱기우스의 번역자다.〉

16 『롱기누스에 관한 소견』 10(*Réflexion* X. sur Longin).

17 〈포키온(Phocion)은 기원전 4세기의 인물로 아테네의 정치가, 장군이다. 플루타르코스의 『영웅전』에 등장하는 인물이다.〉

18 플루타르코스, 『포키온(*Phoc.*)』, 36.

19 〈비텔리우스(Vitellius, 15~69)는 로마 제국의 여덟 번째 황제다.〉

는 완전히 타락하지 않는 마음의 징후를 보여주었다고. 그를 모욕한 호민관에게 대답했다. "나는 지금도 너의 황제다."*

* 타키투스의 『역사』 제3권 85. 이 저술가는 이야기를 시작하면서 말했다. *"Laniata veste, foedum spectaculum ducebatur, multis increpantibus, nullo inlacrimante: deformatitas exitus misericordiam abstulerat."* [의복은 찢겼고, 보기에도 불결한 광경이었다. 많은 사람이 고함쳤지만, 우는 사람은 아무도 없었다. 그의 마지막 몰골이 동정심을 앗아갔다.] 이러한 사고방식을 완전히 이해하기 위해서는 고대의 격률을 참작해야 한다. 누구도 삶이 불명예스러운 것이 되고 난 후에는 오래 살아서는 안 된다. 사람은 언제나 자신의 생명을 처리할 권리가 있으므로 그때는 생명을 끊는 것이 의무가 된다.

우리는 사교나 일상생활의 교제에서 기개와 성격의 위엄 또는 자신에게 당연히 돌아가야 할 것에 관해 적당한 감각 따위의 부족을 절대로 허용하지 않는다. 이 악덕은 우리가 적절하게도 **천박함**이라 부르는 것을 구성한다. 어떤 사람이 자신의 목적을 달성하기 위해 가장 천박한 굴종에 복종하고, 그를 능욕하는 사람에게 알랑거리며, 가치가 없는 열등한 사람과 친교를 맺음으로써 자신을 낮추는 경우가 그것이다. 어느 정도의 고매한 자부심이나 자존심은 매우 필요하므로 마음 안에 그것이 부족한 것은 코, 눈 또는 얼굴의 가장 중요한 부분 또는 신체 일부가 없는 경우와 마찬가지로 유쾌하지 못한 것이다.*

* 덕의 부족은 종종 악덕일 수 있다. 게다가 배은망덕, 비열의

사례에서처럼 가장 큰 악덕일 수 있다. 우리가 아름다움을 기대하는 경우, 실망은 불안감을 주고, 진정한 추악을 낳는다. 마찬가지로 비굴한 성격은 다른 관점에서 구역질나고 경멸할 만한 것이다. 누군가가 자신에 대해 가치감을 가지지 못하면, 우리는 그 이상으로 그에 대한 존경을 가질 것 같지 않다. 그리고 만약 자신보다 높은 사람에게 굽실거리는 바로 그 사람이 자신보다 아래인 사람에게 거드럭거린다면(종종 일어나는 것처럼), 이러한 모순된 태도는 전자의 악덕을 시정하기는커녕 더 가증스러운 것을 추가함으로써 그것을 극도로 악화시킬 것이다. 제8장 「다른 사람에게 직접 유쾌한 성질들에 관하여」 참조.

대중에게나 그것을 소유한 사람에 대한 효용성은 **용기**가 가진 가치의 분명한 기초다. 그러나 문제를 올바로 고찰하는 사람이라면 누구나 이 성질은 전적으로 그 자신에게서, 그리고 그 자신과 불가분한 고귀한 고상함에서 유래하는 특유한 광채를 갖는다는 것이 명백해질 것이다. 화가와 시인에 의해 그려진 용기의 모습은 각 부분에서 숭고함과 대단한 자신감을 드러내고 있다. 그리고 그것은 사람의 눈을 사로잡아 사랑을 끌어내고, 공감을 통해 모든 관찰자에게 똑같은 숭고한 감정을 확산시킨다.

데모스테네스(Demosthenes)[20]는 얼마나 화려한 색채를 가지고서 필

20 『왕관에 관하여(*Pro corona*)』, 247. 〈데모스테네스(Demosthenes, 기원전 384~322)는 고대 그리스 아테네의 저명한 정치가이자 웅변가였다. 아테네의 지도자로 그리스 여러 폴리스의 자립을 호소하며 패권을 추구하는 필리포스 2세에 대항하여 반마케도니아 운동을 전개했지만, 뜻을 이루지 못하고 자살로 생을 마쳤다.〉

리포스[21]를 묘사하는지. 여기서 그 웅변가는 자신의 시정(施政)에 대해 변호하고, 그가 아테네 사람들에게 고취했던 불굴의 자유에 대한 사랑을 정당화하고 있다. 그는 말한다. "나는 여러분의 싸움 상대였던 필리포스가 왕권과 지배권을 추구하는 사이에 결연히 모든 상처를 한몸에 받는 것을 목격했다. 그의 눈은 찔리고, 그의 목은 비틀렸으며, 그의 팔과 허벅다리가 꿰뚫리고, 그의 신체의 어떤 부분이든 그것이 운명에 강탈당하더라도 그가 남아 있는 부분으로 명예와 명성을 가지고 사는 것이 가능하다면, 기꺼이 그것들을 포기하는 것을 보았다. 그리고 지금까지 천하고 품위가 낮은 땅이었던 펠라[22]에서 태어난 그는 이처럼 높은 야심과 명예욕에 고취되었다고들 한다. 한편으로 아테네인 여러분… " 이러한 칭찬은 생생한 탄복을 불러일으킨다. 그러나 그 웅변가가 제시하고자 한 견해는 우리가 알다시피 그 영웅 자신을 넘어 그 이상까지 우리를 끌고 나가지 못하며, 그의 용맹이 미래의 유리한 결과를 고려하는 것도 결코 아니라고 생각된다.

로마인의 상무(尙武) 기질은 잇따른 전쟁으로 불타올라 용기에 대한 그들의 경의를 너무 높여놓았기 때문에 그들의 언어에서 용기는 탁월(excellence)의 의미로, 그리고 다른 모든 도덕적 성질과 구별되는 의미로 **덕**이라 불렸다. 타키투스의 견해로는[23] "**수에비족**[24]**은 올려다볼 의**

---

21 〈필리포스(Philip) 2세는 기원전 382~338년 마케도니아의 왕이었다. 알렉산드로스 대왕의 아버지로 치세 동안 그리스에 대한 마케도니아의 지배권을 강화하고 국력을 키워서 아들 알렉산드로스가 대제국을 건설할 토대를 마련했지만, 암살당했다.〉

22 〈펠라(Pella)는 마케도니아 왕국의 수도다.〉

23 『게르만인의 풍습에 관하여(*De moribus Germanorum*)』, 38.

24 〈수에비족(Suevi)은 엘베강 동쪽에 거주했던 게르만인의 일족이다. 율리우스 카이사르의 갈리아 전쟁기에 그 존재가 처음 언급된다.〉

도를 가지고서 그들의 머리털을 장식했다. 사랑하고 사랑받기 위한 것은 아니었다. 다만 그들의 적들을 위해서만 자신들을 꾸몄다. 그리고 그것은 더 무섭게 보이기 위한 것이었다." 이 역사가의 감정은 다른 나라와 다른 시대에서는 약간 기묘하게 생각될 것이다.

헤로도토스에 의하면[25] 스키타이인[26]은 적들의 두피를 벗긴 후 그 껍질을 가죽처럼 무두질하여 수건으로 사용했다. 그리고 이러한 수건을 가장 많이 가진 사람은 누구나 그들 사이에서 가장 존경받았다. 여러 다른 나라에서와 마찬가지로 그 나라에서는 군사적 용맹이 인간성의 감정, 즉 확실히 그 용맹보다 훨씬 유용하고 매력적인 덕을 그만큼 파괴했다.

자비심, 정의, 그리고 사회적 덕들을 수반하는 이점을 아직 충분히 경험하지 못한 모든 미개한 국민 사이에서는 용기가 뛰어난 탁월성이며, 시인들에 의해 가장 칭송되고, 부모와 교사들에 의해 권장되며, 일반 대중에 의해 찬양된다는 것을 실제로 관찰할 수 있다. 이 점에서 호메로스의 윤리학은 그의 우아한 모방자인 페넬롱[27]의 윤리학과 크게 다르다. 그것은 투키디데스가 말하고 있는 것처럼[28] 한 사람의 영웅이 다른 영웅에 대해 상대방을 모욕하는 일 없이 그가 도둑인지 아닌지를 물을 수 있는 시대에 적합한 윤리학이었다. 그것은 또한 만약

---

25 제4권, 64. 〈헤로도토스(Herodotus, 484년경~425년경)는 그리스의 역사가다. 서양 최초의 역사책이라고 알려진 『역사』라는 저서를 남겼다. '역사의 아버지'라 부른다.〉

26 〈스키타이인(Scythians)은 기원전 8세기에서 기원후 2세기까지 유라시아 지역의 스키타이에서 살았다.〉

27 〈페넬롱(François Fénelon, 1651~1715)은 프랑스의 신학자, 작가다.〉

28 제1권, 5.

우리가 아일랜드 왕국의 상태에 관한 스펜서(Spencer)[29]의 사려 깊은 설명을 신뢰해도 좋다면, 아일랜드의 많은 야만 지방들에서 극히 최근에 이르기까지 널리 퍼져 있었던 윤리학설이었다.*

* 그의 말에 의하면, 신사의 아들들 사이에는 다음과 같은 관습이 있었다. 그들은 무기를 사용할 수 있게 되면 즉시 서너 명의 부랑자나 촌뜨기를 신변 가까이에 모아 그들과 함께 한동안 고기만 먹으면서 빈둥거리며 시골 곳곳을 유랑하고, 결국 무언가 봉변을 당하게 된다. 그리고 일단 이 일이 알려지면, 그는 그 후 용기 있고 가치 있는 인물로 주목받는다.

고통, 슬픔, 불안, 그리고 매번 갑자기 닥치는 불운에 영향을 받지 않고 흔들리지 않는 철학적 평정은 용기와 같은 부류의 덕이다. 철학자들이 말하듯이 현인은 자신의 덕을 자각하고, 인생의 모든 우연한 일에 초연하며, 편안하게 지혜의 전당에 몸담고, 명예, 재산, 명성 및 하찮은 향락의 추구에 몰두하는 열등한 인간을 낮추어 본다. 이런 우월한 태도는 극단에 이르게 되면 의심의 여지 없이 인간의 본성에 대해서는 너무나 장엄한 것이다. 그러나 그것들은 보는 사람을 사로잡고 그를 감탄하게 하는 웅장함을 동반한다. 그리고 우리가 실제로 이 숭고한 평온과 무관심(왜냐하면 우리는 그것을 우둔한 무감각과 구별하지 않으면 안 되기 때문이다)에 더 가까이 갈 수 있다면 그만큼 더 확실한 향락을 우

29 〈스펜서(Edmund Spencer, 1552년경~1599)는 영국의 시인이다. 엘리자베스 1세 시대인 영국 문예 부흥기에 희곡의 셰익스피어와 함께 가장 위대한 시인으로 꼽힌다. 그의 "아일랜드의 현 상태에 대한 고찰(View of the Present State of Ireland)" 참조.〉

리 안에서 얻을 것이며, 그만큼 더 마음의 위대함을 세상에 보여줄 것이다. 참으로 철학적 평정은 장엄의 한 분파로서만 고려될 수 있는 것이다.

극빈과 가정적인 고민거리 가운데서도 변함없이 평온과 만족을 유지하고, 부유함에 대해 결연한 경멸의 태도를 보이면서 자유를 지키려는 고결한 배려를 유지하며, 그러면서도 그의 친구와 제자로부터 그 어떤 도움도 거부하고, 심지어는 의리에 의지하는 것조차 피하는 소크라테스에 대해 누가 감탄하지 않을 수 있을까? 에픽테토스[30)]는 그의 작은 집에 문짝조차 달아놓고 있지 않았다. 그가 가지고 있는 가구 중 가치 있는 것은 오직 철제 램프였으나, 누가 그것을 훔쳐갔다. 그러나 이후 그는 모든 도적에게 실망을 주려고 결심하고 그곳에 토기 램프를 가져다놓았다. 그 후 언제까지나 그는 대단히 평화롭게 그 물건을 간직했다.

고대인 사이에서는 전쟁에서의 애국적인 영웅과 마찬가지로 철학에서의 영웅도 우리의 협소한 영혼을 놀라게 하며, 감정의 웅대함과 힘을 가지고 있다. 다른 시대에서 이런 힘은 경솔하게 지나치다고 하여, 그리고 초자연적이라 하여 거부된다. 내가 인정하듯이 고대인의 입장에서 보았을 때는 정부의 시정(施政)에서 우리가 근대에 도달한 인간성, 관대, 질서, 평정, 그리고 다른 사회적 덕들의 정도를 만약 누군가가 당시에 그것들을 멋지게 표현할 수 있었더라도 결국 공상적이고 신뢰할 수 없다고 생각한 것도 같은 이유였을 것이다. 그것은 이렇게

30 〈에픽테토스(Epictetus, 60년경~138년경)는 스토아학파의 철학자다. 소아시아에서 노예로 출생했으며, 고문을 받아 절름발이가 되었다. 이때 스토아 철학을 배웠으며, 노예의 신분에서 해방되자 젊은이들에게 철학을 가르쳤다.〉

달라진 시대에 자연 또는 오히려 교육이 탁월성과 덕의 배분에서 주어진 대가(代價)였다.

자비심의 가치가 그것의 효용성에서, 그리고 인류의 선을 증진하는 그것의 성향에서 생긴다는 것은 이미 설명했고, 의심할 것도 없이 그 가치는 매우 보편적으로 표해지는 존경의 **상당** 부분의 원천이다. 그러나 그 감정의 바로 그러한 온화함과 부드러움, 그것의 매력적인 친근감, 그것의 다정한 표현, 그것의 섬세한 관심, 그리고 사랑과 우정의 따뜻한 애정에 포함된 상호 신뢰와 존경의 모든 우러나옴은 그 자체로 유쾌한 것이기에 반드시 보는 사람에게 전달되어 그것들을 같은 애정과 마음씨로 녹여버린다는 점이 인정될 것이다. 이러한 종류의 따뜻한 감정을 감지하면 우리의 눈에서는 자연스럽게 눈물이 분출할 것이다. 우리의 가슴은 부풀어 오르고, 우리의 마음은 물결치며, 우리를 구성하는 모든 인간미 있는 아름다운 원리가 움직여 우리에게 가장 순수하고 만족스러운 즐거움을 준다.

시인들이 낙원(Elysian field)을 묘사할 때 그곳의 축복받은 주민들은 아무런 상호 원조가 필요하지 않지만, 그래도 시인들은 그 주민들이 사랑과 우정의 지속적인 교제를 유지하고 있다고 표현하며, 우리의 공상을 이러한 조용하고 온화한 정념들의 유쾌한 심상으로 위로한다. 목가적인 이상향(pastoral Arcadia)[31]의 부드러운 평정 관념이 같은 원리에서 유쾌한 것임은 이미 위에서 고찰했다.[32]

---

31 [아르카디아(Arcadia)는 단순한 목가적인 사람들이 거주했던 산악 지역이었다. 이들은 그리스의 다른 지역과 거의 교류하지 않았다. 그래서 아르카디아는 그리스 사람들 간의 지속적인 전쟁을 피할 수 있었다. 그리고 그 사람들의 길게 지속된 평화는 그 땅을 단순한 삶과 쾌락의 지역과 동일시하도록 만들었다.]

32 제5장 「왜 효용성은 기쁨을 주는가?」의 제2절.

누가 끊임없는 논쟁과 질책, 상호 비난 가운데 살고 싶겠는가? 이러한 정서의 거칢과 가혹함은 우리의 마음을 어지럽히고 불쾌하게 한다. 우리는 전염과 공감으로 괴로워한다. 또한 그러한 분노의 정념에서부터 무언가 해로운 결과들이 생기지 않는다는 것이 확실한 경우라도 우리는 무관심한 방관자로 머물지 않을 것이다.

우리는 자비심의 전체 가치가 그것의 유용성에서 얻어지는 것은 아니라는 확실한 증명으로서 다음을 관찰할 수 있을 것이다. 그것은 어떤 인물이 사회에서 자신의 직분을 넘어서고, 적정한 한도 이상으로 다른 사람들을 배려할 때, 우리는 일종의 비난의 의미로 그는 **너무나 선량하다**고 말한다. 마찬가지로 우리는 어떤 사람은 **너무 기운이 넘친다**, **너무나 대담하다**, **재산에 대해 너무나 무관심하다**고 말한다. 이러한 비난의 말은 사실 근저에서는 수많은 찬사보다 더한 경의를 포함하고 있다. 우리는 성격의 장점과 단점을 주로 유용하거나 해로운 경향성에 의해 평가하는 데 익숙해져 있으므로 해가 될 정도로 높아진 감정을 발견할 때, 비난의 형용사를 적용하지 않을 수 없다. 그러나 동시에 그 고귀한 감정의 고상함 또는 그것의 매력적인 우아함이 오히려 그 사람에 대한 우리의 우정이나 관심을 증대시킬수록 마음을 사로잡는 일이 일어날지도 모른다.*

* 합당한 이유나 원인이 없는데도 방탕한 환락에 빠지는 것은 어리석음의 확실한 징후나 특징이어서 역겨운 일이지만, 이렇게 되지 않는 한 쾌활의 정도가 지나쳤다고 비난하는 일은 거의 없을 것이다.

동맹[33]의 내란 시기 동안 프랑스 앙리 4세[34]의 정사와 연애는 종종 그의 이익과 대의명분을 훼손했다. 그러나 적어도 젊은이와 연애하는 자는 그 우아한 정념에 공감할 수 있으며, 바로 이러한 약점(왜냐하면 그들은 그것을 기꺼이 이렇게 부르고자 하기 때문이다)이 저 영웅에게 친밀감을 느끼게 하며, 그리고 그들에게 그의 운명에 대해 흥미를 불러일으키는 주요한 요인임을 인정할 것이다.

카를 12세[35]의 과도한 용감과 결연한 불굴성이 그 자신의 나라를 파멸했으며, 인근의 모든 나라를 황폐화했다. 그러나 그 모습에는 우리를 감탄하게 하는 화려함과 위대함이 있다. 그리고 그것들이 만약 너무 명백한 광기와 혼란의 징후를 때때로 드러내지 않았더라면, 어느 정도는 심지어 시인될 수 있었을는지 모른다.

아테네 사람들은 농업과 법률을 처음 발명한 것은 자신들이라고 주장하고, 그것을 통해 인류 전체에 가져온 은혜를 언제나 극도로 자랑했다. 또한 이유가 없지는 않았지만 그들의 군사적 업적, 특히 다리우스[36]와 크세르크세스[37]의 치세 동안 그리스를 침공한 페르시아의 무수한 함대와 육군에 대항한 군사적 업적을 자랑했다. 그러나 이러한 평화로운 명예와 군사적 명예 사이에는 효용성의 측면에서 비교가 이루어질 수 없겠지만, 우리는 그 유명한 도시에 관해 매우 정교한 송사

---

33 〈프로테스탄티즘에 대해 로마 가톨릭을 옹호하기 위해 1576년 창시된 동맹.〉

34 〈앙리 4세(Harry the IVth, 1553~1610)는 프랑스의 왕이다. 1593년까지는 프로테스탄트를 믿었지만, 그해 로마 가톨릭으로 개종했다.〉

35 〈카를 12세(Charles the XIIth, 1682~1718)는 스웨덴 왕이다.〉

36 〈다리우스 1세(Darius)는 페르시아를 전성기에 올려놓은 페르시아의 왕이다. 재위 기간은 기원전 521~486년이다.〉

37 〈크세르크세스(Xerxes)는 페르시아 제국 아케메네스 왕조의 왕이다. 재위 기간은 기원전 486~465년이다.〉

(頌詞)를 쓴 웅변가들이 주로 군사적 위업을 보여주면서 의기양양했던 사실을 발견하게 된다. 리시아스,[38] 투키디데스, 플라톤, 이소크라테스[39]는 모두 이러한 편향성을 보여준다. 그러한 편향성은 비록 냉정한 이성과 반성으로 인해 비난받게 되지만, 인간의 마음속에 너무나 자연스러운 일이라고 생각된다.

시의 큰 매력은 숭고한 정념(즉 도량, 용기, 운명의 경멸에 대한 생생한 묘사 또는 우아한 애정), 다시 말해 사랑과 우정의 생생한 묘사에 있다는 것이 인정된다. 그것들은 마음을 따뜻하게 하고, 마음에 유사한 감정과 정서를 발산한다. 그리고 모든 종류의 정념에는 심지어 슬픔이나 분노 같은 가장 불유쾌한 정념도 시에 의해 일어나는 경우, 쉽게 설명할 수 없는 자연의 메커니즘에서부터 만족감이 전달된다는 사실이 관찰됨에도 그것들의 더 고상한 또는 더 부드러운 정서는 특별한 영향력이 있으며, 하나 이상의 원인이나 원리로부터 기쁨을 준다. 그것들만으로도 묘사된 인물들의 운명에 대해 관심이 생기거나 그 인물들의 성격에 대한 존경과 애정이 전달된다고 하는 것은 말할 것도 없다.

그리고 그 정념, 즉 이러한 **감동적**(pathetic)이고 **숭고한**(sublime) 감정을 움직이는 시인들의 재능 자체가 매우 중요한 가치라는 것을, 게다가 극도의 희소성에 의해 가치가 높아지기 때문에 그런 재능을 가진 인물은 그가 살았던 시대의 어떤 인물보다 칭찬받는다는 것을 과연 의심할 수 있을까? 고귀한 혈통과 황제의 관이 모두 온통 광채로 장식된 아우구스투스[40]의 사려, 능란한 수완, 견실함, 자애로운 통치가 그를

38 〈리시아스(Lysias, 기원전 459년경~380)는 그리스의 웅변가이자 작가다.〉

39 〈이소크라테스(Isocrates, 기원전 436~338)는 아테네의 웅변가이자 작가다.〉

40 〈아우구스투스(Augustus, 기원전 63~기원후 14)는 로마 제국 시대의 첫 번째 황제다. 카이

베르길리우스와 명성을 다투게 하는 일은 하지 않는다. 베르길리우스에게는 시적 천재성의 신성한 아름다움 외에 그와 비교할 수 있는 것은 하나도 없지만 말이다.

이러한 아름다움에 대한 감수성 또는 취미의 **섬세함**(delicacy)은 모든 즐거움 중 가장 순수하고, 가장 지속적이며, 가장 순결한 것을 전달하기 때문에 어떤 성격에서도 그 자체가 아름다움이다.

이는 이를 소유한 사람에게 전달하는 직접적인 쾌락을 위해 평가되는 몇 가지 가치에 대한 몇몇 사례다. 효용성에 관한 또는 미래의 유익한 결과에 관한 고려는 조금도 이 시인(是認)의 감정 안으로 들어오지 않는다. 그렇지만 그 감정은 공적인 또는 개인적인 효용성의 고려에서 발생하는 다른 감정과 유사한 종류의 것이다. 우리는 인간의 행복이나 불행에 대한 똑같은 사회적 공감, 즉 동료 의식(fellow-feeling)이 이 두 가지를 발생시킨다는 것을 관찰할 수 있다. 그리고 이러한 유비는 현재 이론의 모든 부분에서 그것을 확증하는 것으로 여겨질 수 있으며, 이는 정당한 일이다.

사르의 양자로서 가이우스 율리우스 카이사르 옥타비아누스(Gaius Julius Caesar Octavianus)로 불렸다. 제2차 삼두 정치 붕괴 후 대외적으로 로마 공화국을 부활시키고 로마의 초대 황제로 추대되었다.〉

8장

다른 사람에게 직접 유쾌한 성질들에 관하여*

사회에서의 상호 충돌이나 이해관계 및 자기애의 대립은 상호 부조와 보호의 편의를 유지하기 위해 인류에게 **정의**의 법률을 확립하도록 강제했다. 마찬가지로 **교제**하고 있는 사람들의 자부심과 자만심의 영원한 불일치는 마음의 교제와 원활한 거래 및 대화를 쉽게 할 수 있도록 예의범절(good manners)이나 예의 바름(politeness)의 규칙들을 도입했다. 행실이 좋게 키워진 사람들 사이에서 상호 존경이 꾸며지고, 다

---

* 덕은 **그것을 고찰하거나 주시하는 모든 사람이 유쾌하게 느끼거나 시인하는 마음의 성질**이라는 것. 이것이 덕의 본성이고, 사실상 덕의 정의다. 그러나 어떤 성질들은 사회에 또는 그 성질들을 소유한 당사자에게 유용하거나 유쾌하기 때문에 쾌락을 낳고, 다른 성질들은 더 직접적으로 쾌락을 낳는다. 이 장에서 고려되는 부류의 덕은 후자의 경우다.

른 사람에 대한 경멸은 숨겨지며, 권위는 은폐되고, 번갈아가며 배려가 이루어진다. 그리고 편안한 대화의 흐름은 격하지도 않고 방해되지도 않으며, 상대를 설복하려고도 않지 않고, 조금도 거드름 피우는 일 없이 유지된다. 이러한 배려와 존중은 효용성이나 유익한 경향에 대한 어떤 고려와도 무관하게 다른 사람에게 직접적으로 유쾌한 것이다. 그것들은 애정을 획득하고, 경의를 증진하며, 그것들에 의해 자신의 행동을 통제하는 인물의 가치를 극단적으로 높인다.

다수의 예절 형식은 자의적이며 우연적이지만, 그것들에 의해 표현되는 것은 여전히 같다. 스페인 사람은 손님보다 먼저 집을 나서는데, 이는 손님을 모든 사람의 주인으로 뒤에 남겨둔다는 것을 표시한다. 다른 나라들에서는 통상 복종과 존경을 표시하는 의미로 그 집의 주인이 마지막으로 집을 나선다.

그러나 사람을 완전하게 **훌륭한 친구**로 만들기 위해서는 예의범절과 함께 **기지**(wit)와 **영리함**(ingenuity)을 갖춰야 한다. 기지가 무엇인지를 정의하는 일은 쉽지 않을 것이다. 그러나 그것이 다른 사람을 직접적으로 **유쾌**하게 하는 성질이고, 그것이 처음 나타난 순간부터 조금이라도 그것을 이해하는 사람이라면 누구에게나 생생한 즐거움과 만족을 전달하는 것이라고 규정하는 것은 확실히 쉬운 일이다. 여러 종류의 기지를 설명하는 데는 사실상 심오한 형이상학이 이용될 것이며, 오늘날 취미와 감정의 유일한 증거에 기초해서 수용되는 많은 부류의 기지는 아마 더 일반적인 원리들로 환원될 수 있다. 그러나 우리의 당면한 목적을 위해 기지는 취미나 감정에 영향을 준다는 사실, 직접적인 즐거움을 주는 것이 시인과 애정의 확실한 원천이라는 사실을 확인하는 것으로 충분하다.

사람들이 대부분의 시간을 대화, 방문, 집회로 보내는 나라들에서는 말하자면 이러한 **사교적**(companionable) 성질들은 높이 평가되고, 인물 가치의 중요한 부분을 형성한다. 사람들이 더 가정적인 생활을 하고, 업무에 종사하거나 더 좁은 교제 범위 안에서 즐겁게 보내는 나라들에서는 더 견고한 성질들이 주로 존중된다. 그래서 프랑스 사람들 사이에서 낯선 사람에 대한 최초의 질문은 **그는 예의가 바릅니까? 기지가 있습니까?**이며, 우리나라에서 주어진 주요 칭찬은 언제나 **성격이 좋고, 분별 있는 사람**에 관한 것이라는 점을 나는 가끔 관찰해왔다.

담화에서 대화의 생생한 활기는 그 담화에 전혀 참가하고 싶지 않은 사람에게도 **유쾌한** 것이다. 따라서 긴 이야기를 하는 사람이나 건방진 연설자가 시인되는 일은 매우 드물다. 사람들 대다수는 담화에서 자신에게도 순번이 돌아오기를 바라며, 당연히 잃지 않으려는 권리를 그들에게서 빼앗는 **수다쟁이**를 매우 증오하는 눈으로 본다.

우리는 교제에서 기이한 것을 잘 이야기하는 해롭지 않은 **거짓말쟁이**와 자주 만나게 된다. 그들의 통상적인 의도는 사람을 기쁘게 하고, 즐겁게 하는 데 있다. 그러나 사람들은 자신들이 진실이라고 생각하는 것을 가장 좋아하기 때문에 이러한 사람들은 사람을 기쁘게 하는 방법을 매우 잘못 생각하여 일반적인 비난을 자초한다. 그러나 **익살스러운** 이야기들에서는 어느 정도 거짓이나 허구가 너그럽게 허용된다. 왜냐하면 그런 이야기는 실제로 유쾌하고 재미있기 때문이며, 진실은 전혀 중요하지 않기 때문이다.

웅변, 모든 종류의 천부적 재능, 원만한 양식(良識), 건전한 추론, 게다가 그것이 현저할 정도로 높이 그리고 무엇이든 상당한 품위와 정교한 식별력이 필요한 주제들에 사용될 경우, 이 모든 자질은 직접적으로 유쾌한 듯 보이며, 그것들의 유용성과는 별개의 가치를 지닌 것으로 여겨진다. 모든 것의 가치를 크게 높이는 희소성 역시 인간 마음의 이러한 고귀한 재능에 추가적 가치를 부여할 것이 틀림없다.

겸손(modesty)은 이미 다루어진 정절(貞節)에서 분리하여 생각하더라도 여러 가지 의미로 이해될 수 있다. 그것은 때로 명예에 대한 감수성과 섬세성, 비난에 대한 두려움, 남에게 강요하거나 남을 해칠까 하는 염려, 모든 종류의 덕에 대한 적절한 보호자이며 악덕과 부패에 대한 확실한 예방약인 **염치심**(pudor)을 의미한다. 그러나 그것의 가장 일상적인 의미는 그것이 **후안**(impudence)과 **오만**(arrogance)에 맞서 우리 자신의 판단에 대한 수치심과 함께 다른 사람들에 대한 합당한 배려와 경의를 표현하는 경우다. 젊은이들에게 이 성질은 주로 양식의 확실한 표시이며, 그들을 늘 교훈에 귀를 기울이게 하고, 더욱 새로운 학식을 그들에게 습득하게 함으로써 양식을 늘리는 확실한 수단이기도 하다. 그러나 겸손은 모든 관찰자에게 그 이상의 매력을 준다. 그것은 모든 사람의 허영심을 부추기고, 그들이 입에 담는 말 한마디 한마디를 적절한 배려와 존중을 가지고서 받아들이는 유순한 학생들의 모습을 보여주기 때문이다.

일반적으로 인간은 아리스토텔레스의 의견[1)]에도 불구하고 자신을 과대평가하는 경향이 과소평가하는 경향보다 훨씬 크다. 이 때문에 우리는 전자 쪽의 지나침을 더 경계하고, 겸손과 수줍음으로 향하는 모든 경향을 극단적으로 악에 빠지게 될 위험이 덜하다고 여겨 특별한 너그러움을 가지고서 본다. 그래서 사람들의 신체가 지나치게 비만한

---

1 『니코마코스 윤리학(*Ethic. ad Nicomachum*)』 제4권 제3장, 37.

경향이 있는 나라들에서 신체의 아름다움은 메마른 것이 보통 결점이 되는 나라들에서보다 훨씬 더 큰 정도의 메마름에 놓여 있다. 사람들은 한 종류의 모양이 볼품없는 경우를 매우 자주 만나게 되고, 그것들을 아무리 멀리해도 지나치지 않다고 생각하고는 항상 그 반대의 경향을 바란다. 마찬가지로 만약 자기 예찬의 문이 열린다면, 그리고 우리가 흔히 **나에게는 상식이 있다, 나에게는 학문이 있다, 나에게는 용기, 아름다움 또는 기지가 있다**고 생각하곤 하는 것이 분명하지만, 사람들은 그렇게 솔직하게 말해야 한다는 몽테뉴의 격언[2)]이 지켜진다면, 사회를 완전히 인내할 수 없게 만드는 무례의 홍수가 우리를 덮치리라는 것은 누구도 알아차린다. 이러한 이유로 관습은 사람들이 자기 예찬을 제멋대로 해서는 안 된다는, 또는 심지어 자신에 관해 많은 말을 하는 것조차 해서는 안 된다는 것을 보통의 사회에서 하나의 규칙으로 확립했다. 그리고 사람들이 자신을 공정하게 평가하는 일은 친한 사이이거나 대단히 남자다운 처신을 하는 사람들 사이에서만 허용된다. 오렌지 공(Prince of Orange)인 모리스[3)]에게 "당대 제1의 장군으로 평가되는 사람은 누구라고 생각하는가?" 이렇게 질문한 사람에 대해 그는 **"스피놀라 후작[4)]이 제2의 장군"**이라고 대답했지만, 이 대답 때문에 그를 탓한 사람은 아무도 없었다. 비록 관찰될 수 있는 일이지만, 이 말에 함축되어 있는 자기 예찬은 덮개도 위장도 전혀 없이 직접적으로 표현된 경우보다 더 멋진 것이 함축되어 있다.

---

2 〈『수상록(*Essais*)』 제2권, 제6장 및 제17장. 몽테뉴(Montaigne, 1533~1592)는 프랑스의 철학자, 수필가이며, 모럴리스트다. 저서로는 『수상록』을 남겼다.〉

3 〈오렌지 공 모리스(Maurice, 1567~1625)는 스페인에 대한 독립전쟁 시 네덜란드의 지도자다.〉

4 〈스피놀라 후작(The Marquis of Spinola, 1569~1630)은 스페인의 장군이다.〉

상호 존경의 모든 사례는 진지하게 이해되어야 하고, 자신의 가치와 재능에 대해 무지하기 때문에 더 존중받아야 할 만하다고 생각하는 사람은 매우 천박한 사상가임에 틀림없다. 특히 젊은이에게는 내적 감성에서조차 다소 신중한 쪽으로 치우치는 것이 호의적으로 보인다. 그리고 외적인 처신에서는 신중한 것에 대한 강한 편향이 요구된다. 그러나 이는 사람이 어떤 종류의 비방 또는 압박을 받는 경우에 고귀한 긍지나 기개를 공공연하게 마음껏 발휘하는 것을 배제하지 않는다. 키케로가 말하는 소크라테스의 고매한 불복종은 모든 시대에 걸쳐 높이 칭찬받아왔고, 그의 평상시 절제된 행동과 맞물려 빛나는 성격을 형성한다. 아테네 사람인 이피크라테스(Iphicrates)는 자기 나라의 이익을 배신했다는 이유로 고발되었을 때, 그의 고발인에게 물었다. 그는 이렇게 이야기한다. **그대가 유사한 국면에 직면했다면, 그 죄를 저질렀을까?** 상대방은 **결코 아니**라고 대답했다. 그 영웅은 부르짖었다. **그러면 그대는 이피크라테스가 유죄라고 생각할 수 있는가?**[5] 요약하면 충분한 근거가 있고, 품위 있게 꾸며지며, 고난과 비방 아래에서 용감하게 지탱하는 고매한 기개와 자존심은 위대한 탁월성이며, 그것의 가치를 그 감정의 고귀한 고양 또는 그것의 소유자에 대해 그것이 부여하는 직접적인 유쾌에서 얻게 되는 것처럼 보인다. 평범한 인물의 경우에는 우리는 다른 사람에게 직접적으로 유쾌한 성질인 겸손의 편향을 승인한다. 전자의 덕의 사악한 과도, 즉 오만이나 거만은 다른 사람에 대해 직접적으로 불쾌한 것이다. 후자의 과도는 그 소유자에 대해 직접적으로 불쾌한 것이어서 이러한 의무들의 경계가 조정되는 것이다.

---

5 『변론술 교과과정(*Quinctilian*)』 제5권, 제12장.

명성, 신망, 또는 다른 사람들의 평가에 대한 욕망은 책망 받아야 하기는커녕 덕, 소질, 능력, 고매한 또는 고상한 기질과 불가분의 관계가 있는 것처럼 보인다. 또한 다른 사람에게 기쁨을 주기 위해 사회로부터 사소한 것에 대한 배려도 기대되고 요구된다. 그리고 누구라도 사람이 가정에서 자신의 가족과 함께 시간을 보낼 때보다 사교장 안에서 의상은 더 우아하게 하고, 대화는 더 즐겁게 흐르도록 주의를 기울여야 한다는 점을 발견한다고 해서 놀라지는 않는다. 그렇다면 결함 또는 결점으로 여겨지는 것이 전적으로 마땅한 허영(虛榮)은 어디에 존재하는 것일까? 그것은 주로 다른 사람들에게 불쾌한, 그리고 그들의 남모르는 허영심이나 야심을 지나치게 침해하는 우리의 이점, 명예, 재능을 절제 없이 과시하여 칭찬과 감탄을 집요하고 공공연하게 요구하는 데 있다. 게다가 그것은 어떤 성격에서도 강렬한 광채를 더하는 마음의 참된 존엄과 고귀함이 부족한 확실한 징후다. 왜냐하면 마치 여러분이 칭찬받을 정당한 자격이 없는 것처럼, 또한 그것이 언제까지나 여러분과 함께한다는 것을 기대하는 일이 무리한 것처럼 무엇 때문에 칭찬을 성급하게 갈구하는가? 여러분이 교제를 계속해오던 상류사회, 여러분에게 행해졌던 정중한 언사, 우연히 여러분이 얻은 명예나 특별한 대우에 대해 마치 이것들이 당연한 것이 아닌 것처럼, 또 우리가 이것들을 알려주지 않는다면 혼자서는 쉽게 상상할 수 있는 일이 아닌 것처럼 무엇 때문에 그토록 우리에게 알려주고 싶어 하는가?

예의(decency), 즉 연령, 성별, 신분, 세간의 지위에 대한 적당한 존경은 다른 사람에게 직접적으로 유쾌한 성질, 또한 그것에 의해 칭찬이나 시인을 얻게 되는 성질로 분류될 수 있다. 남성의 여성 같은 처신, 여성의 난폭한 태도 등은 남녀 각각의 성격에 적합하지 않고, 우리가 각각의 성들에 대해 기대할 수 있는 성질과는 다르기 때문에 추하다. 그것은 마치 비극이 희극적인 아름다움으로 가득 차며, 희극이 비극적인 아름다움으로 가득 차 있는 것과 같은 것이다. 그런 불균형은 눈을 찔러 비난이나 부인의 원천인 불쾌한 감정을 관찰자에게 전하는 것이다. 이것이 키케로가 『의무에 관하여(*De officiis*)』에서 매우 상세하게 설명하는 **예의에 어긋남**(*indecorum*)이다.

우리는 또한 **청결**(cleanliness)을 다른 덕과 동렬에 놓을 수 있다. 그것은 자연스럽게 우리를 다른 사람에게 유쾌한 것으로 만들고, 사랑과 애정의 적지 않은 원천이 되기 때문이다. 이 점에서 무관심이 하나의 결함이라는 점을 누구도 부인하지 않을 것이다. 그리고 결함이란 비교적 작은 악덕에 불과한 것이고, 이 결함은 그것이 다른 사람에게 일으키는 불안한 느낌 외에 다른 어떤 기원도 가질 수 없으므로 보기엔 매우 사소한 이 사례에서 우리는 지금까지 학자들을 혼란과 오류의 미로 속에서 헤매게 했던 도덕적 구별의 기원을 명확하게 발견할 수 있을 것이다.

그러나 우리가 그것의 아름다움의 기원을 어느 정도 설명하고 해명할 수 있는 모든 **유쾌한** 성질들 외에 관찰자에게 직접적인 만족을 전하지만, 어떻게 해서 또는 왜 또는 무슨 이유로든 결정할 수 없는 신비하고 설명할 수 없는 무언가가 여전히 남아 있다. 어떤 사람들이 다른 사람들 이상으로 소유하고, 외면적 아름다움 및 단정함과도 매우 다르며, 그러나 거의 비슷하게 갑자기 그리고 강력하게 우리의 정서를 붙잡는 **예의범절**(manner), 우아, 안락, 고상함 등 뭔가 알 수 없는 것이 존재한다. 그리고 이 **예의범절**은 주로 숨겨진 마법이 쉽게 설명되는 남녀 간의 정념에서 주로 언급되지만, 그것이 성격에 대한 우리의 모든 평가에서 효과를 가지고 인물의 가치 중 적지 않은 부분을 형성하는 경우가 많다는 것은 확실하다. 그러므로 이런 부류의 재능은 취미와 감정의 맹목적이지만 확실한 증언에 완전히 맡겨져 있음에 틀림없다. 그리고 그러한 재능은 철학의 모든 오만을 차단하고, 철학에 그것의 협소한 한계와 얻어진 것의 빈약함을 깨닫게 하기 위해 자연이 남겨놓은 윤리학의 일부라고 생각되어야 한다.

우리는 다른 사람을 그의 기지, 정중, 신중함, 예의바름 때문에 또는 그가 소유한 어떤 유쾌한 성질 때문에 시인한다. 비록 그가 우리의 지인이 아니고, 이러한 재능들에 의해 한 번도 우리를 즐겁게 한 적이 없었다 해도 그러하다. 그의 지인에게 그것들이 미치는 효과에 대해 우리가 형성하는 관념이 우리의 상상력에 유쾌한 영향을 미치고, 우리에게 시인의 감정을 부여한다. 이 원리는 우리가 예의범절이나 성격에 관해 형성하는 모든 판단 안에 포함되어 있다.

9장

결론

제1절

지금의 시대에 누군가 **인물의 가치**(personal merit)[1]가 **그 사람 자신**이나 **다른 사람에게 유용하거나 유쾌한** 심적 성질들의 소유에서 전적으로 성립한다는 것을 입증하기 위해서는 정치한 추론이 필요하다고 생각하는 것은 당연히 의외인 듯이 보인다. 이 원리는 도덕에 관한 유치하고 미숙한 연구자들조차 생각할 수 있는 것이고, 아무런 논란이나 논쟁 없이 자명한 원리로 받아들여질 것으로 기대된다. 어떤 종류의 것이라도 가치 있는 것은 무엇이든 너무나 자연스럽게 **유용한**(useful)

---

1 [G-N판에는 덕 또는 인물의 가치로 표기되어 있다.]

또는 **유쾌한**(agreeable), **도움이 되는**(utile) 것 또는 **호감이 가는**(dulce) 것이라는 구분 아래 분류되기 때문에 도대체 우리가 왜 탐구를 계속해야 하는지 또는 그것을 정밀한 조사나 연구가 필요한 문제로 생각해야 하는지 상상하기 쉽지 않다. 그리고 유용하거나 유쾌한 모든 것은 자신이나 다른 사람 어느 한편에 관해 이러한 성질들을 소유하고 있는 것이 틀림없으므로 가치의 완전한 묘사나 기술은 태양이 그림자를 드리우거나 영상이 수면에 비치는 것처럼 자연스럽게 수행되는 듯이 보인다. 만약 그림자가 드리워진 지면이 깨어져 울퉁불퉁하게 되지 않는다면, 영상을 비추는 수면이 동요되고 물결치지 않는다면 아무런 기교나 주의가 없더라도 곧바로 바른 모습이 나타난다. 그리고 그토록 단순하고 명료한 이치가 그토록 오랫동안 가장 정밀한 검토에서도 간과되어 온 것은 여러 체계나 가설이 우리의 타고난 지성을 잘못된 길로 인도했기 때문이라는 것은 합당한 추측이라고 생각된다.

그러나 철학에 대한 상황이 어떻게 진척되든 일상생활에서 이 원리들은 여전히 암암리에 유지된다. 우리가 인간의 행위나 처신에 대해 어떤 찬사나 풍자, 어떤 찬양이나 질책을 하게 될 때, 칭찬이나 비난에 대해 무언가 다른 설득 방법이 떠오르지 않는다. 만약 우리가 사람들을 업무나 오락의 교제에서, 모든 담화와 대화에서 관찰한다면, 우리는 그들이 학교 말고는 어디에서도 이 문제에 관해 조금도 난처해하지 않을 것이라는 점을 발견할 것이다. 예를 들어 다음과 같은 대화만큼 자연스러운 것이 있을까? 우리는 다음과 같은 가정을 해볼 것이다. 어떤 사람이 다른 사람을 향해 "당신은 딸을 클레안데스에게 시집보냈으니 매우 기쁘시겠습니다. 그는 명예와 인간성을 존중하는 남자입니다. 그와 조금이라도 교제가 있는 사람이라면 누구도 **공평**하고 **친절한** 대우를 받으리라 확신합니다."[2] 다른 사람이 말하기를, "나도 당신에게 이 사위의 양양한 전도를 축하드립니다. 그의 꾸준하고 근면한 법률 공부, 그의 인간과 업무 이 모두에 대한 예리한 통찰력과 재빠른 이해력은 최고의 영예와 승진을 예언하고 있습니다."[3] 세 번째 사람이 말하기를, "당신이 클레안데스에 관해 실무가이고 근면가라고 말한 것에 나는 놀랐습니다. 나는 최근 가장 화려한 사교계에서 그와 만났습니다만, 그는 우리 대화의 중심인물이었습니다. 예의범절을 판별할 수 있는 풍부한 기지, 젠체하지 않는 매우 겸손한 태도, 매우 품위 있게 말하는 지극히 독창적인 지식, 이것들은 내가 지금까지 누구에게서도 보지 못했던 것입니다."[4] 네 번째 사람이 말한다. "만약 당신이 그를 더 잘 알고 있었더라면 그를 더 칭찬했을 겁니다. 당신이 그에 대해 인정한 쾌활함은 사교에서 나타나는 갑작스러운 섬광이 아닙니다. 그것은 그의 인생 전 과정을 관통한 것이며, 그의 용모에는 지속적인 평온이 유지되고, 그의 영혼에는 평정이 유지되고 있습니다. 그는 엄한 시련, 위험뿐 아니라 불운도 만났습니다. 그런데도 그는 마음의 위대함으로 이 모두에 초연했습니다.[5] 신사 여러분, 나는 외쳤습니다. 여기서 여러분이 클레안데스에 대해 묘사했던 이미지는 완벽한 가치의 그것입니다. 여러분 각자가 그의 초상에 일필을 추가했습니다. 그리고 여러분은 무

2 다른 사람에게 유용한 성질들.

3 우리 자신에게 유용한 성질들[제6장].

4 다른 사람들에게 직접 유쾌한 성질들[제8장].

5 자기 자신에게 직접적으로 유쾌한 성질들[제7장].

의식중에 그라티안[6]이나 가스티글리온[7]이 그린 모든 그림을 능가했습니다. 철학자는 완전한 덕의 전형으로 이 성격을 선택할 것입니다."

그리고 우리 자신이나 다른 사람에게 유용하거나 유쾌한 모든 성질이 일상생활에서 인물의 가치를 판별하는 일정 부분으로 인정되기 때문에 그 밖의 다른 성질들은 사람들이 사물들을 자연 그대로의 편견 없는 이성에 의해 판단하고, 미신이나 잘못된 종교의 기만적인 해석에 구애되지 않는다면, 절대로 수용되지 않을 것이다. 독신, 단식, 참회, 금욕, 극기, 겸손, 침묵, 고독 및 일련의 수도승이 가진 덕 전체가 어디에서나 양식 있는 사람들에 의해 거부되는 것은 그런 덕들이 전혀 도움이 되지 않기 때문이다. 즉 사람들의 부를 이 세상에서 늘릴 수 없기 때문이 아니면, 그를 사회의 더 가치 있는 구성원으로 만들지 못하기 때문이 아니면, 손님의 접대에 필요한 성질을 그에게 주지 못하기 때문이 아니면, 그 혼자 즐기는 힘을 증강시킬 수 없기 때문이 아니면 무엇 때문일까? 오히려 우리는 그 덕들이 이런 바람직한 목적 모두를 방해하고, 지성을 마비시키며, 마음을 완고하게 하고, 공상의 힘을 흐리게 하며, 기질을 비뚤어지게 한다는 것을 보게 된다. 따라서 우리는 당연히 그것들을 반대쪽의 난(欄)에 옮겨 악덕의 목록에 집어넣어야 한다. 어떤 미신도 세상 물정에 밝은 사람들 사이에 이러한 자연적 감정들을 완전히 전도할 만큼의 힘을 가지고 있지 못하다. 음침하고 어리석은 광신자는 죽은 후 달력에 실릴 수도 있지만, 생전에는 그 자신만큼이나 광기 있고 황량한 사람들에 의한 것 외에는 거의 친밀한 교제

6 〈그라티안(Gratian)은 12세기 사람으로 교회법(canon law)의 기초를 구성하고 있는 저작 『원리(*Decretum*)』의 저자다.〉

7 〈가스티글리온(Castiglione, 1478~1529)은 이탈리아의 외교관이자 작가다.〉

나 사교의 교제에 들어가는 것이 거의 허용되지 않을 것이다.

현재의 이론에서는 인간 본성의 일반적인 자비심 또는 자기애의 **정도**에 관한 통속적 논쟁에 들어가지 않는 것이 적절한 듯하다. 이 논쟁은 참여하는 사람들이 쉽게 납득하지 못하기 때문에, 그리고 둘 중 어느 쪽이든 그쪽에서 제시될 수 있는 현상이 너무나 잡다하고 불확실하며 너무 많은 해석이 주어지기 쉬우므로 그것들을 정확하게 비교하거나 그것들에서 일정한 추론이나 결론을 도출하는 일이 거의 가능하지 않기 때문에 그 논쟁에는 어떤 성과를 낼 가망성이 절대로 없다. 우리의 현재 목적을 위해 우리의 가슴속에 아무리 작아도 약간의 자비심이 주입되어 있다는 것, 인류에 대한 약간의 우애의 반짝임이 있다는 것, 우리의 마음 안에 늑대와 뱀의 요소들과 함께 약간의 비둘기 입자가 섞여 있다는 것이 인정된다면, 비록 이런 논의가 분명히 가장 어리석은 일이긴 하지만 그것으로 충분하다. 이러한 고매한 감정들이 매우 약하다고 가정해보자. 그것들이 우리 신체의 한 손이나 한 손가락조차 움직이는 데 불충분하다고 가정해보자. 그래도 그러한 감정들은 여전히 우리 마음의 결정을 지도하고, 다른 모든 것이 같다면, 인류에게 유용하고 편리한 것을 해롭고 위험한 것보다 반드시 냉정하게 선택한다. 그러므로 **도덕적 구별**은 곧바로 생겨난다. 비난과 시인의 일반적 감정, 즉 아무리 미약하더라도 한쪽 대상을 향하는 경향과 이에 비례하여 다른 쪽 대상에 대한 혐오가 그것이다. 인류에게는 이기심이 우월하다는 것을 매우 열심히 주장하는 논자들도 우리의 본성에는 약한 덕의 감정이 심겨 있다는 것을 듣고는 절대로 분개하지 않는다. 오히려 그들은 이기심의 교의뿐 아니라 덕의 교의도 기꺼이 주장하는 것으로 판단된다. 그리고 그들의 풍자 정신(그런 이유로 그것은 타락이라기보다 오히려 풍자 정신으로 보인다)이 자연스럽게 양쪽의 의견을 형성하며, 이런 양쪽 의견은 사실상 강력하게 그리고 거의 분리될 수 없을 만큼 서로 결합해 있다.

탐욕, 야심, 허영, 그리고 부적절하기는 하지만 통속적으로 **자기애**의 이름 아래 들어 있는 모든 정념은 여기서는 도덕의 기원에 관한 우리의 이론에서 제외된다. 그것은 이와 같은 것들이 너무 약하기 때문이 아니라 그 목적에 적합한 방향을 가리키지 않기 때문이다. 도덕의 개념은 모든 인류에게 공통적인 어떤 감정을 포함하며, 이 감정이 같은 대상을 일반적으로 시인하도록 추천하고, 모든 사람 또는 대부분 사람을 그 대상에 관한 같은 의견이나 결정에 동의하도록 만든다. 또한 그 개념은 모든 인류에게 미칠 만큼 보편적이고 포괄적인 어떤 감정을 포함하며, 따라서 가장 관계가 약한 사람의 행위나 행동까지도 확립된 올바른 행위의 규칙에 일치하는가 그렇지 않은가에 따라 칭찬이나 질책의 대상으로 삼는다. 이 두 필요한 사정은 여기서 주장되는 인간성의 감정에만 속해 있다. 다른 정념들은 모든 사람의 마음속에 욕망과 혐오, 애정과 증오라는 많은 강한 감정들을 낳는다. 그러나 이러한 정념들은 비난이나 시인에 관한 어떤 일반적인 체계와 확고한 이론의 기초가 될 정도로 공통되게 느껴지지 않으며, 또한 포괄적이지도 않다.

어떤 사람이 다른 사람을 자신의 **적, 경쟁상대, 반대자, 적수**라고 칭할 때, 그는 자기애의 언어를 말하고, 자신에게 특유한 그리고 자신의 특수한 사정과 정황에서 생겨나는 감정들을 표현하는 것으로 이해된다. 그러나 그가 누군가에게 **사악한**(vicious) 또는 **가증한**(odious) 또는 **타락한**(depraved) 등의 형용사를 부여할 때, 그는 다른 언어를 말하고 있으며, 그의 이야기를 듣는 모든 청중이 자신과 의견을 같이하기를 기대하는 감정들을 표명한다. 따라서 그는 이 경우 자신의 개인적이고 특수한 정황을 떠나서 자신과 다른 사람들에게 공통적인 어떤 시각을 선택하고 있음에 틀림없다. 그는 인간 구조의 어떤 보편적인 원리를 움직여서 전 인류가 그것에 대해 일치하고 공감하는 심정을 건드리고 있음에 틀림없다. 따라서 만약 그에게 이 사람은 사회에 해로운 경향을 가지는 성질들을 소유하고 있다는 것을 표현할 의도가 있다면, 그는 이 공통의 시각을 선택하며, 모든 사람이 어느 정도 일치하는 인간성의 원리를 언급한 것이다. 인간의 마음이 현재와 같은 요소들로 조직되어 있는 한 그것은 공공의 선에 완전히 무관심할 수 없을 것이며, 성격과 예의범절의 성향에 전혀 영향을 받지 않을 수는 없을 것이다. 그리고 인간성의 이러한 정서는 비록 허영심이나 야심만큼 강력한 것으로 여겨지지 않을는지도 모르지만, 모든 사람에게 공통적이기 때문에 그것만이 도덕의 기초, 즉 비난하고 칭찬하는 어떤 일반적 체계의 기초가 될 수 있다. 어떤 사람의 야심은 다른 사람의 야심이 아니다. 또한 똑같은 사건이나 대상이 두 사람 모두를 모두 만족시키지는 못할 것이다. 그러나 어떤 한 사람의 인간성은 모든 사람의 인간성이며, 같은 대상이 모든 인간에게 존재하는 정념을 건드리는 것이다.

그러나 인간성에서 생겨나는 감정들은 모든 인간에게 하나같고, 똑같은 시인이나 질책을 낳을 뿐만 아니라 모든 인간을 포괄한다. 즉, 누군가의 행동이나 성격이 결코 모든 사람의 질책이나 시인의 대상이 될 수 없는 그런 사람은 존재하지 않는다. 이에 반해 통상 이기적이라고 칭해지는 다른 정념들은 각 개인에게서 그의 특수한 정황에 따라 다른 감정들을 낳고, 또한 인류의 대부분을 매우 무관심하고 냉정하게 바라본다. 나를 크게 존경하고 경의를 표하는 사람은 누구든지 나의 허영심을 만족시킨다. 경멸을 표현하는 누구든지 나에게 상처를 주고 나를 불쾌하게 한다. 그러나 내 이름은 인류의 극히 일부에게만 알려져 있으므로 이 정념의 대상이 되는 영역 안에 들어오는 사람, 즉 그것 때문에 나의 애정이나 혐오를 일으키는 사람은 거의 없다. 그러나 여러분이 세계의 어떤 나라나 어떤 시대에서든 폭력적이거나 거만하거나 야만적인 처신을 보여준다면, 나는 곧바로 그와 같은 행동의 해로운 경향에 눈을 돌리고, 그것에 대한 혐오와 불쾌의 감정을 느낀다. 이런 관점에서 본다면 어떤 성격이라도 나로서는 아무래도 좋을 만큼 완전히 무관심하게 바라볼 수는 없다. 사회나 당사자 자신에게 유익한 것이 언제나 선택되리라는 것은 틀림없다. 그리고 모든 인간의 모든 성질이나 행위는 이렇게 해서 일반적인 질책이나 칭찬을 표시하는 어떤 부류나 명칭 아래 분류되고 있음에 틀림없다.

그러므로 인간성에 의존하는 감정을 어떤 다른 정념과 결합해 있는 감정과 구별하기 위해, 또는 전자는 왜 도덕의 기원이 되지만 후자는 그렇지 않은지 그 이유를 우리에게 납득시키기 위해 우리가 그 이상 물을 수 있는 게 무엇이 있을까? 나의 인간성을 건드림으로써 나의 시인을 얻는 행동은 무엇이든 그것들 안에 있는 똑같은 원리에 영향을 끼침으로써 전 인류의 칭찬까지 얻게 된다. 그러나 나의 탐욕이나 야심에 봉사하는 것은 나 한 사람 안에 있는 이러한 정념들을 만족시키지만, 다른 사람들의 탐욕과 야심에는 영향을 끼치지 않는다. 누구의 행동에서든 만약 그것에 유익한 경향이 있다면, 설령 그 인물과의 관계가 아무리 희미하다 하더라도 나의 인간성에 유쾌하지 않은 사정은 존재하지 않는다. 그러나 나의 탐욕과 야심에 방해도 되지 않고 도움도 되지 않을 만큼 소원한 사람은 모두 이러한 정념들에 의해 완전히 대수롭지 않게 여겨진다. 그러므로 이러한 두 종류의 감정 구별은 너무 크고 명료하므로 언어가 곧 그 구별에 따라 형성됨에 틀림없으며, 인간성에서 또는 일반적 유용성과 그 반대의 관점에서 생겨나는 이러한 보편적인 질책이나 시인의 감정들을 표현하기 위해 특정한 한 묶음의 용어들을 고안했음에 틀림없다. 그래서 **덕**과 **악덕**은 알려지게 되고, 도덕이 인식되며, 인간의 행동과 처신에 관해 어떤 일반적인 관념들이 형성된다. 사람들은 그러그러한 정황에서 그러그러한 조처가 취해지도록 기대한다. 이 행위는 우리의 추상적 규칙과 일치하며, 다른 행위는 그 규칙과 일치하지 않는다고 결정된다. 그리고 그러한 보편적 원리들에 의해 자기애의 특수한 감정은 종종 억제되고 제한된다.*

* 조야하고 배우지 못한 야만인이 자신의 사랑과 증오를 주로 개인적인 효용성과 손해의 관념으로써 규정하고, 처신의 일반적인 규칙이나 체계에 관해서는 미약한 개념밖에 가지지 못하는 것은 이성과 경험 둘 다에 비추어볼 때 확실한 듯 보인다. 그는 전투에서 자신과 대적하고 있는 사람을 마음에서부터 증오한다. 현재의 순간에서뿐 아니라 — 이것은 거의 불가피한 일이다 — 영구적으로 그렇게 증오한다. 그리고 가장 극단적인 처벌과 복수가 이루어지지 않으면 만족하지 않는다. 그러나 우리는 사회에, 그리고 더 확대된 반성에 익숙해져 있으므로 이 남자는 그 자신의 나라와 공동체를 위해 봉사한다는 것이고, 누구든 같은 정황에 놓여 있다면 같은 일을 할 것이라고, 우리 자신도 똑같은 사정에서는 똑같은 행동을 할 것이라고, 일반적으로 인간 사회는 이러한 원칙 위에서 가

장 잘 유지된다고 생각한다. 그리고 우리는 이러한 가정과 견해에 비추어서 어느 정도 우리의 더 조야하고 더 좁은 정념을 교정한다. 그리고 우리의 우정과 적의(敵意) 중 많은 부분은 여전히 이익과 손해에 관한 개인적인 고려에 따라 규정됨에도 우리는 우리가 존중하는 데 익숙해져 있는 일반 규칙에 대해 적어도 다음과 같은 방식으로, 즉 자기애와 개인의 이익에서 생겨나는 정념들에 배출구를 제공하기 위해 통상 우리의 악의나 불법을 적의 탓으로 돌림으로써 적의 행동을 곡해하는 방식으로 경의를 표한다. 마음이 분노로 차 있을 때는 이런 종류의 구실을 만들기에 절대 부족하지 않다. 비록 쓰러지는 나무에 의해 하마터면 깔릴 뻔한 호라티우스가 최초로 그것을 심은 사람을 근친자 살인으로 고발하려고 할 때 사용한 구실 같은 하찮은 것도 때로는 있지만 말이다.

민중의 폭동, 소란, 내분, 공포 및 다수와 공유하는 모든 정념의 사례로부터 우리는 어떤 정서든 그것을 유발하고 지속시킬 때도 사회의 영향력이 크다는 것을 배울 수 있다. 그러는 사이에 우리는 가장 미약하고 하잘것없는 유인에서부터 그것의 영향력에 의해 매우 다루기 힘든 혼란이 일어난다는 것을 발견하게 된다. 내란 때 어느 편에도 가담하지 않았던 사람을 처벌한 솔론[8]은 아마 불공정한 입법자였겠지만, 그다지 잔학하지는 않았다. 내 생각에 그 경우 그런 형벌을 받은 사람은, 만약 그들의 정서나 논의가 그들을 무죄로 하기에 충분하다고 인정되었을 경우, 거의 없었을 것이다. 어떤 이기심도, 거의 어떤 철학도

---

8 〈솔론(Solon, 기원전 638년경~559년경)은 아테네의 정치가, 입법자, 시인이다. 그리스의 일곱 현인 가운데 한 사람이기도 하다.〉

완전한 냉담과 무관심을 유지할 만큼의 힘을 가지지는 못한다. 그리고 정념의 불꽃이 통상의 높이까지 타오르지 않은 사람은 인간 이상이거나 인간 이하임에 틀림없다. 그렇다면 도덕적 감정은 언뜻 보기에 다소 약하고 섬세하게 보일 수 있는 원리들에서 출발했음에도 인생에서 매우 큰 영향력을 가진다는 것이 발견된다고 해서 놀랄 일이 무엇이겠는가? 그러나 우리는 이러한 원리들이 사회적이며 보편적이라는 점에 주목해야 한다. 그 원리들은 인류 공통의 적인 악덕이나 무질서에 대항해서 인류의 **당**(party)을 형성한다. 그리고 다른 사람에 대한 크고 작은 정도의 자비적 관심은 모든 인간에게 두루 퍼져나가며, 모든 인간에서 동일하기 때문에 비교적 자주 담화 중에서 나타나며, 사교와 대화를 통해 길러진다. 그 관심에 뒤이어 생겨나는 비난과 시인은 고독하고 미개한 자연에서는 아마도 무기력하게 잠들고 있었겠지만, 저러한 과정을 거침으로써 그런 잠에서 깨어나게 된다. 다른 정념들은 아마도 본래는 더 강한 것이었겠지만, 이기적이고 개인적이기 때문에 종종 자비심의 힘에 압도되고, 우리 마음의 지배권을 그러한 사회적이며 공공적인 원리들에게 넘겨준다.

우리의 자질 중에서 도덕적 감정에 대해 커다란 힘을 부여하는 다른 원동력은 명성에 대한 사랑이다. 그것은 매우 억제되기 어려운 권위를 가지고서 모든 고매한 마음을 지배하며, 가끔 그들의 모든 계획이나 사업의 주요 목적이 된다. 우리는 평판, 명성, 세간의 신망을 끊임없이 그리고 열심히 추구함으로써 우리 자신의 태도와 행동을 종종 돌아보고, 그것들이 우리에게 접근하여 우리를 주목하는 사람들의 눈에 어떻게 비칠지를 고려한다. 말하자면 이러한 반성에서 우리 자신을 늘 점검하는 이러한 습관은 옳고 그름의 모든 감정을 잃지 않도록 유지하고, 고결한 사람들 안에 다른 사람에 대해서뿐 아니라 자신에 대해서도 어떤 종류의 존경심을 낳는다. 이것은 모든 덕의 가장 확실한 보호자다. 육체적인 편의와 쾌락은 그 가치가 서서히 떨어진다. 모든 내면적 아름다움과 도덕적인 우아함은 열심히 습득되고, 그리고 마음은 이성적 창조물을 꾸미고 장식할 수 있는 모든 완전성에 도달하게 된다.

여기에서 우리가 아는 가장 완전한 도덕성이 존재하고, 여기서 많은 공감의 힘이 나타난다. 우리의 도덕적 감정은 그 자체가 주로 그런 성질의 감정이다. 그리고 우리가 다른 사람의 평판을 고려하는 것은 우리 자신의 평판을 유지하려는 배려에서만 생겨나는 듯이 보인다. 그리고 이런 목적에 도달하기 위해 우리는 인류의 해당하는 시인에 우리의 불안정한 판단을 지원하는 일이 필요하다고 생각한다.

그러나 문제를 조정하고 가능한 한 보든 어려움을 제거하면, 지금까지의 추론이 모조리 오류였음을 우리가 인정한다고 해보자. 우리가 효용성을 목격함으로써 생겨나는 쾌락을 인간성와 공감의 감정들로 환원할 때, 우리는 잘못된 가설을 채용했음을 인정한다고 해보자. 무생물인지 생물인지, 아니면 이성적인지 관계없이 대상들이 인류의 행복과 이익을 촉진하는 경향이 있는 경우에는 그것들에 대해 표하는 칭찬에 관해 어떤 다른 해석을 발견할 필요가 있음을 인정한다고 해보자. 어떤 목적 자체는 완전히 무관심한데도 그 목적을 향한 경향이 있다는 이유로 어떤 대상을 시인한다는 점이 아무리 생각되기 어렵더라도 이러한 불합리를 그대로 받아들이고, 어떤 귀결이 나오는지를 고려해보자. 앞에서 말한 **인물의 가치**에 관한[9] 묘사 또는 정의는 여전히 자

9 [G-N판에는 '덕에 관한'으로 나와 있다.]

신의 명증성과 권위를 보유하고 있음에 틀림없다. **자기 자신**이나 **다른 사람들**에게 유용하거나 유쾌한 모든 심적 성질은 관찰자에게 쾌락을 전달하고, 그의 경의를 끌어내며, 덕 또는 가치라는 명예로운 명칭 아래 들어오게 된다. 정의, 충실, 명예, 충성, 정절은 오로지 그것들이 사회의 선을 촉진하는 경향이 있으므로 존중되는 것은 아닐까? 이 경향성은 인간성, 자비심, 관대함, 아량, 감사, 절제, 친절, 우정 및 그 밖의 모든 사회적 덕과 분리될 수 없는 것은 아닐까? 근면, 분별, 절약, 무거운 입, 질서, 인내, 선견(先見), 판단력 및 많은 쪽수로도 그 목록을 다 포함하지 못하는 이런 종류의 덕과 재능의 전체 부류가 그것을 소유한 사람의 이익이나 행복을 촉진하는 이러한 성질들의 경향성을 그 가치의 유일한 기초로 하고 있음을 도대체 누가 의심할 수 있을까? 끊임없는 평온과 쾌활을 유지하는 마음, 고귀한 권위와 불굴의 정신, 주위의 모든 사람에 대한 부드러운 정서와 호의는 근심에 빠지고, 불안에 괴로워하며, 분노에 속이 타고, 또는 가장 비참한 천박과 퇴폐에 빠지는 것보다 그 자신 안에서 더 많은 즐거움을 가지기 때문에 보는 사람을 더 활기차게 만들고 더 기쁘게 만든다는 것에 누가 반론을 펼 수 있을까? 그리고 직접 **다른 사람**에게 **유쾌한** 성질들에 관해 말한다면, 그 자체로 충분히 분명하다. 해학적인 재치나 넘쳐나는 붙임성, 말투와 언행의 섬세한 겸손이나 단정한 고상함의 매력을 한 번도 감지하지 못한 사람은 자신의 기질에서나 자신의 정황과 교제에서 사실상 불행할 수밖에 없다.

어떤 문제에 대해서도 단정적이거나 독단적인 것보다 더 비철학적인 것은 있을 수 없고, 심지어 **과격한** 회의론이 주장될 수 있더라도 그것은 모든 올바른 추론과 탐구에서 그 이상으로 더 파괴적이지는 못할 것이라는 점을 나는 잘 알고 있다. 사람들이 가장 자신 있어 하고 오만한 경우 그들은 통상 가장 크게 실수를 범하고, 이때 유일하게 최대의 불합리에서 그들을 보호할 수 있는 적절한 숙고와 판단중지가 없다면, 그들은 정념에 지배권을 넘겨버리고 만다고 나는 확신한다. 그러나 이러한 열거는 문제를 매우 명료하게 만들기 때문에 인물의 가치는 전적으로 여러 성질이 그것들을 소유하는 당사자나 그와 교제를 하고 있는 다른 사람들에게 유용하거나 유쾌한 것에서 존립한다는 진리가, 내가 추론이나 논의에서 배우게 되는 어떤 진리보다 **지금**으로서는 더 확실성을 가진다는 점을 나는 인정해야 한다. 지구의 용적이나 형태가 측정되었고 그 모습이 드러났지만 또한 조수(潮水)의 운동이 설명되며, 천체의 질서와 배치가 그것들에 고유한 법칙에 종속되고 **무한** 자체가 계산될 수 있지만, 그래도 사람들은 여전히 그들의 도덕적 의무의 기초에 관해 논쟁을 한다. 내가 이 점을 반성할 때, 나는 주눅이 들어 회의적인 생각으로 후퇴하게 되어, 이렇게 명백한 가설이 만약 진리였더라면 그 가설은 오늘날까지 줄곧 인류가 이구동성으로 찬성하고 동의하여 승인되지 않았을까 생각해본다.

제2절

가치나 덕을 수반하는 도덕적 **시인**을 설명했기 때문에[10] 이제는 단지 간단하게 그것에 대한 우리의 이해관계에 기초한 **책무**(obligation)

10 [G판에는 이 대목이 없다.]

를 고찰하고, 자신의 행복과 복리를 조금이라도 고려하는 모든 사람은 모든 도덕적 의무의 실천에서부터 가장 이득을 얻는 것은 아닐까를 연구하는 것 말고는 어떤 것도 남아 있는 게 없다. 만약 이 점을 위에서 상술한 이론에서 명료하게 확인할 수 있다면, 단순히 추론과 연구의 검증을 견뎌내리라 기대될 뿐만 아니라 사람들의 생활을 개선하고 그들의 도덕과 사회적 덕을 향상하는 데 기여할지도 모르는 진보된 원리를 우리가 가지게 되리라 생각한다면 우리로서는 만족스럽다. 그리고 어떤 명제의 철학적 진리도 결코 사회의 이익을 증진하게 하는 자신의 성향에 의존하는 것은 아니지만, 위험하고 해로운 실천으로 나아간다는 것을 자인하지 않을 수 없는 이론을 펴는 사람은 비록 그것이 진리일지라도 미움을 살 뿐이다. 주위에 해를 뿌리는 그러한 자연의 구석들을 무엇 때문에 들추어낼까? 무엇 때문에 역병을 그것이 묻혀 있는 구멍에서 파헤칠까? 여러분의 연구조사 능력은 감탄을 부를는지 모른다. 그러나 여러분의 학설은 몹시 기피될 것이다. 그리고 인류는 만약 그 학설들을 반박할 수 없다면, 그것들을 적어도 영원한 침묵과 망각 속으로 가라앉히는 데 동의할 것이다. 사회에 **해로운** 진리는 그것이 존재하더라도 건전하고 **유리한** 오류에 굴복할 것이다.

그러나 어떠한 철학적 진리들이 여기서 언급된 것, 즉 덕을 그녀의[덕의] 순수하고 가장 사람을 끄는 매력을 가지고서 묘사하고, 우리를 안심과 친밀감과 애정을 가지고서 그녀에게 접근시키는 것보다 사회에 더 유리할 수 있겠는가? 많은 신학자와 일부 철학자들이 그녀에게 입혔던 음산한 옷은 떨어지고, 온화, 인간성, 자비심, 붙임성 좋음만이 나타나고, 아니 심지어 어떤 적당한 시간 간격을 두고서 놀이, 장난, 환락도 나타난다. 그녀는 쓸모없는 준엄과 엄격, 고뇌와 자기부정에 관해서는 말하지 않는다. 그녀는 자신의 유일한 목적이 자신의 신봉자와 전 인류를 그들이 존재하는 모든 순간에 가능한 한 즐겁고 행복하게 하는 것이라고 말한다. 또 그녀는 어떤 쾌락도 그들 생애의 언젠가 다른 시기에 충분한 보상이 이루어진다는 희망이 없는 한 기꺼이 내놓는 일은 절대로 하지 않는다. 그녀가 요구하는 유일한 노고는 더 큰 행복의 정확한 계산과 견실한 선택이다. 그리고 만약 즐거움과 쾌락의 적들인 자칭 준엄한 도덕가 중 누군가가 그녀에게 접근하면, 그녀는 그들을 위선자나 기만자로서 물리치거나, 또는 설령 그녀가 그들을 자신의 시종 안에 포함시킨다 하더라도 그들은 그녀의 신자 중에서 가장 기억되지 않는 자 사이에 늘어서게 된다.

그리고 실제로 모든 비유적인 표현을 생략한다면, 우리는 준엄과 엄격으로 충만해 있다고 자인하는 그런 실천에 인류를 끌어들이고서 그것에 대해 무슨 희망을 가질 수 있겠는가? 또는 도덕의 이론은 그것이 추천하는 모든 의무가 또한 각 개인의 참된 이익이라는 사실을 개개의 세목에 따라 보여줄 수 없다면, 도대체 어떤 유용한 목적에 도움이 될 수 있을까? 상술한 학설의 특히 유리한 점은 그것이 유용한 목적을 위한 적절한 수단을 제공하는 데 있다고 본다.

그것들을 소유한 사람에게 직접적으로 유용한 또는 유쾌한 덕들은 자기 이익의 관점에서 바람직하다는 것을 증명하는 것은 분명히 불필요한 일일 것이다. 도덕가들은 가끔 이러한 의무들을 추천하기 위해 애쓰지만, 거기에 들이는 모든 수고는 실은 전혀 하지 않아도 좋은 것이다. 과도한 쾌락이 해롭기 때문에 과도한 것으로 불린다는 것을 생각하면, 절제는 유익하고 과도한 쾌락은 해롭다는 것을 증명하는 논증을 수집하는 것이 무슨 소용이 있을까? 예를 들어 독한 술을 무한히 마시는 것이 공기나 물의 사용과 마찬가지로 건강이나 심신의 기능을 손상하지 않는다면, 그것은 공기나 물의 사용에 비해 조금도 더 사악하다거나 더 비난받을 일은 아닐 것이다.

마찬가지로 예의범절과 기지, 예절과 품위의 **사교적인** 덕들이 그 반대의 성질들보다 더 바람직하다는 것을 증명하는 것도 불필요하다고 생각된다. 다른 것은 전혀 고려하지 않고 허영심만 고려하더라도 허영심은 우리에게 이러한 재능들을 소유하고 싶다고 원하게 만드는 충분한 동기가 된다. 일찍이 누구도 이 점에서 부족한 것을 기뻐하는 사람은 없었다. 이 경우 우리의 모든 부족은 나쁜 교육, 능력의 결여, 또는 비뚤어지고 심술궂은 기질에 기인한다. 여러분은 동료가 자신을 미워하고, 경멸하며, 회피하기보다는 자신을 부러워하고, 감탄하고, 추종하기를 바라지 않겠는가? 그런 [뻔한] 일에 관해 진지하게 숙려하는 사람이 도대체 있을까? 동료 및 사회와 어느 정도 관계를 맺지 않고서는 어떤 향락도 진실한 것이 아니기 때문에 어떤 사람이 자신의 존재가 환영받고 있지 못하다고 느끼고, 주위의 모든 사람이 그를 싫어하고 혐오하는 징후를 발견하는 경우, 그는 그런 사회가 결코 즐거울 수 없고, 심지어 그런 사회를 견뎌내기 어려울 것이다.

그러나 인류의 더 큰 사회나 연합체에서의 사정이 개별 클럽이나 동료의 경우와 같아서는 안 될 이유가 무엇인가? 인간성, 관대, 자비라는 넓은 범위의 덕이 행복과 자기 이익의 견지에서 볼 때 바람직하다는 것을 재주나 공손함 같은 좁은 범위의 자질이 그런 측면에서 바람직하다는 것보다 더 의심해야 할 이유가 있겠는가? 우리는 이러한 사회적 정서들이 어떤 다른 추구보다 한층 크고, 한층 직접적으로 개인적 효용성에 저축되며, 명예와 이득의 어떤 중대한 희생을 치르지 않고서는 충족될 수 없지는 않을까 두려워하는가? 그렇다면 그것은 우리가 인간의 정념의 성질에 대해 충분히 교육을 받지 않았을 뿐이기 때문이며, 실제의 차이보다 언어상의 구별에 의해 더 영향을 받고 있기 때문이다.

통속적으로는 **이기적** 감정 또는 기질과 **사회적** 그것들 사이에 어떠한 모순이 가정되더라도 실제로 그것들은 이기적과 야심적, 이기적과 증오적, 이기적과 허영적과 마찬가지로 대립이 아니다. 자기애에는 그것이 추구하는 목적에 풍미를 더함으로써 그것의 기초가 되기 위한 어떤 종류의 근원적 경향(original propensity)의 존재가 필요하다. 그리고 자비심이나 인간성 이상으로 이 목적에 적합한 것은 없다. 재물은 하나 또는 다른 욕구의 만족을 위해 쓰인다. 매년 수입을 축적하고, 그것을 이자를 붙여 빌려주는 수전노는 사실 자신의 탐욕을 만족시키기 위해 그것을 소비했다. 그리고 누군가가 가장 정교한 이기주의에 의해 얻을 수 있는 최대가 어떤 정서의 충족이기 때문에 그가 다른 어떤 지출 방법보다 관대한 행동으로 더 큰 손실자가 되는 이유를 보여주는 것은 어려울 것이다.

그런데 정념 없는 인생이 완전히 김빠지고 지루한 것이 틀림없다면, 누군가가 자신의 기질을 형성하는 완벽한 능력이 자신에게 있다고 그에게 상상하게 해보자. 그리고 어떤 욕구나 욕망을 자신의 행복과 향락의 기초로 선택할 것인가를 그에게 곰곰이 생각하게 해보자. 모든 정서는 성공에 의해 충족될 때 그 정서의 힘과 격렬함에 비례해서 만족을 준다는 점을 관찰할 것이다. 그러나 모든 정서에 공통되는 이러한 이점에 추가해서 자비심과 우정, 인간성과 친절의 직접적인 느낌은 모든 운명이나 우연과 관계없이 달콤하고 부드러우며 민감하고 유쾌하다. 그 외에 이러한 덕들은 유쾌한 의식 또는 기억을 동반하며, 우리를 다른 사람에 대해서뿐 아니라 자신에 대해서도 좋은 기분을 유지하도록 만든다. 그러는 가운데 우리는 인류 및 사회에 대해 우리의 역할을 했다는 유쾌한 반성을 유지하게 된다. 그리고 모든 인간은 탐욕이나 야심의 추구에서 우리의 성공에는 질투를 표시하지만, 우리가 덕의 길을 견지하고 고매한 계획과 목적을 수행하는 한 그들이 호의와 선의의 바람을 가지고 있다고 우리는 확신한다. 유쾌한 감정, 상쾌한 의식, 좋은 평판 등 이만큼 많은 이점의 결합이 발견될 수 있는 정념은 또 무엇이 있을까? 그러나 우리는 사람들이 이러한 진리들에 관해 스스로 상당히 확신하고 있으며, 그들이 사회에 대한 의무에서 부족한 경우 그것은 그들이 관대하고, 우정이 있으며, 인정이 많기를 원하지 않기 때문이 아니라 그들 스스로 부족하다고 느끼지 못하기 때문이라는 것을 관찰할 수 있을 것이다.

악덕을 가장 공평하게 다루고, 그것에 대해 할 수 있는 모든 양보를 하더라도 우리는 어떤 사례에서도 개인 이익의 관점에서 볼 때, 덕보다 악덕을 선택할 최소한의 구실도 존재하지 않는다는 점을 인정해야 한다. 아마 예외적으로 정의의 경우에는 어떤 견해에서 보면 사람은 가끔 자신의 성실성에 의해 손실자가 되는 것처럼 보인다. 그리고 소유권에 대한 존중 없이는 어떤 사회도 존속할 수 없다는 점이 인정되지만, 인간의 사건들이 행해지는 불완전한 방법에 따라 영리한 악당은 개별 사건들에서 불공정 또는 배신적 행위가 사회적 통합과 연합에 아무런 중대한 균열을 일으키지 않고서도 자신의 재산을 상당히 증가시킬 것이라고 생각할지도 모른다. **정직이 최선의 정책**(honesty is the best policy)이라는 것은 훌륭한 일반적 규칙이겠지만, 많은 예외를 면할 수 없다. 또한 일반적인 규칙을 준수하고 모든 예외의 이점을 취하는 사람이야말로 가장 지혜롭게 처신하면서 행동하는 사람이라고 생각될 수도 있다.

설령 이 추론에는 대답할 필요가 크다고 생각하는 사람이 있다 하더라도 그를 만족시키고, 납득시킬 것으로 보이는 것이 무엇인지 찾아내기가 조금 어려울 것이라는 점을 인정해야 한다. 만약 그의 마음이 이러한 해로운 처세법에 반대하는 것이 아니라면, 만약 그가 사악하거나 비열한 사상에 마음이 내키지 않는다면, 실제로 그는 덕에 대한 상당한 동기를 상실해 있는 것이고, 우리는 그의 실천이 그의 생각에 상응하는 것이리라 예상할 수 있다. 그러나 모든 고결한 사람에게는 배반과 사기에 대한 반감이 매우 강하기 때문에 그것은 수입이나 금전상의 이익에 대한 어떤 전망으로도 상쇄될 수 없다. 마음의 내면적 평화, 청렴의 자각, 우리 자신의 행동을 돌이켜보면서 생겨나는 만족, 이것들은 행복에 매우 필요한 사정들이며, 그것들의 중요성을 느끼는 정직한 사람은 모두 그것들을 소중하게 여기고 기르려 할 것이다.

게다가 이런 사람은 악인들이 그들이 자부하는 모든 교활과 재능에도 그 자신의 처세법에 의해 배신당하는 것을 보고 종종 만족한다. 그리고 악인들은 적당히 눈치 채지 못하도록 속일 생각을 하는 동안 유혹적인 일들이 생기면, 의지가 약해져 함정에 빠지게 된다. 그리고 그들은 완전히 명성을 잃어버리고 인류에게 미래의 신용과 신뢰를 모두 상실하지 않고서는 거기에서 탈출할 수 없다.

그러나 설령 그가 들키지 않고 그래서 성공을 거둔다고 하더라도 정직한 사람은 만약 그에게 조금이라도 철학적인 면이 있다면, 아니 평범하게 관찰하고 반성하는 것만으로도 그들 자신이 결국 가장 얼뜨기이며, 무가치한 장난감과 싸구려 장신구를 얻기 위해 적어도 자신에 대한 평판이라는 가장 소중한 기쁨을 희생했다는 점을 깨닫게 될 것이다. 자연의 **필요**(necessities)를 만족시키기에 필요한 것은 얼마나 적은가? 그리고 **쾌락**이라는 관점에서 보면 대화, 사교, 면학, 심지어 건강이나 평범한 자연의 아름다움, 그러나 무엇보다 특히 자신의 행동에 대한 평화스러운 반성 등 돈으로는 살 수 없는 만족, 즉 이러한 것들과 사치와 낭비의 열병적이고 공허한 유흥이 무슨 비교가 되겠는가? 이러한 자연적 쾌락들은 실로 가격이 없는 것이다. 왜냐하면 이런 자연적 쾌락들은 자신들의 성취에서 모든 가격 아래에 있는 것이기 때문이기도 하고, 자신들의 즐거움에서 모든 가격을 넘어서 있는 것이기 때문이기도 하다.

[부록 1]

도덕적 감정에 관하여

만약 앞에서 언급한 가설이 받아들여지면, 처음에 착수된 도덕의 일반적 원리에 관한 문제[1]를 결정하는 일은 우리로서는 이제 쉬운 일이다. 그리고 그때는 도덕적 논의에 부적당한, 복잡한 사변에 우리가 말려들지 않도록 그 문제의 결정을 연기했지만, 여기서 우리는 그 문제를 다시 시작하여 **이성**이나 **감정** 중 어느 쪽이 칭찬이나 질책에 관한 모든 결정에 참여하고 있는지를 검토할 수 있을 것이다.

도덕적 칭찬의 한 가지 주요한 기초는 어떤 성질이나 행위의 유용성에 있다고 가정되기 때문에 **이성**이 이런 종류의 모든 결정에서 상당한 역할을 하리라는 것은 명백한 일이다. 이성의 능력 외의 어떤 것도 우리에게 여러 성질과 여러 행위의 경향을 가르치는 것은 없으며, 사회와 그 성질들의 소유자에게 주는 유익한 결과를 지적할 수 있는 것은 아무것도 없기 때문이다. 이것은 많은 경우에 크게 논란의 여지가 있는 사안이다. 그리고 이 경우 의심이 생겨나며, 이익의 대립이 일어날 수 있다. 또한 매우 정밀한 관찰과 효용성의 사소한 불균형에서부

1 [제1장 「도덕의 일반 원리에 관하여」]

터 한쪽을 선택할 것이 틀림없다. 이것은 정의와 관련된 문제들에서 실제로 이 덕[2]에 동반되는 효용성의 종류로부터 당연히 상상되는 것처럼 특히 주목할 만하다. 정의의 모든 개별적 사례가 자비심의 그것과 마찬가지로 사회에 유용하다면, 이것은 사례의 비교적 단순한 상태이며, 거의 큰 논란이 될 것 같지 않다. 그러나 정의의 개별적 사례는 그 사례의 최초의 경향과 직접적인 경향에서 가끔 해롭기에, 그리고 사회에서의 이득은 단지 일반적 규칙의 준수에만 귀결하고 여러 사람이 똑같은 공정한 행동에 대한 찬동과 협력에만 귀결하기에 이 경우 사례는 더 복잡하고 얽히게 된다. 사회의 사정은 다양하고, 어떤 실천의 결과도 다양하며, 제안된 이익도 다양하다. 이것들은 많은 경우 의문의 여지가 있으며, 크게 토론과 연구가 필요하다. 국내법의 목적은 정의에 관한 모든 문제를 확정하는 것이다. 민법학자의 토론, 정치인의 숙고, 역사의 선례와 공적인 기록은 모두 같은 목적을 향해 있다. 그리고 모호하거나 서로 대립하는 여러 효용성에서 생겨나는 복잡한 의혹들 가운데서 참된 결정을 내리기 위해서는 가끔 매우 정밀한 **이성**이나 **판단력**이 요구된다.

그러나 이성은 완전히 도움을 받고 개선이 이루어질 때는 여러 성질이나 행위들의 해롭거나 유용한 경향성을 우리에게 가르치기에 충분하지만, 이성 단독으로는 도덕적 비난이나 시인을 할 만큼 충분한 것은 아니다. 효용성은 단지 어떤 목적을 향한 경향성에 불과하다. 그리고 우리가 그 목적에 대해 완전히 무관심하다면, 그것의 수단에 대해서도 같은 무관심을 느낄 것이다. 여기서 해로운 경향성보다 유용한

2 [부록 3 「정의에 관한 몇 가지 추가 고찰」]

경향성을 선택하기 위해 **감정**의 표출이 필요하게 된다. 이 **감정**은 인류의 행복을 바라는 마음과 인류의 불행에 대한 분개 이외에 다른 것일 수 없다. 왜냐하면 이런 행복과 불행은 덕과 악덕이 조장하는 경향성을 가진 서로 다른 목적이기 때문이다. 그러므로 이 경우 **이성**은 우리에게 행위의 여러 경향성을 가르치고, **인간성**은 유용하고 유익한 것을 구별하면서 선택한다.

모든 도덕적 결정에서 지성과 감정의 능력 사이의 이러한 구별은 앞에서 말한 가설에서 명료하게 되는 것처럼 보인다. 그러나 이러한 가설이 오류라고 가정해보자. 그렇다면 만족스러운 다른 어떤 이론들을 찾는 일이 필요할 것이다. 그리고 감히 단언하지만, 이성을 도덕의 유일한 원천이라 가정하는 한 그러한 이론은 절대로 발견되지 않을 것이다. 이것을 증명하기 위해 다음의 다섯 가지 고려 사항들을 평가하는 것이 적절할 것이다.

1 오류가 있는 가설도 그것이 완전히 일반적인 것을 유지하고, 부정확한 용어들을 사용하며, 사례들 대신에 비유를 사용한다면, 어느 정도 진리의 외관을 유지하기 쉽다. 이러한 일은 모든 도덕적 구별을 식별하는 일을 감정의 협력 없이 오직 이성에게만 귀속시키는 철학에서 특히 현저하게 나타난다. 이 가설은 일반적인 강연이나 논설에서는 그럴듯한 모습을 보이긴 하지만, 개별적 사례에 관한 어떤 경우에도 심지어 이해조차 불가능하다. 예를 들어 **배은망덕**의 죄를 검토해보자. 그러한 일은 한편으로는 실행된 친절과 함께 표명되고 알려진 선의를, 다른 한편으로는 불친절 또는 태만과 함께 악의 또는 무관심의 답례를 인지할 때 반드시 일어난다. 이러한 사정들을 모두 해부하고, 여러분

의 이성만으로 과실이나 비난이 어디에 있는가를 검토해보자. 여러분은 결코 어떤 성과나 결론에 도달하지 못할 것이다.

이성은 **사실의 문제**(matter of fact)나 **관계**(relations) 중 어느 하나에 관해 판단한다. 그렇다면 먼저 우리가 여기서 죄라고 부르는 사실의 문제가 어디에 있는가를 연구하고, 그것을 지적하며, 그것이 있었던 때를 확정하고, 그것의 본질이나 본성을 서술하며, 어느 감각 또는 능력으로 그것이 드러나는지를 설명해보자. 그것은 은혜를 모르는 사람의 마음속에 머무른다. 그러므로 그는 분명히 그것을 느끼고, 그것을 의식한다. 그러나 거기에는 악의의 정념이나 절대적 무관심을 제외하고는 어떤 것도 없다. 여러분은 이것들을 그 자체로 언제나 그리고 모든 상황에서 죄라고 말할 수 없다. 아니 이것들은 이전에 우리에 대해 선의를 표명하고, 그것을 드러냈던 사람에게 향해진 경우에만 죄다. 따라서 우리는 배은망덕의 죄가 특수한 개별적인 **사실**이 아니라 복잡한 상황들에서 생겨나는 것이며, 그러한 상황들은 관찰자에게 목격될 때 그의 마음의 특수한 구조와 조직에 의해 비난의 **감정**을 일으킨다고 추론할 수 있다.

이 설명을 여러분은 오류라고 말한다. 사실상 죄는 우리가 이성에 의해 그것이 있다는 것을 확인하도록 하는 특수한 사실에서 존재하는 것은 아니지만, 우리가 이성에 의해 기하학이나 대수학의 진리를 발견하는 것과 같은 방식으로 이성에 의해 발견되는 어떤 **도덕적 관계**(moral relations)에서 존재한다고 이야기한다. 그러나 나는 여러분이 여기서 말하고 있는 관계란 무엇인가를 묻는다. 위에서 서술한 사례에서 나는 먼저 한 사람에게서 선의와 친절을, 그런 다음 다른 사람에게서 악의와 불친절을 본다. 이들 사이에는 **상반**(contrariety)의 관계가 있다.

죄는 그 관계 속에 있는가? 그러나 어떤 사람이 나에게 악의를 품었거나 불친절했다고, 그리고 그 대신에 나는 그에게 무관심했거나 그에게 친절했다고 가정해보자. 여기에서 같은 **상반**의 관계가 있다. 게다가 나의 행위는 가끔 크게 칭찬받을 만한 일이다. 이 문제를 여러분이 원하는 만큼 비틀고 돌려보아도 좋다. 여러분은 결코 도덕성을 관계 위에 놓을 수 없고, 감정의 결정에 의지할 수밖에 없다.

2+3은 10의 절반과 같다고 단정하는 경우, 나는 이 상등(相等) 관계를 완전히 이해한다. 만약 10이 두 부분으로 나뉜다면, 그 부분 중 하나가 다른 부분과 동수의 단위를 가진다면, 또한 만약 이러한 부분 중 어떤 것도 2+3에 비교된다면, 그것은 그 복합수와 동수의 단위를 포함한다고 나는 생각한다. 그러나 여러분이 그로부터 도덕적 관계와 비교한다면, 나는 여러분을 이해하는 데 완전히 어려움을 겪는다는 점을 인정하지 않을 수 없다. 도덕적 행위, 예를 들어 배은망덕 같은 죄는 복잡한 대상이다. 도덕성은 그 부분들의 상호관계에 존재하는가? 어떻게 해서? 어떤 방법에 따라서? 그 관계를 명시해보자. 여러분의 주장을 더 상세하고 더 명확하게 해보자. 그리하면 여러분은 쉽게 그것들의 잘못을 알아차릴 것이다.

아니, 도덕성은 행위들이 올바름의 규칙(the rule of right)에 대해 가지는 관계 속에 존재하고, 그러한 행위들은 그것들이 그 규칙과 일치하는가 일치하지 않는가에 따라 선이나 악으로 명명된다고 여러분은 이야기한다. 그렇다면 이 올바름의 규칙이란 무엇인가? 그것은 무엇에서 존재하는가? 그것은 어떻게 결정되는가? 여러분은 행위들의 도덕적 관계를 검토하는 이성에 의해서라고 말한다. 따라서 도덕적 관계는 행위와 규칙을 비교함으로써 결정된다. 그리고 그 규칙은 대상들의 도덕적 관계를 고려함으로써 결정된다. 이것은 훌륭한 추론이 아닌가?

여러분은 목소리를 높여서 말한다. 이 모든 것은 형이상학이다. 그것만으로 충분하다. 잘못된 것의 강한 추정을 주는 데 그 이상은 필요하지 않다고. 그래, 하고 나는 대답한다. 그 말대로 확실히 여기에는 형이상학이 있다. 그러나 형이상학은 결코 이해될 수 없고, 어떤 특수한 사례나 예증에도 적합하지 않은 난해한 가설을 제안하는 여러분의 편에 모두 있다. 우리가 채용하는 가설은 단순하다. 그것은 도덕성이 감정에 의해 결정된다고 주장한다. 그 가설은 덕을 **어떤 정신적 행위 또는 성질이라 하더라도 관찰자에게 유쾌한 시인의 감정을 부여하는 것**이라고 정의한다. 악덕을 그 반대라고 정의한다. 그러고 난 뒤 우리는 단순한 사실의 문제, 더 정확하게 말하면 어떤 행위들이 이러한 영향을 가지는지를 검토하는 쪽으로 진행한다. 우리는 이런 행위들이 일치하는 모든 상황을 고려하고, 그로부터 이러한 감정들에 관한 약간의 일반적인 관찰을 추출하고자 노력할 것이다. 만약 여러분이 이것을 형이상학이라 칭한다면, 그리고 여기서 난해한 어떤 것을 발견한다면, 여러분은 자신의 마음의 경향이 도덕과학에 적합하지 않다고 결론 내리면 그만이다.

2 어떤 사람이 언제든 자신의 행동에 관해 숙고하는(예를 들어 특별한 위급상황에서 형제를 돕는 것이 더 좋을지 아니면 은인을 돕는 것이 더 좋을지의 경우처럼) 경우, 그는 상위의 의무와 책무를 결정하기 위해 그 사람들의 모든 정황과 상태들과 함께 이들 각각의 관계를 고찰해야 한다. 또한 어떤 삼각형에서도 선분의 비율을 결정하기 위해서는 이 도형의 성질이나 그것의 여러 부분이 서로에 대해 갖는 관계를 검토할 필요가 있

다. 이 두 사례가 외견상 유사하지만, 근본적으로 양자 사이에는 극단의 차이가 존재한다. 삼각형이나 원에 관한 이론적인 연구자는 이러한 도형들의 각 부분에서 이미 알고 있는 주어진 몇몇 관계를 고찰하고, 그것에서부터 이것들에 의존하고 있는 몇 가지 알려지지 않은 관계를 추론한다. 그러나 도덕적 숙고에서 우리는 모든 대상과 그것들의 모든 상호관계를 미리 알지 않으면 안 된다. 그리고 전체의 비교에서부터 우리의 선택을 또는 시인을 결정하지 않으면 안 된다. 확인되어야 할 새로운 사실, 발견되어야 할 새로운 관계는 전혀 없다. 우리가 비난 또는 시인의 판단을 확정할 수 있기에 앞서서 그 사례에 관한 모든 정황이 우리에게 제시되어 있다고 가정된다. 만약 무언가 중대한 정황을 아직 알지 못하거나 그것이 의심스럽다면, 우리는 그것을 확실히 하기 위해 먼저 우리의 탐구나 지적인 능력들을 사용하지 않으면 안 되며 잠시 모든 도덕적 결정, 즉 감정을 중지하지 않으면 안 된다. 어떤 사람이 공격자인지 아닌지를 알지 못하는 동안 우리가 어떻게 그를 살해한 인물이 유죄인지 아니면 무죄인지를 결정할 수 있을까? 그러나 모든 정황, 모든 관계가 알려진 이후 지성은 더 작동할 여지가 없으며, 또한 자신을 적용할 수 있는 어떤 대상도 가지고 있지 않다. 그 후 잇따라 일어나는 시인 또는 비난은 판단력의 일이 아니라 심성(the heart)의 일이다. 그리고 그것은 사변적인 진술 또는 긍정이 아니라 활동적인 느낌 또는 감정이다. 지성에 관한 논의에서는 알려진 상황과 관계에서 어떤 새로운 미지의 것을 추론한다. 도덕적 결정에서 모든 상황과 관계는 이전에 알려지지 않으면 안 된다. 그리고 마음은 전체를 숙고하는 것에서부터 애정이나 혐오, 경의나 경멸, 시인이나 비난의 어떤 새로운 인상을 느낀다.

따라서 **사실**(fact)의 오류와 **올바른 행위**(right)의 오류 사이에 큰 차이, 즉 무엇 때문에 한쪽이 통상 죄인데 다른 쪽은 죄가 아닌가의 이유가 존재하게 된다. 오이디푸스[3]가 라이오스[4]를 죽였을 때 그는 그 관계에 대해 무지했으며, 죄가 없고 본의 아닌 정황으로부터 그가 저질렀던 행동에 관해 잘못된 의견을 가졌다. 그러나 네로(Nero)가 아그리피나[5]를 죽였을 때,[6] 그와 그 인물 사이의 모든 관계와 사실의 모든 정황은 이전에 그에게 알려졌다. 그러나 복수 또는 공포 또는 이익의 동기가 그의 잔인한 마음속에서 의무와 인간성의 감정을 압도했다. 그리고 우리가 그에 대해 혐오감 — 그 자신은 그것에 대해 잠깐 무감각해졌지만 — 을 표명한 것은 그가 알지 못한 어떤 관계를 우리가 알고 있기 때문이 아니라 우리 기질의 청렴성 때문에 그가 아첨과 극악한 죄를 장기간 고집함으로써 마비되어버렸던 것에 대한 반대의 감정을 우리가 느끼기 때문이다. 따라서 모든 도덕적 결정은 이러한 감정들 안에 존재하며, 어떤 종류의 관계를 발견하는 데서 존재하는 것이 아니다. 우리가 이런 종류의 어떤 결정을 하고 있다고 주장할 수 있으려면, 그전에 대상이나 행위의 측면에 대해 모든 것이 알려지고 확인되어야 한다. 우리 쪽에는 비난이나 시인에 대한 어떤 감정을 느끼는 것 이외에 아무것도 남아 있지 않다. 거기에서부터 우리는 그 행위를 범죄적

---

3 〈오이디푸스(Oedipus)는 부모와의 관계를 모르고서 아버지인 라이오스를 살해하고, 어머니 이오카스테(Jocasta)와 결혼한 테베(Thebes)의 왕이다. 진상을 알고는 자신의 눈을 찔러 맹인이 되고 말았다.〉

4 〈라이오스(Laius)는 테베의 왕이고, 오이디푸스의 아버지다.〉

5 〈아그리파나(Agrippina, 15~59)는 로마 황제 네로의 어머니다.〉

6 [그리스 전설에 의하면 오이디푸스는 어린 나이 이후 보지 못했던 자신의 아버지 라이오스를 죽였지만, 네로는 노예 신분에서 해방된 자유민을 고용하여 자신의 어머니 아그리피나를 죽였다.]

행위이거나 유덕한 행위라고 선언하는 것이다.

3 이 학설은 우리가 도덕적 아름다움을 많은 점에서 그것과 흡사한 자연적 아름다움과 비교해보면 더 분명해진다. 모든 자연적 아름다움이 의존하는 것은 여러 부분의 비율, 관계, 위치다. 그러나 그것에서부터 아름다움의 지각이 기하학의 문제들에서의 진리와 마찬가지로 전체적으로 관계의 지각에서 존재하며, 전적으로 지성이나 지성적 능력에 의해 성취된다고 추론하는 것은 불합리할 것이다. 모든 과학에서 우리의 마음은 알려진 관계에서 알려지지 않은 것을 고찰한다. 그러나 취미나 외적인 아름다움에 관한 모든 결정에서는 모든 관계가 미리 눈에 명료한 것이며, 그로부터 우리는 대상의 성질이나 우리 기관의 성격에 따라 만족이나 증오의 감정을 느끼게 된다.

에우클레이데스[7]는 원의 모든 성질을 완전히 설명했다. 그러나 어떤 명제에서도 그것의 아름다움에 관한 말은 전혀 나오지 않았다. 그 이유는 명백하다. 아름다움은 원의 성질이 아니다. 아름다움은 그 부분들이 하나의 공통점에서 똑같은 거리에 있는 선분의 어떤 부분에 놓여 있는 것이 아니다. 아름다움은 단지 그 도형이 정신에 산출하는 결과에 불과하다. 그리고 마음의 특이한 조직 또는 구조가 마음에 그러한 감정을 느끼도록 만든다. 여러분이 원의 중심에서 아름다움을 찾거나 여러분의 감각기관에 의해서건 수학적 추론에 의해서건 그 도형

7 〈에우클레이데스(Euclid)는 기원전 300년경의 인물로 알렉산드로스의 수학자다. 프톨레마이오스 1세 소테르의 부탁으로 최초의 대학이자 도서관, 박물관이라고 불리는 알렉산드리아 대학에서 활동했고, 당시 알려진 정수론 및 기하학을 체계적으로 정리한 『에우클레이데스의 원론』을 집대성한 업적을 가장 높게 평가받고 있다.〉

의 모든 특성 중에서 그것을 찾는 일은 헛된 일이다.

팔라다오[8]와 페로[9]가 기둥의 모든 부분과 균형을 설명했을 때, 그들의 말에 귀를 기울일 필요가 있다. 그들은 배내기, 소벽, 토대, 기둥, 작은 기둥, 처마도리에 대해 이야기한다. 그리고 이러한 부재(部材) 각각의 종류와 위치를 설명한다. 그러나 여러분이 그것의 아름다움의 종류와 위치를 묻는다면, 즉시 아름다움은 기둥의 부분 또는 부재 중 어딘가에 있는 것이 아니라 그 복잡한 형태가 그것들의 더 섬세한 감각에 대해 느낄 수 있는 지적인 정신에 제시될 때 그것의 전체로부터 결과적으로 생겨나는 것이라고 그들은 대답할 것이다. 이러한 관찰자가 나타날 때까지 그러한 특수한 치수와 균형을 가지는 형태 이외에 아무것도 없다. 그것의 우아함과 아름다움은 그의 감정에서만 생겨난다.

또한 키케로가 베르레스[10]나 카틸리나[11] 같은 인물의 죄를 묘사할 때, 그의 말에 귀 기울일 필요가 있다. 여러분은 이와 마찬가지로 도덕적 타락은 그의 기관(器官)이 그러한 특수한 구조와 구성을 가지는 존재에 제시될 때, 전체를 관조하는 데서 결과적으로 생겨나는 것이라는 점을 인정해야 한다. 저 웅변가는 한편으로는 격노, 오만, 잔혹을, 다른 한편으로는 유순함, 수난, 비탄, 결백을 묘사할지도 모른다. 그러나 여러분이 이 복잡한 정황들에서부터 자신의 내부에 의분이나 동정이 일어나는 것을 느끼지 못한다면, 여러분이 그에 대해 그가 그렇게

8 〈팔라다오(Palladio, 1518~1580)는 이탈리아의 건축가, 건축학에 관한 저술가다.〉

9 〈페로(Perrault, 1613~1688)는 프랑스의 건축가, 의사다.〉

10 〈베르레스(Verres)는 기원전 1세기의 로마의 지방 총독이다. 시칠리아에서의 악정(惡政)으로 유명하다.〉

11 〈카틸리나(Catiline)는 기원전 1세기 로마의 정치가다. 로마 공화정의 전복을 꾀했으나, 당시 집정관인 키케로에게 간파되었고, 격전 끝에 전사했다.〉

격렬하게 비난하는 죄나 죄악은 어디에 존재하는가를 묻는 것은 헛된 일이 되어버릴 것이다. 죄는 어느 때에 혹은 어떤 주체에서 최초로 존재하기 시작했을까? 그리고 두세 달 경과하고, 모든 행위자의 모든 기질과 생각이 전면적으로 변화하거나 소멸할 때, 죄는 어떻게 되는가? 도덕의 추상적인 가설에 입각해서는 이러한 의문들의 어떤 것에 대해서도 만족스러운 해답을 주는 것은 불가능하다. 그리고 우리는 결국 죄 또는 부도덕은 지성의 대상인 특수한 사실이나 관계가 아니라 전적으로 부인의 감정에서 생기는 것, 우리가 잔혹이나 배신을 감지할 때 인간 본성의 구조에 의해 불가피하게 그것을 느끼는 것임을 인정해야 한다.

4 무생물도 우리가 도덕적 행위자에게서 관찰하는 것과 같은 모든 관계를 서로에 대해 가질 수 있다. 무엇보다 전자는 결코 사랑이나 미움의 대상이 될 수 없고, 결과적으로 가치나 사악을 느낄 수도 없지만. 어버이 나무(parent)[12]보다 더 높이 솟아서 그 나무를 파괴하는 어린 나무는 아그리피나를 죽였을 때의 네로와 모든 면에서 같은 관계에 놓여 있다. 그리고 만약 도덕성이 단순히 관계에서 존재한다면, 어린 나무도 마찬가지로 유죄가 된다는 것은 의심할 수 없을 것이다.

5 인간 행위의 궁극적인 목적들은 어떤 경우든 이성에 의해 설명될 수 있는 것이 아니라 지적인 능력들에 전혀 의존하지 않는 인류의 감정과 정서에 전적으로 맡겨져 있다는 것은 명백한 듯이 보인다.

---

12 [G판과 K판에는 "그 종자로부터 발아했던"이 "어버이 나무" 앞에 붙어 있다.]

어떤 사람에게 **왜 그가 운동을 하는가** 하고 묻는다. 그는 **자신의 건강을 유지하고 싶기 때문**이라고 답할 것이다. 계속해서 여러분이 **왜 그가 건강을 원하는가** 묻는다면, 그는 즉시 **병은 고통이기 때문**이라고 답할 것이다. 만약 여러분이 그 이상으로 질문을 압박해 들어가서, **왜 그가 고통을 싫어하는가**의 이유를 얻고자 한다면, 그가 이것에 대해 어떤 대답을 주는 것은 불가능하다. 이것이 바로 궁극적인 목적이며, 결코 어떤 다른 목표에도 돌려지지 않는다.

왜 그가 건강을 원하는가의 둘째 질문에 대해 아마 그는 다음처럼 대답할 수도 있다. **건강은 자신의 직업에 종사하기 위해 필요한 것**이라고. 여러분이 **왜 그가 그 점에 관해 열심인가**를 묻는다면, 그는 **자신은 돈을 벌고 싶기 때문**이라고 답할 것이다. 여러분이 **왜**라고 압박한다면, **돈은 쾌락의 도구**라고 그는 답한다. 그리고 이것을 넘어서서 어떤 이유를 묻는 것은 바보짓이다. **무한하게 나아가는** 진행은 불가능하다. 그리고 하나의 일이 언제나 다른 일이 욕구되는 이유가 되는 것은 불가능하다. 어떤 것이 자신 때문에, 그리고 그것이 인간의 감정 및 정서와 직접 조화롭거나 일치하기 때문에 바람직함에 틀림없다.

그런데 덕은 목적이며, 보수나 보상이 없더라도 그 자체로 바람직한 것이기 때문에 단지 그것이 전하는 직접적인 만족을 위해 바람직한 것이므로 그것이 촉발하는 어떤 감정이 존재해야 할, 즉 어떤 내적인 취미나 느낌, 또는 여러분이 그것을 무엇이라 불러도 좋지만 도덕적 선과 악을 구별하고 한쪽을 받아들이고 다른 쪽을 거부하는 것이 존재해야 할 필요가 있다.

따라서 **이성**과 **취미**(taste)의 명확한 경계와 역할은 쉽게 확인된다. 전자는 진리와 거짓의 지식을 전달하고, 후자는 아름다움과 추함, 악덕과 덕의 감정을 부여한다. 한쪽은 추가하거나 감소하지 않고, 대상들을 그것들이 자연 안에서 실제로 있는 그대로 발견한다. 다른 한쪽은 생산 능력(productive faculty)이 있으며, 모든 자연적 대상을 내면적 감정에서 빌려온 색들로 장식하거나 더럽히면서, 말하자면 새로운 창작을 만들어내는 것이다. 이성은 냉정하고 한가하므로 행위에 대한 어떤 동기도 되지 않고, 우리에게 행복에 도달하거나 불행을 피하는 수단을 보여줌으로써 욕망이나 성향에서부터 받은 충동(impulse)을 지시할 뿐이다. 취미는 쾌락이나 고통을 주고, 그렇게 함으로써 행복이나 불행을 이루기 때문에 행위에 대한 동기가 되고, 욕망과 의지 작용(volition)을 향한 최초의 원동력, 즉 충동이 된다. 전자는 이미 알려진 또는 가정된 정황과 관계로부터 은폐된, 그리고 아직 알려지지 않은 것을 발견하도록 우리를 인도한다. 후자는 모든 정황과 관계가 우리 앞에 놓인 이후 그것의 전체로부터 비난 또는 시인의 새로운 감정을 우리에게 느끼도록 만든다. 한쪽의 기준은 사물의 본성에 기초해 있으므로 최고의 존재(Supreme Being)의 의지에 의해서조차 영원하고 불변적이다. 후자의 기준은 동물의 내적인 조직과 구조에 의해 발생하는 것이지만, 궁극적으로는 최고의 의지(Supreme Will)에서 유래한다. 이 최고의 의지는 각각의 존재에 그것의 특유한 본성을 부여하고, 어떤 실재의 종류와 서열을 정한다.

[부록 2]

자기애에 관하여*

모든 덕이나 도덕적 감정과 결코 양립할 수 없지만, 많은 사람 사이에 널리 퍼져 있다고 생각되는 원리가 존재한다. 그 원리는 가장 타락한 기질 외에 어떤 것에도 기인할 수 없으므로 이와 마찬가지로 그 원리의 경향도 타락을 더욱 촉진하는 방향으로 향해 있다. 이 원리란 모든 **자비심**은 단순한 위선이고, 우정은 기만이며, 공공의 정신은 익살극이고, 충실은 신용과 신뢰를 손에 넣고자 하는 올가미라는 것이다. 또한 그 원리란 우리는 모두 마음 깊숙이 우리의 사적 이익만을 추구하지만, 다른 사람들을 방심하게 해서 그들을 우리의 계략과 술책에 더욱 말려들게 하기 위해 우리는 이러한 아름다운 위장의 옷을 걸치는 것이다. 이러한 원리를 공언하는 사람이, 그리고 그렇게 해로운 이론이 거짓임을 보여주려는 내면적 감정을 전혀 느끼지 못하는 사람이 어떠한 심성을 가질 수밖에 없는가를 상상하기는 어렵지 않다. 또한 그가 그렇게 가증스러운 색채로 표현하고, 감사나 그 어떤 애정의 화답을 느낄 수 있는 기질을 거의 가지고 있지 않다고 생각되는 인류에 대

* [G-Q판에는 이것이 제2장 「자비심에 관하여」의 제1절로 되어 있다.]

해 어느 정도의 애정과 자비심을 가질 것인가를 상상하는 일도 어렵지 않다. 또는 만약 이러한 원리들을 부패한 심성을 가진 사람들에 완전히 귀속시켜서는 안 된다고 한다면, 우리는 적어도 그러한 원리들을 매우 부주의하고 경솔한 음미 탓으로 돌리지 않으면 안 된다. 실제로 피상적인 연구가들은 인류 사이에 많은 사기를 관찰하고, 또한 아마도 그들 자신의 기질 중에서 대단히 강력한 자제를 느끼지 않기에 모든 사람이 똑같이 부패하고, 또한 인간은 모든 다른 동물 및 사실상 모든 다른 종류의 존재와 다르지만, 선 또는 악을 전혀 인정하지 않고, 모든 경우에 서로 다른 위장과 외견을 보여주는 같은 피조물이라는 일반적이고 성급한 결론을 도출할는지도 모른다.

전자와 어느 정도 유사한 다른 하나의 원리가 있다. 그것은 철학자들에 의해 매우 많이 주장되었으며, 많은 학설의 기초가 되어왔다. 즉 사람이 다른 사람들에 대해 무언가 애정을 느끼거나 느낀다고 상상하더라도 어떤 정념도 공평무사하지 않으며, 공평무사할 수 없다. 가장 고매한 우정조차 그것이 아무리 진실하더라도 자기애의 변형이다. 또한 우리가 인류의 자유와 행복을 위해 가장 깊이 있게 계획을 세우고 있는 것처럼 보이기는 하지만, 자신은 알지 못하더라도 우리는 단지 자기의 만족만을 추구하고 있다. 상상력의 작용에 의해, 꼼꼼한 반성에 의해, 열광적인 정념에 의해 우리는 다른 사람들의 이해(利害)에 관여하고, 모든 이기적인 고려를 벗어던졌다고 상상한다. 그러나 실제로는 가장 고매한 애국자도, 가장 인색한 수전노도, 가장 용감한 영웅도, 가장 비겁한 겁쟁이도 모든 행위에서 자신들의 행복과 번영을 똑같이 고려하고 있다.

이러한 견해가 가진 허울만의 경향에 근거하여, 이것을 공언하는 사람들이 아마도 참된 자비심의 감정을 느끼거나 순수한 덕에 대해 다소나마 존중하는 것은 가능하지 않다는 결론에 이르는 사람들은 누구라도 자신이 실제로 대단히 많은 실수를 저지르고 있다는 점을 가끔 알아챌 것이다. 정직과 명예는 에피쿠로스와 그의 학파에 생소한 것이 아니었다. 아티쿠스[1]와 호라티우스는 더 엄격한 학파의 어떤 학도에 못지않게 관대하고 우애가 있는 기질을 타고났으며, 반성을 통해 그것을 함양했던 것으로 여겨진다. 그리고 근대인 중에 홉스와 로크[2]는 도덕의 이기주의적 체계를 주장했지만, 나무랄 데 없는 삶을 살았다. 비록 전자는 자기 철학의 결함을 보완했을 것으로 생각되는 종교의 어떤 제약에도 구속되지 않았지만. 에피쿠로스 학도 또는 홉스 학도는 이 세상에 위선과 위장이 없는 우정 같은 것이 존재한다는 점을 기꺼이 승인한다. 그러나 그는 철학적 화학에 의해 이 정념의 여러 요소를 이를테면 다른 정념의 요소로 환원하고, 모든 정서는 상상력의 특수한 작용에 의해 왜곡되고 주조(鑄造)되어 여러 가지 외관을 나타내는 자기애라고 설명하려고 할는지도 모른다. 그러나 상상력의 동일한 작용이 모든 사람 안에서 우세한 것도 아니고, 근원적인 정념에 대해 같은 방향을 가리키는 것도 아니기 때문에 이것은 이기주의 학설에 따르더라도 인간의 성격에서 극히 광범위한 차이를 만들어 어떤 사람을 유덕하고 자애심이 있는 사람이라 칭하고, 다른 사람을 사악하고 비열하게 이익을 추구하는 사람이라고 칭하기에 충분하다. 나는 자기 자신

1 〈아티쿠스(Atticus, 기원전 110~32)는 키케로의 친구다.〉

2 〈로크(J. Locke, 1632~1704)는 영국의 저명한 철학자다. 『인간 지성론(*An Essay concerning Human Understanding*)』, 『통치론(*Two Treatises of Government*)』을 저술했다. 영국 경험론의 첫째 인물로서 인식론에서뿐 아니라 사회계약론자로서도 많은 기여를 했다. 그의 저서는 프랑스 철학자 볼테르와 루소에게 영향을 미쳤다.〉

의 만족과 향락 이외의 어떤 것에도 관심을 두지 않는 사람을 증오하거나 경멸하는 것처럼 그 사람의 자기애가 어떤 방식으로든 다른 사람을 향한 관심을 자신에게 부여하고, 자신을 사회에 보탬이 되도록 하는 방향으로 나아간다면, 나는 그에 대해 존경을 표한다. 여러분이 이러한 성격들은 외견상 정반대이지만 본질로는 같다고, 또한 대단히 사소한 사유의 작용으로 인해 이들 간 차이의 전체가 형성된다고 주장하더라도 그것은 무익한 일이 될 것이다. 각 성격은 나에게 이러한 사소한 차이에도 불구하고 실제로는 매우 지속적이며, 변질할 수 없는 것으로 여겨진다. 그리고 나는 다른 주제보다 이 주제에서 사물의 일반적인 외관에서 생겨나는 자연적 감정들이 이러한 외관들의 아주 작은 근원에 관한 정교한 반성을 통해 쉽게 파괴된다는 점을 발견하지 못한다. 비록 내가 피부색의 차이는 모두 가장 작은 부분에서 피부 두께의 가장 미세한 차이에서 생겨나며, 그것에 의해 피부 표면이 빛의 근원적인 색 중 하나를 반사하고 다른 색을 흡수하는 것처럼 한정된다는 사실을 철학에서 배우지만, 생기 있는 기운찬 안색은 나에게 만족과 쾌락을 주지 않을까?

그러나 인간 이기심이 보편적인가 아니면 부분적인가에 관한 문제가 도덕성과 실천에 대해 통상 상상되는 것만큼 그렇게 중요하지는 않겠지만, 인간 본성에 관한 사변과학(speculative science)에서는 확실히 중요하며, 호기심과 연구의 적절한 대상이 된다. 그러므로 여기서 약간의 반성을 그 문제에 부여하는 것은 부적절하지 않을 것이다.*

* 자비심은 자연스럽게 **일반적인** 것과 **특수한** 것의 두 종류로 나뉜다. 전자는 우리가 해당하는 사람에 대해 우정, 연고, 존경을

갖지는 않지만, 그에 대한 일반적인 공감, 즉 그의 고통에 대한 동정과 그의 쾌락에 대한 축복만을 느끼는 경우다. 다른 종류의 자비심은 덕에 관한 의견, 우리에게 주어진 봉사, 어떤 특수한 연고에 기초해 있다. 이러한 두 가지 감정이 모두 인간의 본성에서 실재한다는 것은 인정되어야 한다. 그러나 그것들이 자기애에 관한 어떤 정밀한 고려들로 환원될는지 여부는 중요하다기보다는 호기심을 일으키는 문제다. 전자의 감정, 즉 일반적인 자비심 또는 인간성 또는 공감의 감정에 관해서는 이 연구 과정에서 종종 취급될 기회가 있을 것이다. 나는 다른 어떤 증명이 없더라도 일반적인 경험으로 보아 그것이 실재한다고 가정한다.

이기적인 가설에 대한 가장 명백한 반론은 그것이 보통의 감정과 반대되고 또한 우리의 가장 편견 없는 개념들과 반대되기 때문에 그러한 이상한 역설(逆說)을 확립하기 위해서는 극도의 철학적 과장을 확립하는 일이 필요하다는 것이다. 가장 부주의한 관찰자의 눈에도 자비심과 관대 같은 기질, 사랑, 우정, 동정, 감사 같은 정서가 존재하는 것처럼 보인다. 이러한 감정들은 보통의 언어와 관찰에 의해 특징 지어지며, 이기적 정념들의 그것과는 명백히 구별되는 원인, 결과, 대상, 작용을 갖는다. 그리고 이것은 사태들의 명백한 현상이기 때문에 그것은 인간 본성을 더 깊게 통찰함으로써 전자의 정서들은 후자의 변형들 이외에 아무것도 아니라는 것을 증명할 수 있는 어떤 가설이 발견되기 전까지는 승인되어야 한다. 지금까지 이러한 종류의 모든 시도는 성과가 없다는 것이 증명되고 있다. 그리고 그러한 모든 시도는 오로지 철학에서 많은 잘못된 추론의 원천이 되어온 **단순성**에 대한 사랑에서 생겨난 것으로 보인다. 나는 여기서 이 주제에 관해 상세하게 들어가지 않을 것이다. 많은 유능한 철학자들이 이러한 학설들이 부당하다는 것을 보여주었다. 그리고 나는 매우 작은 반성을 추가하더라도 모든 공평한 연구자라면 누구에게나 명백할 것이라고 믿고 있는 것을 당연한 것으로 여길 것이다.

그러나 이 주제의 성질은 자비심의 기원을 이기적인 정서로부터 설명하고, 인간 마음의 모든 다양한 정서를 완전한 단순성으로 환원하기 위한 더 나은 체계는 미래에도 절대로 발명되지 않으리라는 가장 강력한 추정을 제공한다. 이런 유형의 철학의 경우는 물리학의 경우와 사정이 같지 않다. 자연에서의 많은 가설은 처음의 외견과 반대였지만, 더 정밀하게 음미해보면 견고하고 만족해야 한다는 점이 밝혀졌다. 이런 종류의 사례들은 너무나 자주 있는 일이어서 기지가 풍부할 뿐 아니라 현명한 어떤 철학자(퐁트넬 씨[3])는 무슨 현상이라도 그것이 산출되는 방법이 하나 이상 존재한다면, 가장 명백하지 않고 또한 흔치 않은 원인에서 그것이 발생했을 것이라는 일반적 추정이 성립한다고 단정했다. 그러나 우리의 정념과 인간 마음의 내적 작용의 기원에 관한 모든 연구에서는 늘 그 반대의 추정이 놓여 있다. 어떤 현상의 경우에도 사용될 수 있는 가장 단순하고 가장 명백한 원인이 아마도 참된 원인일 것이다. 어떤 철학자가 자신의 체계를 설명하면서 어떤 대단히 복잡하고 정교한 반성을 사용하고, 어떤 정념이나 정서의 산출에 대해서도 그런 반성이 본질적이라고 가정할 수밖에 없을 때, 우리에게는 그러한 허위의 가설을 극도로 경계해야 할 이유가 있게 된다. 정서

3 〈퐁트넬(Fontenelle, 1657~1757)은 프랑스 백과전서파(百科全書派)의 선구적인 계몽주의 사상가이자 문학자다.〉

는 이성 또는 상상력의 정치(精緻)한 사고에서 어떤 인상(印象)도 허용하지 않는다. 그리고 후자가 가진 능력의 활발한 행사는 인간 마음의 한정된 용량 때문에 필연적으로 늘 전자의 모든 활동을 파괴하는 일이 발견된다. 실제로 우리의 지배적인 동기나 의도는 마음이 허영심이나 자만 때문에 더 우월하다고 생각하고 싶어 하는 다른 동기들과 혼합되고 혼동될 때 종종 우리 자신에게도 은폐된다. 그러나 이러한 성질의 은폐가 동기의 난해함과 복잡함으로 인해 생겨난 사례는 존재하지 않는다. 친구이자 후원자를 잃은 사람은 자신의 모든 슬픔이 고매한 감정에서부터 생겨난 것이지 좁거나 이기적인 고려가 전혀 섞이지 않았다고 우쭐해할 수도 있다. 그러나 자신의 후원과 보호가 필요한 소중한 친구 때문에 슬퍼하는 사람의 열렬한 애정이 전혀 근거도 현실성도 없는 사욕에 대한 어떤 형이상학적인 고찰에서 생겨난다는 생각을 어떻게 가질 수 있겠는가? 정념의 기원을 그러한 난해한 반성에서 설명할 바에야 시계의 그와 같은 미세한 바퀴와 톱니가 짐을 잔뜩 실은 마차를 움직인다고 상상하는 것이 나을 것이다.

동물이 그들과 같은 종과 인간 모두에 대해 친밀함을 가지고 있다는 것은 누구도 알고 있는 사실이다. 이러한 사례에서 위장이나 술책은 아닐까 하는 의심은 조금도 없다. 우리는 **그 동물들의** 감정을 사적 욕심이라는 것에서 정밀하게 연역한 데서 나온 것이라고 설명할 것인가? 혹은 만약 우리가 열등한 동물들이 사적 욕심에 치우치지 않는 자비심을 가지고 있다는 점을 인정한다면, 어떤 유비 규칙에 의해 더 우월한 종족들이 그러한 자비심을 가지고 있지 않다고 말할 수 있겠는가?

남녀 간의 사랑은 욕구의 충족과는 완전히 다른 자기만족과 호의를 낳는다. 감수성이 있는 모든 존재에서 그들의 자손에 대한 애정은 통상 그것만으로 자기애의 가장 강력한 동기들을 상쇄할 수 있다. 그리고 자기애의 정서에 전혀 의존하지 않는다. 자신의 아픈 아이에 대한 극진한 간호 때문에 건강을 해치고, 후에 그 아이가 죽음으로써 간호의 노역에서 해방되었을 때 슬픔으로 인해 초췌해져 죽음에 이르는 애정 깊은 어머니가 무슨 이익을 기대할 수 있을까?

감사는 인간의 마음속 정서가 아닌가? 아니면 그것은 어떤 의미도 가지지 않고 어떤 현실성도 없는 단순한 말에 불과한가? 우리는 어떤 사람과의 교제에서 다른 사람과의 교제 이상의 만족을 가질 수 없을까? 또는 비록 우리 친구의 부재나 죽음으로 인해 우리가 친구의 행복에 관여하는 일이 완전히 불가능하게 되었지만, 우리는 그의 행복을 원하지 않을까? 혹은 그가 살아있을 때 우리를 조금이나마 그의 행복에 관여하게 하는 것은 통상 그에 대한 애정과 존경이 아니고 무엇일까?

이들 그리고 수천 가지 다른 예들은 인간 본성 안에 일반적인 자비심이 있다는 표시이며, 이 경우 어떠한 **현실적인** 이익도 우리를 그 대상과 연결하지 않는다. 그리고 **상상 속의** 이익으로서 알려지고 그것으로 공언된 것이 어떻게 해서 어떤 정념이나 정서의 기원이 될 수 있는지는 설명하기 어려운 듯이 보인다. 이런 종류의 만족스러운 가설은 아직 발견되지 않았고, 또한 앞으로 인간이 아무리 근면하더라도 순조롭게 성공할 가능성은 거의 존재하지 않는다.

그러나 더 나아가서 만약 우리가 그 문제를 올바로 고려한다면, 자기애와는 구별되는, 사욕에 치우치지 않는 자비심을 승인하는 가설이 모든 우정과 인간성을 자기애의 원리로 환원하는 가설보다 실제로 더 많은 **단순성**을 자신 안에 가지고 있고, 자연과의 유비에 한층 적합하다는 점을 발견할 것이다. 모든 사람이 인정하는 육체적 요구나 욕구가 존재한다. 그것은 필연적으로 모든 관능적인 향락에 선행하고, 직접 그 대상의 소유를 추구하도록 우리를 유도한다. 그래서 배고픔이나 갈증은 먹고 마시는 것을 그들의 목적으로 삼는다. 그리고 이러한 1차적인 욕구들의 충족에서 쾌락이 생겨난다. 그리고 그 쾌락은 2차적이고 이해관계가 있는 다른 종류의 욕구나 성향(inclination)의 대상이 될 수 있다. 이와 마찬가지로 명성이나 권력, 또는 이익을 완전히 도외시한 복수라는 특수한 대상들을 추구하도록 직접 재촉하는 정신적 정념들도 존재한다. 그리고 이러한 대상들이 획득될 때 우리의 정서가 충족된 결과로서 유쾌한 즐거움이 일어난다. 우리가 명성의 획득에서 무언가 쾌락을 얻거나, 또는 자기애의 동기와 행복의 욕망에서 그것을 추구하는 것이 가능하기 전에 자연은 마음의 내적 조직과 구조에 의해 명성에 대한 근원적 경향성(propencity)을 부여함에 틀림없다. 만약 나에게 허영심이 없다면, 칭찬받더라도 어떤 즐거움도 없다. 만약 나에게 야심이 없다면, 권력은 나에게 어떤 즐거움도 주지 못한다. 만약 내가 화내지 않는다면, 상대방의 처벌은 나에게 전혀 중요하지 않다. 이 모든 경우에 직접적으로 대상을 지향하고, 그것을 우리의 선이나 행복의 구성요소로 삼는 정념이 존재한다. 그 뒤 대상이 우리의 근원적 정서에 의해 일단 그와 같이 구성되었을 때 생겨나고, 대상을 우리의 행복의 일부로서 추구하는 2차적인 다른 정념들이 존재한다. 만약 자기애에 선행하는 어떤 종류의 욕구도 존재하지 않는다면, 자기애의 경향성조차 힘을 발휘하지 못할 것이다. 왜냐하면 그 경우 우리는 고통이나 쾌락을 아주 조금밖에 느끼지 못할 것이며, 회피해야 할 불행이나 추구해야 할 행복도 거의 갖지 못할 것이기 때문이다.

그런데 이러한 사정은 자비와 우정에 관해서도 마찬가지라는 것, 그리고 우리 기질의 근원적 조직으로부터 다른 사람의 행복이나 선에 대한 욕구를 느낄 수 있다는 것, 그러한 정서에 의해 타인의 행복이나 선은 우리 자신의 선이 되고 그 뒤에 자비심이나 자기쾌락의 복합적 동기로부터 추구된다고 것을 이해하는 데 어려운 점이 있을까? 복수가 단지 정념의 힘에 의해 안락, 이익, 안전에 대한 모든 고려를 우리가 고의로 무시하도록 만들 만큼 그렇게 열렬히 추구되고, 어떤 복수심 강한 동물처럼 우리의 영혼도 우리가 적에게 입힌 상처 안으로 넣을 수 있다는 것을 모르는 사람이 누가 있겠는가?* 그리고 적의나 원한 같은 좀 더 어두운 정념에 대해 무조건적으로 수여하는 것 같은 특권을 인간성이나 우정에 대해 승인하려고 하지 않는 철학은 악질의 철학임에 틀림없다. 그러한 철학은 인간 본성의 참된 묘사나 서술보다 오히려 풍자 같은 것이며, 역설적(逆說的) 기지와 해학을 위한 좋은 기초가 될 수는 있지만, 어떤 진지한 논증이나 추론에서도 그것은 극히 나쁜 기초다.

* "그리고 그들은 상처 안에 자신들의 영혼을 넣었다."[*Animasque in vulnere ponunt.* 베르길리우스(Virgil), 『농경시(*Georgics*)』 4, 238] 세네카(Seneca)는 "인간은 다른 사람에게 위해를 가하는 사이 자신에게 무관심해진다"(*Dum alteri noceat, sui negligens*)고 분노에 관해 쓰고 있다(『분노에 관하여(*De ira*)』, i, 1.).

[부록 3]*

정의에 관한 몇 가지 추가 고찰

이 부록의 의도는 정의의 기원과 본성에 관해 약간의 더 상세한 설명을 주고, 그것과 다른 덕들 사이의 몇 가지 차이를 보여주는 데 있다.

인간성과 자비심이라는 사회적 덕은 직접적인 경향성(tendency) 또는 본능에 의해 곧바로 자신의 영향력을 행사한다. 그리고 이러한 경향성이나 본능은 주로 정서를 움직이는 단순한 대상을 염두에 두고 있으며, 어떠한 계획이나 체계도, 또는 다른 사람들의 찬동, 모방 또는 선례에서 나오는 결과도 내포하고 있지 않다. 부모는 자신을 자극하는 자연적 공감(sympathy)에 내몰려서 자신의 아이를 구조하러 달려가지만, 이 자연적 공감은 같은 사정에서 어떤 다른 사람의 감정이나 행동에 대해 반성할 여가를 주지 않는다. 고결한 사람은 친구에게 봉사할 기회를 즐겁게 받아들인다. 왜냐하면 그는 그때 그 자신이 자비심의 정서에 지배되고 있음을 느끼기 때문이며, 그는 우주의 다른 누군가가 언젠가 이전에 그러한 고상한 동기에 의해 자극을 받았는지 아

* [G-Q판에는 부록 2.]

닌지에 대해, 혹은 언젠가 뒤에 그들의 영향력을 증명하는지 아닌지에 대해 아무런 관심도 없기 때문이다. 이 모든 경우에 사회적 정념은 하나의 개별적 대상을 염두에 두고 있으며, 사랑받고 존경받는 사람의 안전이나 행복만을 추구한다. 사회적 정념은 이로써 만족하며, 이것을 잠자코 받아들인다. 그런 정념의 자애로운 영향력에서 기인하는 선은 그 자체로 완전하고 완벽하므로 그 선은 또한 그 이상의 성과에 대해 어떤 반성도 없이, 그리고 사회의 다른 구성원의 찬동이나 모방에 관해 시야를 더 확대하지도 않고, 시인의 도덕적 감정을 일으킨다. 그렇기는커녕 고결한 친구 또는 사심이 없는 애국자가 단지 자비의 실천에만 참여한다면, 이것은 우리의 눈에 오히려 그의 가치를 돋보이게 하고, 그의 다른 더 고귀한 공적에 희소하고 신기하다는 칭찬을 보탤 것이다.

정의와 충실의 사회적 덕은 사정이 다르다. 이 덕들은 인류의 안녕에 매우 유용하거나 사실상 절대적으로 필요하다. 그러나 이것들에서 생겨나는 이익은 모든 개인의 단일한 행위의 결과가 아니라 사회 전체나 대부분이 찬동한 전체적인 계획이나 체계에서 생겨난다. 일반적인 평화와 질서는 정의 또는 다른 사람의 소유물에 대한 일반적 금욕의 부수물이다. 그러나 한 사람의 개별적 시민의 특수한 권리에 대한 특수한 존중은 그것만을 고려한다면 종종 해로운 결과를 낳을 수도 있다. 여기서 개인적 행위의 결과는 많은 사례에서 행위의 전체 체계의 결과와 정반대다. 전자는 극도로 해로울 수도 있는 데 반해, 후자는 최고도로 이익이 된다. 부모에게서 상속된 부가 나쁜 사람의 손에 있다면 해악의 도구다. 계승의 권리는 하나의 사례에서 해로울 수 있다. 그것의 이익은 단지 일반적 규칙의 준수에서만 생겨난다. 그리고 만약 그렇게 함으로써 특수한 성격이나 상황에서 흘러나오는 모든 악과 불편함에 대한 배상이 생겨난다면, 그것으로 충분하다.

젊고 경험이 없는 키루스 대왕[1]이 키 큰 소년에게는 긴 외투를, 키가 작은 다른 소년에게는 짧은 외투를 할당했을 때, 그는 눈앞에 있는 개개의 사례만을 고려했고, 제한된 적합성과 편의를 고려했다. 그의 가정교사가 더 넓은 시야와 결과를 지적하면서, 그의 제자에게 사회의 일반적인 평화와 질서를 유지하는 데 필요한 일반적이며 불변적인 규칙을 가르쳤을 때, 그는 키루스를 더 훌륭하게 교육시켰다.

자비라는 사회적 덕과 그것의 세목(細目)인 자비로운 행동에서 생겨나는 인류의 행복과 번영은 다수 사람의 손에 의해 세워진 성벽에 비교될 수 있을 것이다. 성벽은 그 위에 쌓아 올려진 개개의 돌에 의해 더 높아지며, 한 사람 한 사람 노동자의 근면과 책임에 비례해서 커진다. 정의라는 사회적 덕과 그것의 세목인 정의의 행동에서 높아지는 동일한 행복은 둥근 천장의 건물에 비교될 수 있다. 이 경우 개개의 돌은 다른 돌과 따로 떨어진다면 지면으로 낙하할 것이다. 건물 전체 구조는 그것의 상응한 부분들의 상호 조력과 연합에 의하지 않고서는 지탱되지 못한다.

소유권을 규정하는 모든 자연법은 모든 민법과 마찬가지로 일반적이며, 사례의 어떤 본질적인 사정에 대해서만 주목하고, 당사자의 성격, 정황, 연고 관계도 고려하지 않으며, 혹은 어떤 특수한 사례가 일어나는 경우 이러한 법들의 결정에서 생겨날 수 있는 어떤 특수한 결과도 고려하지 않는다. 이 법은 자비로운 사람에게서 만약 그 소유물

1 〈키루스(Cyrus the Elder, 기원전 600년경~529)는 아케메네스 왕조 페르시아의 창시자다.〉

이 정당한 권리에 의하지 않고 실수로 취득된 것이라면, 이미 과잉된 부의 막대한 재산을 쌓아두었던 수전노에게 주기 위해 주저하지 않고서 그의 전 소유물을 박탈한다. 공공의 효용성은 소유권이 일반적인 불변의 규칙을 통해 규정되어야 함을 요구한다. 그리고 그러한 규칙이 공공의 효용성이라는 같은 목적에 가장 이바지하는 것으로 채택된다 하더라도 그러한 규칙이 모든 특수한 불법을 방지하거나 혹은 모든 개개의 사례에서 유익한 결과를 낳게 하는 것은 불가능하다. 전체의 기획이나 계획이 시민사회의 유지에 필요하다면, 그리고 그렇게 함으로써 선의 천칭이 대체로 악의 천칭을 훨씬 능가한다면 그것으로 충분하다. 우주의 일반 법칙조차 무한한 지혜에 의해 계획되었겠지만, 모든 특수한 작용에서 모든 악이나 불편함을 제외할 수는 없다.

어떤 사람이 정의는 **인간의 묵계**(human conventions)에서 발생하고, 인류의 자발적인 선택, 동의, 협력에서 생겨난다고 주장해왔다. 만약 여기에서 **묵계**가 **약정**(promise, 그것이 그 말의 가장 평범한 의미다)을 의미한다면, 이 견해만큼 불합리한 것은 없을 것이다. 약정[속]의 준수는 그 자체 정의의 가장 중요한 부분 중 하나이며, 우리가 약속[정]을 지키기 위해 그 단어를 사용했다 하더라도 우리가 그 단어에 반드시 묶이지 않는다. 그러나 만약 묵계가 공통 이익의 감각(a sense of common interest), 즉 각자가 자신의 마음속에서 그 감각을 느끼고, 그의 동료들 가운데서 그것을 인지하며, 동료들과 협력하여 공공의 이익에 이바지하는 일반적 행위 계획 또는 행위 체계에 그를 인도하는 것을 의미한다면, 이런 의미에서 정의가 인간의 묵계에서 생겨난다는 것은 인정되어야 한다. 왜냐하면 만약 정의의 특정한 행위의 특정한 결과가 개인에 대해서나 공공에 대해서도 해롭다는 것이 인정된다면(실제로 그것은 명백하다), 그 덕을 받아들이는 데서 모든 사람이 전체적 계획이나 체계에 주목하고, 똑같은 행위나 행동에서 그의 동료들의 협력을 기대해야 한다는 결론이 뒤따르기 때문이다. 그의 모든 견해가 그 자신의 각 행위의 결과에서 끝나버린다면, 그의 자비심, 인간성은 그의 자기애와 마찬가지로 옳음과 정의의 엄격한 규칙과 일치하는 기준과는 매우 다른 행동 기준을 종종 그에게 명할는지도 모른다.

그리하여 두 남자가 어떤 약속이나 계약(contract) 없이 공통의 이익에 대한 공통의 묵계를 통해 한 척의 조각배를 젓고, 그리하여 금과 은은 교환의 기준이 되며, 따라서 말, 단어, 언어가 인간의 묵계와 합의를 통해 고정된다. 만약 두 사람 또는 그 이상의 사람이 모두 그들의 역할을 수행한다면 그들에게 이익이 되지만, 단지 한 사람이 수행한다면 모든 이익을 잃어버리는 것은 다른 원리에서 생겨날 수 없다. 이 원리가 없다면, 그들 중 누구에게도 행동 계획에 참가하는 동기는 존재하지 않을 것이다.*

* 소유권의, 따라서 정의의 기원에 관한 이 이론은 대체로 그로티우스[2]에 의해 암시되고 채택되었던 것과 동일하다. "Hinc discimus, quae fuerit causa, ob quam a primaeva communione rerum primo mobilium, deinde et immobilinm discessum est: nimirum quod cum non contenti homines vesci sponte natis, antra habitare, corpore aut nudo agere, aut corticibus arborum ferarumve pellibus vestito, vitae genus exquisitius delegissent,

2 〈그로티우스(Hugo Grotius, 1583~1645)는 네덜란드의 법학자, 정치가다. '국제법의 아버지', '자연법의 아버지'로 불린다.〉

industria opus fuit, quam singuli rebus singulls adhiberent. Quo minus autem fructus in commune conferrentur, primum obstitit locorum, in quae homines discesserunt, distantia, deinde justitiae et amoris defectus, per quem fiebat, ut nee in labore, nee in consumtione fructuum, quae debebat, aequalitas servaretur. Simul discimus, quomodo res in proprietatem iverint; non animi actu solo, neque enim scire alii poterant, quid alil suum esse vellent, ut eo abstinerent, et idem velle plures poterant; sed pacto quodam aut expresso, ut per divisionem, aut tacito, ut per occupatione." [이로부터 우리는 원초적인 공동 소유에서 처음에는 동산(動産)이, 다음으로 부동산이 분리된 이유가 무엇인가를 배운다. 놀랄 일도 아니지만, 이것은 인간이 자연 상태에서 음식을 먹고, 동굴에서 살며, 나체로 돌아다니고, 나무 껍질이나 야생 동물의 모피로 은폐하는 데 만족하지 않게 되었을 때, 그리고 더 세련된 생활방식을 선택했을 때, 각 개인은 자신의 개인적인 일을 추구해야 했고, 이를 위해 근면성이 필요했기 때문이다. 공동의 수확물을 모으는 데 있어 첫째 장애물은 사람들이 분산해 있는 장소의 거리였고, 둘째 장애물은 정의와 사랑의 결여였다. 그 결여의 결과로 노동에서도, 수확물의 필요한 소비에서도 평등이 유지되지 않게 되었다. 동시에 우리는 어떻게 해서 소유권이 사적 소유권으로 발전했는지를 배운다. 단지 마음의 활동을 통해서만 그렇게 된 것은 아니었다. 왜냐하면 사람들은 아마도 다른 사람들이 무엇을 자신의 것으로 원하는지 알 수 없고, 따라서 그것에 손대지 않으며, 또 많은 사람이 같은 것을 원할 수도 있기 때문이다. 오히려 그것은 어떤 종류의 계약, 분할에 의한 것처럼 명시적이거나, 또는 점유에 의한 것처럼 묵시적인 계약에 의해 행해진다(『전쟁과 평화의 법에 관하여(*De jure belli et pacis*)』 제2권,

제2장, 제2절, 4, 5.).]

자연적(natural)이라는 말은 통상 너무 많은 의미로 이해되고, 어의가 너무 막연하므로 정의가 자연적인가 아닌가를 논하는 것은 무익하다고 생각된다. 만약 자기애나 자비심이 인간에게 자연적이라면, 또한 이성과 선견(先見) 역시 자연적이라면, 마찬가지로 같은 형용사가 정의, 질서, 충실, 소유권, 사회에도 적용될 수 있을 것이다. 인간의 성향과 필요는 그들을 협력하도록 인도하고, 그들의 지성과 경험은 그들에게 이러한 협력이 각자 어떤 규칙에 의해서도 자기를 억제하지 않는다면, 그리고 다른 사람의 재산을 존중하지 않는다면 불가능하다고 이야기한다. 그리고 이들 정념과 반성의 결합에서 우리가 다른 사람들 가운에서 똑같은 정념과 반성을 관찰하는 순간부터 정의의 감성은 모든 세대를 통해 인류의 모든 개개인에게서 얼마만큼은 의심할 것도 없이 그리고 확실하게 존재해왔다. 이처럼 총명한 동물에서, 그의 지적인 능력들의 행사에서부터 필연적으로 발생하는 것은 마땅히 자연적이라고 여겨질 것이다.*

* '자연적'은 **이상한**(unusual) 것, **기적적인**(miraculous) 것에 대립하거나, 아니면 **인위적인**(artificial) 것에 대립한다. 앞의 두 의미에서는 정의와 소유권은 의심할 것도 없이 자연적이다. 그러나 이것들은 이성, 선견, 계획, 인간의 사회적 통일이나 연합을 가정하고 있으므로 아마도 자연적이라는 그 형용사는 엄격하게 말해 인위적에 대립하는 마지막 의미에서 정의와 소유권에 적용될 수 없다. 만약 인간이 사회 없이 살았더라면, 소유권은 어떤 경우에도 알려

지지 않았고, 정의나 불의는 어떤 경우에도 존재하지 않았을 것이다. 그러나 인간에게서 사회는 이성이나 선견 없이는 불가능했다. 집단을 형성하는 더욱 열등한 동물은 본능 — 이성의 자리를 대신하는 — 에 의해 인도된다. 그러나 이 모든 논쟁은 단지 언어적인 것에 불과하다.

모든 문명화된 국민 중에는 소유권의 결정에서 자의적이고 불공평한 것은 모두 배제하고, 사회의 모든 구성원에 대해 평등하도록 하는 일반적 견해와 고려에 의해 재판관의 판결을 확정하려는 지속적인 노력이 이루어져왔다. 왜냐하면 재판관이 가장 사소한 사례에서조차 사적 우정이나 적의(敵意)를 고려하는 데 습관이 된 것 이상의 위험은 있을 수 없다는 것 말고도 사람들이 개인적인 호의 외에는 적대자가 유리하게 되는 다른 어떤 이유도 존재하지 않았다고 상상하는 경우, 그들이 장관이나 재판관에 대해 가장 강한 악의를 품기 쉽다는 것은 확실하기 때문이다. 그러므로 자연적 이성이 소유권의 논쟁을 결정할 수 있는 공공 이익에 관한 확정적 견해를 나타내지 못할 때는 종종 실정법이 그 자리를 대신하고, 모든 사법재판소의 소송 절차를 지도하도록 고안된다. 종종 일어나는 것처럼 이 두 가지가 모두 실패로 돌아갈 경우 판례가 요구된다. 그리고 이전의 판결은 비록 그 자신은 아무런 충분한 이유 없이 주어진 것이라 하더라도 당연히 새로운 판결을 내리기 위한 이유가 된다. 직접적인 법이나 판례가 부족한 경우에는 불완전하고 간접적인 법과 판례가 원용되며, 계류 중인 사건은 유비 추론과의 비교를 통해 가끔은 현실적이라기보다는 오히려 공상적인 유사와 대응함으로써 간접적인 법과 판례 아래 분류된다. 일반적으로 법학은 이 점에서 모든 과학과 다르며, 이 모든 좀 더 미묘한 문제에서는 어떤 것이 참인지 혹은 거짓인지 적절하게 말해질 수 없다고 단언해도 무방할 것이다. 만약 한쪽의 변호사가 정밀한 유비나 비교를 통해 사건을 이전의 법이나 판례 중 어느 하나를 적용한다면, 대립하는 측의 변호사가 대립적인 유비나 비교를 찾아내는 것은 어렵지 않다. 그리고 재판관이 내린 선택은 가끔은 견실한 논증보다 취미와 상상력에 기초를 두고 있다. 공공의 효용은 모든 사법재판소의 일반적인 목적이다. 그리고 이 효용성도 모든 논쟁에서 안정적인 규칙을 요구한다. 그러나 거의 동등하고 차이가 없는 여러 규칙이 나타날 경우, 그 어느 쪽이든 유리하게 판결을 확정하는 것은 매우 사소한 사유의 경향이다.*

* 소유의 분리 또는 구별이 존재하며, 이러한 분리가 변동이 없고 항상적이라고 하는 점은 사회의 이익에 절대적으로 필요하며, 그러므로 정의와 소유권의 기원이 된다. 어떤 소유물이 특정 개인에게 할당되는가는 일반적으로 말해서 별로 중요한 것이 아니고, 가끔은 대단히 경솔한 견해나 고려를 통해 결정된다. 두세 가지 사항을 언급해보자.

만약 어떤 사회가 몇몇 독립된 구성원 사이에서 형성된다면, 동의할 수 있는 가장 명료한 규칙은 **현재의** 소유(present possession)에 소유권을 부가하고, 모든 사람에게 현재 그가 누리고 있는 것에 대한 권리를 위임하는 것이다. 사람과 대상 사이에 일어나는 소유관계는 자연스럽게 소유권의 관계에 의거한다.

같은 이유로 점유(occupation) 혹은 최초의 소유(first possession)는 소유권의 기초가 된다.

나무를 베어내거나 나무로 무언가를 만든다거나 땅을 경작하는 것에서처럼 어떤 사람이 지금까지는 누구에게도 속해 있지 않았던 어떤 대상에 노동과 근면을 부여하는 경우에는 그가 산출하는 변화는 그와 대상 간의 관계를 형성하고, 소유권의 새로운 관계를 통해 그 대상을 그에게 부가하도록 자연스럽게 우리를 유도한다. 여기서 이 원인은 근면과 노동을 촉진하는 데서 성립하는 공공의 효용과 일치한다.

이러한 사례에서는 아마도 소유자에 대한 개인적인 인간성도 그 밖의 동기들과 협력하고, 그가 땀과 노동으로써 획득한 것, 또한 내심으로 언제까지나 그것을 누릴 것이라고 믿어온 것을 그에게 위임하도록 우리를 유도한다. 왜냐하면 정의의 덕은 너무나 자주 개인적인 인간성과 모순되므로 개인적인 인간성은 결코 정의의 기원일 수 없음에도 소유의 분리와 항상성의 규칙이 일단 사회의 불가피한 필요에 의해 형성되면, 개인적인 인간성 및 다른 사람에게 불법을 자행하는 것에 대한 혐오는 특수한 사례에서 소유권의 특수한 규칙을 낳을 수 있기 때문이다.

나는 계승(succession) 또는 상속(inheritance)의 권리가 그들의 상상력의 결합에 크게 의존하고 있다고, 또한 대상의 관계를 일으킨 이전 소유자에 대한 관계가 어떤 사람에게 그의 친인척의 사후 소유권이 양도되는 이유라고 생각하고 싶은 마음이 크다. 아이들이나 가까운 친척에게 소유가 양도됨으로써 근면이 더 촉진되는 것은 사실이다. 그러나 이러한 고려는 문명사회에서만 일어날 것이다. 반면에 계승의 권리는 가장 야만적인 사람들 사이에서조차 존중된다.

첨부(accession)에 의한 소유권의 획득은 상상력의 관계와 결합에 의하지 않고서는 결코 설명될 수 없다.

강의 소유권은 대부분 국가법에 따라, 그리고 우리 생각의 자연적 경향에 따라 이 강둑들의 주인에게 귀속된다. 라인강이나 다뉴브강 같은 광대한 강은 제외된다. 이 강들은 너무나 넓어서 인접한 벌판의 소유권에 대한 첨부로 추정될 수 없는 것처럼 보인다. 그러나 이러한 강들조차 그 강이 영토를 흐르는 국가의 소유로 간주된다. 한 국가의 관념은 이들 영토에 상응하는, 그리고 공상(空想) 속에서 이들 영토와 그런 관계를 갖기에 접합한 크기로 되어 있기 때문이다.

민법학자들에 의하면, 강에 접해 있는 육지에 대해 만들어지는 첨부들은 그들이 **신생지**(alluvion)[3]라 부르는 것에 의해, 즉 눈에 보이지 않을 정도로 그리고 눈치 채지 못할 정도로 만들어진다면, 육지에 종속된다. 첨부들은 그 결합 속에서 상상력을 돕는 상황인 셈이다.

강의 한쪽 둑에서 어딘가 상당한 부분이 찢어져서 다른 쪽 둑에 부가될 경우, 그것이 맞닿게 되는 육지 **소유자**의 재산이 되는 것은 그 부분이 그 육지와 결합할 때부터이며, 나무나 식물이 뿌리를 양쪽으로 넓히고 날 때부터다. 그때까지 생각은 충분할 정도로 그것들을 연결하지 못한다.

요약하면 우리는 사람들의 소유에서의 분리와 항상성의 필요성과 특정한 대상을 특정한 사람에게 할당하는 규칙 사이를 항상

3 〈충적 등에 의해 물가에 새로 생긴 땅.〉

구별하지 않으면 안 된다. 전자의 필요성은 명백하고, 강력하며, 불가항력적이다. 후자는 그보다 가볍고 하찮은 공공의 효용에, 개인적인 고난에 대한 개인적인 인간성과 혐오의 감정에, 실정법에, 판례, 유비 그리고 상상력의 아주 정치한 결합과 경향에 의존한다. [이 주석은 K판에 추가되었다.]

[4]우리는 이 주제의 결론을 내리기에 앞서 당연히 다음을 관찰할 것이다. 즉 정의의 법이 일반적인 효용성의 관점에 의해 확정된 후에는 그것들의 침해에서부터 어떤 한 개인에게 결과적으로 발생하는 위해, 고난, 해악이 대단히 많이 고려되고, 이러한 위해, 고난, 해악은 모든 사악이나 부정을 수반하는 보편적 비난의 커다란 원천이 된다. 사회의 법에 따라 이 외투, 이 말은 나의 것이며, 영속적으로 나의 소유로 남아 있**어야**(ought) 한다. 나는 그것들을 안전하게 누릴 것을 기대한다. 나에게서 그것을 탈취함으로써 여러분은 나의 기대에 어긋나게 되고, 이중으로 나를 불쾌하게 했으며, 또한 모든 방관자의 기분을 상하게 했다. 공정의 규칙을 침해하는 한 그것은 공적인 죄악이며, 개인에게 위해가 가해지는 한 그것은 개인적인 해악이다. 그리고 전자가 먼저 확립되어 있지 않다면, **나의 것**(mine)과 **당신의 것**(thine)의 구별은 사회에서 알려지지 않을 것이므로 둘째 고려는 일어날 수 없지만, 일반적인 선에 대한 고려가 특수한 선에 대한 존중을 통해 크게 강화되는 데는 의문의 여지가 없다. 어떤 개인에게도 해를 끼치지 않고 공동체를 해롭게 하는 것은 가끔은 비교적 가볍게 생각된다. 그러나 가장 큰

4 [G판의 몇몇 사본은 이 단락을 포함하지 않는다. 다른 사본에서는 그 면이 파기되었고, 이 단락을 포함하는 새 면이 삽입되었다.]

공공의 죄악이 개인의 상당한 죄악과 연결되면, 당연히 그런 부정한 행동에 최고조의 부인(否認)이 수반되더라도 이상할 일은 아니다.

[부록 4]*

몇 가지 언어상의 논쟁에 관하여

철학자들이 스스로 가장 중요하며 가장 깊은 관심의 대상이 되는 논쟁을 취급하고 있다고 상상할 때, 사실은 문법학자의 영역을 침범하고, 언어상의 논쟁에 종사하는 데 불과한 경우는 아주 흔한 일이다. [1][내가 현재 연구하고 있는 대상을 매우 신중하게 진술하고자 노력하고, 또한 단순히 한편으로는 사랑이나 경의의 대상이 되고 인물의 가치 일부를 이루는 심적인 여러 성질의 표를, 다른 한편으로는 질책이

---

* [이것은 G-N판에는 제6장 「우리 자신에게 유용한 성질들에 관하여」의 제1절로 되어 있다.]

1 [G-M판에는 [내가 현재 연구하고 있는 대상 … **둘째**, … 이상한 일은 아니다.] 부분이 빠져 있고, 다음 구절이 그것을 대신하고 있다. "그래서 만약 우리가 **여기서 마음의 모든 칭찬할 만한 성질들은 덕 또는 도덕적 속성이라고 여겨져야 한다**고 주장하거나 아니면 부정한다면, 많은 사람은 우리가 윤리학의 가장 심오한 사변 중 하나에 들어갔다고 상상할 것이다. 다만 그때 아마도 대부분의 논쟁은 완전히 언어상의 문제라는 것이 분명해지리라 생각된다. 따라서 가능한 한 모든 시시콜콜한 세부 사항과 언쟁을 회피하기 위해 우리는 **첫째**, 일상생활에서 모든 종류의 심적 성질들에 의해 산출된 칭찬 또는 시인의 감정은 매우 유사하며, **둘째**, 모든 고대의 도덕가들(최선의 모범)은 이것들을 다룰 때 이것들 사이에 거의 또는 전혀 차이를 설정하지 않는다는 점을 관찰하는 것에 만족하게 될 것이다."
N판에는 "**첫째**"로 시작하는 단락의 "정확한 정의가 내려진다고 생각하지 않는다"까지 빠져 있으며, 다음의 구절이 그것을 대신하고 있다. "그래서 만약 우리가 덕이라고 칭해지는 심적 성질들의 정밀한 정의나 서술을 찾고자 한다면, 우리는 다소간 당황하게 되며, 처음에는 자기 자신이 해결하지 못하는 곤란에 휘말려 들어간다는 것을 발견할 수도 있다."]

나 비난의 대상이 되고 그것들을 소유하는 인물의 성격의 가치를 떨어뜨리는 여러 성질의 목록을 수집할 것을 제안하며, 그것들의 칭찬이나 비난의 감정의 기원에 관해 약간의 반성을 추가한 것은 너무나 시시콜콜하고 또 끝없이 벌어지는 언쟁을 피하기 위한 것이었다. 조금이라도 주저함이 생겨나는 경우 나는 항상 **덕**과 **악덕**이라는 용어를 피했다. 왜냐하면 내가 칭찬의 대상들로 분류했던 성질 중 약간은 영어로 덕보다는 오히려 **재능**(talents)이라는 명칭을 받으며, 비난해야 할 또는 나무라야 할 성질 중 약간은 종종 악덕이라기보다는 **결함**이라 하기 때문이다. 우리가 이 도덕적 연구를 끝내기에 앞서 하나를 다른 하나로부터 정확하게 분리하고, 덕과 재능, 악덕과 결함의 엄밀한 경계선을 표시하며, 그런 구별의 이유와 기원을 설명하는 일이 지금 아마도 기대될 것이다. 그러나 결국 문법적인 연구에 불과하다는 것이 판명될 이 일을 면하기 위해 나는 다음의 네 가지 반성을 부가할 것이다. 그러한 반성은 내가 현 주제에 대해 말하고자 하는 모든 것을 포함할 것이다.

첫째, 나는 영어 또는 다른 어떤 근대어에서도 덕과 재능, 악덕과 결함 간에 경계가 엄밀하게 확정되어 있다거나, 한쪽이 다른 쪽과 대비되는 것처럼 정확한 정의가 내려진다고 생각하지 않는다. 예를 들어 우리가 존경할 만한 성질들에서 의도적인 것(voluntary)만이 덕의 명칭에 합당하다고 말한다면, 우리는 곧바로 용기, 평정, 인내, 극기의 성질들을, 거의 혹은 전혀 우리의 선택에는 의존하지 않지만 거의 모든 국어가 이러한 명칭 아래에 분류하는 많은 다른 성질들과 함께 떠올릴 것이다. 만약 우리를 격려하여 사회에서 우리의 역할을 하게 하는 성질들만이 어떤 명예로운 처우를 받을 자격이 있다고 단언하더라도 사실상 이러한 성질들은 가장 가치 있으며, 통상 **사회적인** 덕이라고 칭해진다는 것. 그러나 이 형용사 자체가 다른 종류의 덕이 존재한다는 점을 상정하고 있다는 것이 곧바로 마음에 떠오를 수밖에 없다.[2] 만약 우리가 **지적** 자질과 **도덕적** 자질 간의 구별을 포착하고, 후자만이 행위로 귀결하기 때문에 참되고 순수한 덕이라고 단언하더라도 우리는 사려, 통찰력, 식별력, 분별력 같은 통상 지적인 덕이라고 불리는 성질 중 많은 것도 행동에 대해 상당한 영향을 가진다는 점을 발견할 것이다. **심성**과 **두뇌**의 구별 또한 채택될 수 있다. 전자의 성질들은 그것들이 직접 행사될 때 어떤 감정이 수반되는 것으로 정의되고, 이것들만이 순수한 덕이라고 부를 수도 있다. 그러나 근면, 검약, 절제, 묵직한 입, 인내 및 다른 많은 칭찬할 만한 힘 또는 습성은 일반적으로 덕이라 칭해지지만, 그것들을 소유하는 사람에게 어떤 직접적인 감정도 수반함 없이 행사되며, 단지 그것들의 결과에 의해서만 그에게 알려질 뿐이다. 이러한 모든 외견상의 혼란 속에서 문제가 단순히 언어적인 것에 불과하며, 아마 어떤 중요성도 가질 수 없다는 점은 다행이다. 도덕적 · 철학적인 담론이 언어의 이러한 모든 변덕에 개입할 필요는 없다. 그런 변덕들은 방언이 달라지면, 그리고 같은 방언이라도 시대가 달라지면 매우 쉽게 변화한다.[3] 그러나 전체적으로 본다면, 많은 다른 종류

---

2 [N판에는 다음과 같은 주가 추가되어 있다.
"우리의 국어에 덕이라고 말해지는 것에는 늘 많은 다른 종류가 존재하는 것처럼 생각된다. 그러나 어떤 사람이 **유덕**하다고 말해지거나 덕이 있는 사람이라고 칭해질 때 우리는 주로 사실상 가장 가치 있는, 그의 사회적 성질들을 고찰하고 있다. 그것들은 탁월성 때문에 **덕**이라 부른다."]

3 [다음의 네 문장 대신에 N판에는 다음과 같은 구절이 나온다.
"윤리학을 취급할 때 영어로는 반드시 덕의 명칭 아래에 분류되는 것은 아닌, 칭찬할 만한 성질들에 대해 언급되는 일이 때때로 일어날지도 모른다. 그러나 우리가 그렇게 하는 까닭은 단지 우리가 한쪽과 다른 한쪽 간에 어떻게 정밀한 선을 그어야 할지에 관해 당혹하기 때문이거나 적어도 그 문제를 단순하게 문법상의 문제라고 생각하기 때문이다. 그리고 이 점

의 덕이 존재하는 것은 항상 인정되지만, 누군가가 **유덕**하다고 불리거나 덕이 있는 사람이라고 칭해지는 경우, 우리는 주로 그가 가지고 있는 가장 가치 있는 사회적 성질들을 고려하고 있다고 생각한다. 동시에 용기, 절제, 근면, 이해력, 마음의 위엄이라는 점에서 나타나는 어떤 현저한 결함이, 대단히 선량한 마음씨를 가진 정직한 사람이라 하더라도 그에게서 이 명예로운 명칭을 박탈하리라는 것은 확실하다. 이러한 사람은 위대한 덕의 소유자이지만, 터무니없는 멍청이라고 비아냥거리는 소리가 아니라면 그렇게 말하는 사람이 누가 있겠는가?

그러나 **둘째**, 언어가 덕과 재능, 악덕과 결함 사이의 경계를 그만큼 정확하게 나타내지 않는 것은 그것들에 대한 우리의 내적인 평가에서 거의 구별이 이루어지지 않기 때문에 별로 이상할 것도 없다.] 가치를 자각할 때의 **감정**, 즉 자신의 행동이나 성격의 음미에서 나오는 자기만족, 그래서 다른 모든 감정에 비해 가장 일반적이지만, 우리의 국어에서는* 적절한 이름을 가지지 않은 이러한 감정은 어떤 다른 심적인 탁월성과 마찬가지로 용기와 역량, 근면과 재간에서 생겨나리라는 것은 확실한 듯이 보인다. 다른 한편, 자신의 어리석음과 방탕에 대해 반성하면서도 그리 깊이 마음 아파하지 않는 사람이 있겠지만, 그런 사람이라도 버릇없고 어리석게 처신했던 모든 과거의 사건이 그의 기억에서 사라지지 않는다면, 남모르는 비탄이나 회한을 느낄 수밖에 없지 않겠는가? 사람들은 자기 자신의 어리석은 행동에 대한 잔혹한 관

에서 우리가 취급하는 방식을 더 완전히 정당화하기 위해 **첫째**, 일상생활에서는 모든 종류의 심적 성질들에 의해 산출되는 칭찬 또는 시인의 감정은 거의 비슷하다는 것, **둘째**, 모든 고대의 도덕가(최선의 모범)는 이들을 다룰 때 이들 사이에 거의 또는 전혀 차이를 설정하지 않는다는 점을 명확하게 하려고 노력할 것이다."]

념이나 두려움 또는 뻔뻔스러움이 그에게 가져다준 모욕에 관한 잔혹한 관념은 아무리 시간이 지나더라도 없어지지 않는다. 그런 관념은 여전히 그의 고독한 시간에 빈번하게 나타나 그의 가장 야심적인 생각들의 기세를 꺾어놓으며, 그를 그 자신에 대해서조차 상상할 수 있는 가장 경멸해야 할 그리고 상상할 수 있는 한 가장 불쾌한 색채로 나타낸다.

* 자부(pride)라는 용어는 통상 나쁜 의미로 해석되지만, 이 감정은 중립적이라고 생각된다. 그리고 그것에 충분한 근거가 있는가 그렇지 않은가에 따라, 또한 그것에 동반되는 다른 정황들에 따라 좋게도 나쁘게도 사용될 수 있다. 프랑스 사람들은 이 감정을 **자기 자신의 사랑**(*amour propre*)이라는 용어로 표현하지만, 그들은 허영도 자기애도 같은 용어로 표현하기 때문에 이로부터 로슈푸코[4]나 그 밖의 많은 도덕 저술가에서 큰 혼란이 생겨난다.

또한 우리가 이러한 큰 실책, 유약, 비열함보다 다른 사람에게 더 숨기고 싶거나, 조롱과 비아냥에 노출되는 것보다 더 두려움에 떠는 것이 어디 있을까? 그리고 우리의 용감 또는 지식, 우리의 기지 또는 교양, 우리의 웅변 또는 솜씨, 우리의 취미나 수완은 허영의 주요한 대상이 아닐까? 우리는 이것들을 과시하지는 않더라도 조심스럽게 보여주며, 심지어 사회적 덕들 자체에서보다 이것들에서 더 탁월하고 싶은 야심을 보여준다. 그러나 실제로는 사회적 덕들이 훨씬 탁월한 것

4 〈로슈푸코(Rochefoucault, 1613~1680)는 프랑스의 귀족 출신 작가이자 도덕가[모럴리스트]다.〉

이다. 선량한 성질, 정직, 특히 후자는 꼭 필요한 것이기 때문에 이러한 의무들에 대한 어떤 침범에서도 가장 큰 질책이 수반되겠지만, 인간 사회의 유지에 필수적인 것처럼 보이는 그런 것들의 일반적인 사례에서는 어떤 특별한 칭찬도 뒤따라오지 않는다. 그리고 왜 사람들은 종종 자신들이 가지고 있는 심성의 여러 성질을 그렇게 노골적으로 칭찬하는 데 반해, 자신들이 가지고 있는 두뇌의 자질들을 칭찬하는 데는 신중한 태도를 보이는지 그 이유는 나에게 다음과 같다고 여겨진다. 왜냐하면 후자의 덕은 더 희소하고 특별하게 여겨지므로 자부와 자만의 더 일반적인 대상인 것으로 관찰되기 때문이며, 그리고 그런 자질들을 자랑하게 될 때, 이것들에 대한 자부와 자만의 감정은 아닌가 하는 강한 의심이 생겨나기 때문이다.

여러분이 어떤 사람을 악한이라 부르거나 겁쟁이라고 부를 때, 어느 쪽이 그 사람의 성격을 가장 다치게 하는지, 또한 짐승 같은 폭식가 또는 술꾼이 이기적이고 도량이 좁은 수전노와 같이 혐오스럽고 경멸스러운 것인지 어떤지는 말하기 어렵다. 나에게 선택하라고 하면, 나 자신의 행복과 자기쾌락을 위해서는 데모스테네스와 필리포스의 다른 모든 덕을 겸비하기보다는 오히려 우의가 두텁고, 인정이 많은 마음을 갖고 싶다. 그러나 나는 세상에 대해서는 오히려 광범위한 천부적인 재능과 두려움을 모르는 용기를 부여받은 사람으로 인정받고 싶으며, 이로부터 일반적인 칭찬과 감탄의 더 현저한 사례들을 기대할 것이다. 사람이 인생에서 만들어낸 색다른 모습, 교제에서 받게 될 환영, 지인이 그에게 표하는 존경, 이 모든 것의 이점은 그의 성격의 다른 부분에 의존해 있는 것과 마찬가지로 그의 양식과 판단력에 의존해 있다. 설령 어떤 사람에게 세계에서 가장 선한 의도가 있고, 그가 모든 부정과 폭력에서 가장 멀리 떨어져 있다 하더라도 적어도 타고난 재능과 지성의 적당한 몫이 없다면, 그는 자신을 크게 존경받게 할 수는 없을 것이다.

그렇다면 여기서 논쟁할 수 있는 것은 무엇에 관한 것일까? 만약 사려와 용기, 절제와 근면, 지혜와 지식이 분명히 **인물의 가치**의 상당 부분을 이룬다면, 이런 성질을 소유한 사람은 그것들을 완전히 결핍한 사람보다 자신에게 더 만족하기도 하며, 다른 사람의 선의, 존경, 봉사를 더 받을 자격이 있다면, 요컨대 이러한 자질들이나 사회적 덕에서 생기는 **감정들**이 유사하다면, **말**에 관해 그렇게 극단적으로 면밀하거나 그것들이 덕의 명칭을 받을 자격이 있는가 어떤가를 논쟁할 이유가 과연 있을까?[5] 사실상 이러한 재능들이 만들어내는 시인의 감정은 정의와 인간성의 덕에 수반되는 것보다 **하위에 있다**는 것 말고, 또한 약간 **다르다**고 주장될 수 있다. 그러나 이것은 그런 것들을 완전히 다른 부류와 명칭 아래 분류하기 위한 충분한 이유인 것처럼 보이지는 않는다. 살루스티우스[6]가 묘사한 카이사르와 카토[7]의 성격은 모두 말의 가장 엄격한, 그리고 가장 제한된 의미에서 유덕하다. 그러나 그 방식에

---

5 [G-M판에는 다음과 같은 주가 부가되어 있다. "우리의 국어에서 용기, 절제, 근면, 절약 등은 일반적인 양식에 따르면 **덕**이라 불린다. 그러나 어떤 사람이 **유덕**하다고 말해질 때, 또는 덕이 있는 사람이라고 칭해질 때, 우리는 주로 그의 사회적 성질들을 고려하고 있다. 방언이 다르면 또 동일한 방언이라도 시대가 다르면, 매우 변화하는 이러한 말의 모든 변덕에 도덕적·철학적 논술이 들어갈 필요는 없다. 인간의 **감정들**이 더 중요한 것이고, 그와 마찬가지로 더 일관된 것이기 때문에 사색의 더 적당한 대상이 된다. 무엇보다 동시에 우리는 사회적 덕이 거론되는 경우에는 언제나 이러한 구별에 의해 서로 다른 성질의 다른 덕도 존재한다는 것이 분명히 암시되고 있다는 것을 정당하게 인정할 수 있다."]

6 〈살루스티우스(Sallust, 기원전 95~35)는 고대 로마의 정치가, 역사가다.〉

7 〈카토(Cato, 기원전 95~46)는 로마 공화정 말기의 정치인으로 율리우스 카이사르와 대적하여 로마 공화정을 수호한 것으로 유명하고, 스토아학파의 철학자이기도 했다.〉

서는 다르다. 또한 그들에게서 생겨나는 감정들도 완전히 같지 않다. 한 사람은 사랑을 낳고, 다른 한 사람은 경의(敬意)를 낳는다. 한 사람은 온후하며, 다른 한 사람은 경외(敬畏)해야 한다. 우리는 한 인물을 친구로 만나고 싶어 하지만, 다른 인물을 우리 자신 안에서 열망할 것이다. 마찬가지로 절제 또는 근면, 검약에 수반되는 시인은 사회적 덕에 표해진 시인과 다소 다를 수 있다. 그러나 그것은 그것들을 전혀 다른 종류의 것으로 만들지는 않는다. 그리고 사실상 우리는 이러한 자질들이 모두 같은 종류의 시인을 산출하지 않는다는 점에서 다른 덕들 이상의 것임을 관찰할 수 있다. 양식과 천재는 경의나 존경을 낳으며, 기지와 유머는 사랑과 호의를 불러일으킨다.*

* 사랑과 경의는 거의 같은 정념이며, 유사한 원인에서 생겨난다. 이 두 정념을 낳는 성질들은 쾌락을 전달하는 것과 같다. 그러나 이러한 쾌락이 엄숙하고 진지한 경우나 그것의 대상이 위대한 경우, 강한 인상을 만드는 경우, 또는 그것이 어느 정도의 비하와 경외를 낳는 경우, 이 모든 사례에서 쾌락으로부터 생겨나는 정념은 더 적절하게는 사랑이기보다 경의라 칭해진다. 자비심은 이 둘을 수반하지만, 더 뛰어난 정도에서 사랑과 결합한다. 또한 경의에서 비하의 혼합보다 경멸에서 자부의 혼합이 더 강력한 것처럼 생각된다. 그리고 그 이유는 정념을 정밀하게 연구하는 사람에게는 어렵지 않을 것이다. 이러한 다양한 감정의 혼합이나 구성, 외관은 모두 매우 호기심을 주는 사색의 주제를 형성하지만, 우리의 현재 목적과는 거리가 멀다. 이 연구의 곳곳에서 우리는 언제나 어떤 성질들이 칭찬이나 질책의 주제인가를 일반적으로 고찰하고 있으며,

그것들이 불러일으키는 감정의 모든 세밀한 차이까지 들어가지는 않는다. 경멸을 받는 것은 무엇이나 증오를 받게 되는 것과 마찬가지로 혐오의 대상이 된다는 것은 분명한 사실이다. 그리고 우리는 여기에서 대상들을 그것들의 가장 단순한 견해와 외관에 따라 해석하고자 노력한다. 이러한 과학들은 불필요한 사색을 배제하고, 누구에게도 이해될 수 있도록 사전에 모든 주의를 기울였음에도 유감스럽게 일반적인 독자에게는 추상적인 것처럼 보인다.

대부분의 사람들은 당연히 미리 생각하지 않고, 어느 우아하고 명민한 시인[8]의 정의에 동의하리라고 나는 생각한다!

덕(단순한 호인은 바보이기 때문에)이란
인간성을 수반하는 사려와 기개(氣槪)다.

헤픈 씀씀이, 쓸데없는 허영, 공상적인 계획, 방자한 쾌락, 또는 과도한 도박에 자신의 재산을 탕진한 사람에게 우리의 관대한 원조나 친절을 요구할 어떤 구실이 있을까? 이러한 악덕(우리는 그것들을 그렇게 부르는 데 주저하지 않기 때문이다)은 그것들에 탐닉한 모든 사람에게 동정을 받지 못하는 불행과 경멸을 가져온다.

현명하고 신중한 왕자인 아카이오스[9]는 함정에 걸리지 않도록 몸을 보호하기 위해 모든 분별 있는 예방책을 강구했음에도 치명적인 함

8 [암스트롱, 『건강법(*The Art of preserving Health*)』 제4권.]

9 〈아카이오스(Achaeus)는 시리아의 왕 안드로마쿠스(Andromachus) 3세의 장군이 된 후 독립을 선언하고, 그 때문에 처형되었다(기원전 213년).〉

정에 빠져 왕관과 생명을 잃었다. 역사가들은 그 때문에 그가 존경과 연민의 정당한 대상이 되었고, 그의 배신자들만이 증오와 경멸의 대상이 되었다고 말한다.[10)]

내란 초기에 폼페이우스(Pompey)의 서두른 도망과 선견지명이 없는 태만은 키케로에게 그 위대한 인물에 대한 그의 우정을 완전히 식혀버릴 만큼 악명 높은 큰 실책인 것처럼 보였다. 그는 말한다. "**연인의 청결, 예의 또는 분별의 결여로 인해 우리의 애정이 소원하게 되는 일이 발견되는 것과 마찬가지다.** 왜냐하면 그는 친구인 아티쿠스(Atticus)에게 철학자의 자격으로서가 아니라 정치가 및 세상 물정에 정통한 사람의 자격으로 말하는 장면에서 그러한 견해를 표명하고 있기 때문이다."[11)]

그러나 그 바로 동일한 키케로가 철학자로서 추론하는 경우에는 모든 고대의 도덕가들을 모방해서 자신의 덕 관념을 대단히 크게 확장하고, 마음의 모든 칭찬할 만한 성질 또는 자질을 그런 명예로운 명칭 아래에 포괄한다. [12)]이것은 우리가 이야기하기로 제안했던 **제3의** 반성, 즉 최고의 모범인 고대의 도덕가들이 여러 다른 종류의 심적 자질과 결함 사이에 어떤 실질적인 구별도 하지 않았고, 모든 것을 덕, 악덕의 명칭 아래 똑같이 취급했으며, 그것들을 무차별적으로 그들의 도덕적 추론의 대상으로 삼은 반성으로 진행한다. 키케로의 『의무론』에서 설명된 **사려**는 진리의 발견으로 인도되고, 우리를 오류와 실수에서 보전하는 현명함이 된다. **너그러움, 절제, 예의**도 또한 거기에서 상세하

---

10 폴리비오스(Polybius), 『역사』 제8권, 제3장.

11 『아티쿠스에게 보낸 서간집』 제9권, 서간 10, 2.

12 [다음의 문장은 Q판에 추가되었다.]

게 논해지고 있다. 그리고 저 웅변가인 도덕가는 보통 인정되고 있는 네 가지 주요 덕이라는 구별을 따르고 있으므로 우리의 사회적 의무들은 그의 주제의 일반적 분류 중에는 단지 하나의 항목을 형성하는 데 불과하다.*

* 키케로의 다음 구절은 상상될 수 있는 한 우리의 논지에 가장 명확하고 분명하기에 인용할 가치가 있고, 주로 언어상의 논쟁에서는 저자가 저자인 만큼 어떤 항의할 여지가 없는 권위를 가지고 있음에 틀림없다.

"Virtus autem, quae est per se ipsa laudabilis, et sine qua nihil laudari potest, tamen habet plures partes, quarum alia est alia ad laudationem aptior. Sunt enim aliae virtutes, quae videntur in moribus hominum, et quadam comitate ac beneficentia positae: aliae quae in ingenii aliqua facultate, aut animi magnitudine ac robore. Nam clementia, justitia, benignitas, fides, fortitudo in periculis communibus, jucunda est auditu in laudationibus. Omnes enim hae virtutes non tam ipsis, qui eas in se habent, quam generi hominum fructuosae putantur. Sapientia et magnitude animi, qua omnes res humanae tenues et pro nihilo putantur, et in cogitando vis quaedam ingenii, et ipsa eloquentia admirationis habet non minus, jucunditatis minus. Ipsos enim magis videntur, quos laudamus, quam illos, apud quos laudamus ornare ac tueri: sed tamen in laudenda jungenda sunt eliam haec genera virtutum. Ferunt enim aures bominum, cum ilia quae jucunda et grata, tum etiam ilia, quae mirabilia sunt in virtute, laudari." *De orat*. lib. ii. cap. 84. [그러나 덕은 그 자체로 칭찬할 만한 가치가 있으며, 또한 그것 없이는 어떤 것도 칭찬될 수 없지만, 그럼에도 덕에는 비교적 많은 구별이 있다. 그리고 그중 어떤 것은 다른 것보다 칭찬받기에 더 적합하다. 왜냐하면 어떤 덕들은 인간의 성격에, 즉 어떤 종류의 친절과 선행에 존재하는 것처럼 보이며, 다른 덕들은 어떤 천성의 능력에, 즉 마음의 위대함과 강인함에 놓여 있는 것처럼 보이기 때문이다. 자비, 공정, 호의, 성실, 공동의 위기에서 용감이라는 것은 칭찬받을 때 듣기에 즐거운 덕이다. 왜냐하면 이러한 덕들은 모두 그것을 가지고 있는 사람 자신에게도 인류에게도 유용한 것이라 생각되기 때문이다. 모든 인간적인 일을 평범하거나 가치 없는 것으로 보는 지혜와 마음의 위대함은, 또한 어떤 지적 사고 능력과 웅변 그 자체는 다른 덕과 마찬가지로 칭찬받지만, 즐거움을 주는 일은 적다. 왜냐하면 이것들은 우리가 면전에서 칭찬을 보내는 사람들보다 우리가 칭찬하는 그 당사자들을 아름답게 장식하고 찬찬히 들여다보는 것처럼 보이기 때문이다. 그럼에도 이러한 종류의 덕도 칭찬 중에 추가되어야 한다. 왜냐하면 인간의 귀는 덕에서 찬양되는 칭찬뿐 아니라 즐겁고 유쾌한 것의 칭찬도 견뎌낼 수 있기 때문이다(『웅변가에 관하여』 제2권, 84장).]

내가 생각하기에는 키케로가 만약 오늘날 살아있다면, 그의 도덕적 감정을 좁은 체계에 의해 속박하는 것은, 또는 어떠한 성질들도 『인간의 전체 의무(*The Whole Duty of Man*)』[13)]에 의해 추천된 것이 아닌 한 **덕**으로서 인정되어서는 안 되거나, **인물의 가치** 일부인 것으로 승인되어서는 안 된다는 것을 그에게 납득시키기는 어렵

13 〈『인간의 전체 의무』는 그리스도 교도의 의무에 관한 신앙수양서다. 1658년 또는 1659년 처음으로 출판된 이래 1세기 이상에 걸쳐 널리 읽혔다. 저자는 불명이다.〉

다는 점이 밝혀질 것이다. [이 주는 Q판에 추가되었다.]

우리는 아리스토텔레스의 『윤리학』에 나오는 각 장의 제목을 읽는 것만으로 그가 정의나 우정과 마찬가지로 용기, 절제, 장엄, 도량, 겸손, 사려, 남자다운 솔직함도 덕 사이에 나란히 서 있다는 것을 납득하기에 충분하다.

견디는 것과 **삼가는** 것, 즉 인내하는 것과 자제하는 것은 고대의 어떤 사람들에게는 대체로 모든 도덕을 포괄하는 것으로 여겨졌다.

에픽테토스는 인간성과 연민의 감정에 대해 자신의 제자들에게 그것을 경계하게 하는 목적 이외에 언급한 적은 거의 없었다. 스토아학파 사람들의 덕은 견고한 성질과 건전한 지성에 주로 존재하는 것으로 보인다. 솔로몬과 동방의 도덕가들에게와 마찬가지로 그들에게 어리석음 및 지혜는 악덕 및 덕과 같은 의미로 사용된다.

다윗이 말하고 있는 것처럼[14] "사람들은 네가 네 자신에게 잘 행동할 때 너를 칭찬할 것이다." 그리스 시인이 말하기를, "나는 자기에게 현명하지 못한 현자를 싫어한다"(에우리피데스,[15] 단편 905).[16]

플루타르코스는 그의 역사에서와 마찬가지로 그의 철학에서도 체계에 묶여 있지 않다. 그는 그리스와 로마의 위대한 사람들을 비교할

14 시편(Psalm), 제49편.

15 〈에우리피데스(Euripedes, 기원전 480년경~406년경)는 그리스의 비극 시인이다. 아이스킬로스, 소포클레스와 더불어 가장 뛰어난 비극 시인으로 평가받는다.〉

16 "*Μισω̂ σοφιστὴν ὅστις οὐκ αὑτῳ̂ σοφός.*" [G판에는 참조로 다음처럼 서술되어 있다. "불확실하지만, 루키아노스(Lucian)에 따르면, 너희들은 지대(地代) 대신에 핑계를 모은다"(*Incert, apud Lucianum, apologia pro mercede conductis*). K판에는 본문에서 동일한 말을 참조하고 있지만, 정오표에서 정정하고 있다.]

때, 그들의 모든 결점과 재능들을 그것이 어떤 종류의 것이든 공정하게 대비시키고 있으며, 그들의 명예를 훼손하거나 높일 수 있는 중요한 무엇 하나도 빠뜨리지 않는다. 그의 도덕론은 인간과 예의에 관해 똑같이 자유롭고 자연적인 질책을 포함한다.

리비우스에 의해 묘사된[17] 한니발[18]의 성격은 일면적이긴 하지만, 그에게 많은 탁월한 덕을 인정하고 있다. 그 역사가가 말하기를, 지휘와 복종이라는 서로 대립하는 임무에 대해 그 이상으로 적합한 천재는 아직 없었다. 따라서 그가 장군과 군대 중 어느 것에 대해 자신을 **소중한 사람**으로 만들었는지 결정하기는 어렵다. 하스드루발[19]은 위험한 기도(企圖)의 지휘를 다른 누구에게도 기꺼이 맡기려 하지 않았다. 병사들은 다른 누구의 지휘 아래서도 더 큰 용기와 자신감을 보여주지 못했다. 위험에 직면할 때의 남다른 대담성, 그런 가운데서도 대단한 신중성. 어떤 노고도 그의 육체를 피곤하게 하거나 그의 정신을 굴복시킬 수 없었다. 추위와 더위는 그의 안중에 없었다. 그가 고기와 술을 찾은 것은 자연의 필요를 만족시키는 식량으로서였을 뿐 주색의 욕구를 만족시키는 것으로서는 아니었다. 일어나고 쉬는 것에 대해서도 그는 주야의 구별이 없었다. 이러한 큰 **덕들**은 비인간적인 잔혹, 로마인이 말하는 **카르타고인의 불신**을 넘어선 불신, 맹세, 약속 또는 종

---

17 『로마사』 제21권, 제4장. 〈리비우스(Livy, 기원전 59~기원후 17)는 로마의 역사가다. 정치생활과는 인연을 맺지 않고 142권이라는 방대한 《로마사》 저술에 몰두했다.〉

18 〈한니발(Hannibal, 기원전 247~183)은 카르타고의 장군이며, 카르타고의 두 주 장관 중 한 사람이다. 역사상 가장 위대한 군사령관 중 하나로 평가된다. 제2차 포에니 전쟁에서 로마군에 대한 여러 번의 승리로 유명하지만, 결국 그는 승리를 잃었다.〉

19 〈하스드루발(Hasdrubal)은 기원전 221년에 죽은 인물로 카르타고의 지도자다. 제2차 포에니 전쟁 때 카르타고의 장군이며, 한니발의 동생이다.〉

교에 대한 진실, 신앙, 존경도 없는 등 큰 **악덕들**에 의해 상쇄되었다.

귀차르디니에서 발견된[20] 알렉산데르 6세[21]의 성격은 매우 유사하지만, 더 공정하다. 그리고 근대인조차 자연스럽게 말하는 경우 고대인과 같은 말투를 쓴다는 것을 증명하고 있다. 그에 따르면 이 교황에게는 비범한 능력과 판단력, 감탄할만한 사려, 훌륭한 설득의 재능, 그리고 모든 중대한 기획에서 믿을 수 없을 정도의 근면과 기민함이 있었다. 그러나 이 **덕들**은 그의 **악덕들,** 즉 신의 없음, 종교 없음, 만족할 줄 모르는 탐욕, 엄청난 야망, 그리고 야만스러움 이상의 잔혹함으로 인해 한없이 균형을 잃어버렸다.

폴리비오스[22]는 아가토클레스[23]가 모든 참주 중에서 가장 잔혹하고 신심이 없다는 점을 인정하는 티마이오스[24]를 아가토클레스에 대해 편파적인 태도를 취했다고 비난하면서 다음과 같이 말한다. 만약 아가토클레스가 저 역사가에 의해 주장된 바와 같이 도공(陶工)이라는 그의 이전 직업의 먼지, 연기, 노고를 피해서 시라쿠사에 은신처를 마련했다면, 또한 만약 그가 이러한 비천에서부터 신분을 일으켜 짧은 기간에 시칠리아 전역의 지배자가 되고, 카르타고인의 국가를 극도의 위험에 떨어뜨리며, 그리고 최후에는 노년에 이르기까지 군주의 지위

---

20 『이탈리아사』 제1권. 〈귀차르디니(Guicciardin, 1483~1540)는 피렌체의 정치가, 외교관, 작가다.〉

21 〈알렉산데르 6세(Alexander the Sixth, 1431~1503)는 제214대 교황이다. 전통적으로 호색과 족벌주의, 탐욕 등의 문제로 역사상 최악의 교황으로 손꼽히고 있지만, 이러한 세간의 악평은 대부분 생전에 정적들이던 이탈리아의 고위 성직자들과 영주들한테서 유래했다는 점을 감안해야 한다.〉

22 『역사』 제12권, 15.

23 〈아가토클레스(Agathocles, 기원전 361~289)는 시칠리아섬에 있는 시라쿠사의 참주였다.〉

24 〈티마이오스(Timaeus, 기원전 356년경~260)는 그리스의 역사가다.〉

를 유지한 채 죽었다면, 그가 무언가 비범하고 남다르다는 것을, 일과 전투에 대한 위대한 재능과 재간을 소유하고 있다는 것을 인정해야 하지 않을까? 따라서 그의 역사가는 그를 비방하고 오명을 씌우는 데 이바지했을 뿐만 아니라 그의 **칭찬**과 **명예**에 기여한 것도 서술해야 했다.

일반적으로 말해서 고대인은 자신들의 도덕적 추론에서 의식적이거나 무의식적인 구별을 거의 고려하지 않았다는 점이 관찰될 수 있다. 그들은 그때 **덕이 가르쳐질 수 있는지 여부**의 문제를 대단히 의심스러운 것으로 자주 취급했다.* 그들은 정당하게도 소심, 비열, 경솔, 걱정, 성급함, 우둔 및 다른 많은 마음의 성질들이 의지와 무관한 것이기는 하지만, 추하고 경멸스러우며 가증스러운 것이라고 판단했다. 모든 종류의 외면적인 아름다움보다 심적인 아름다움을 획득하는 것이 모든 인간의 힘으로 가능하다고는 어느 시대에서도 가정될 수 없을 것이다.

* 다음을 참조하라. 플라톤의 『메논』, 세네카의 『현자의 무위(無爲)에 관하여』 제31장, 또한 호라티우스의 「학자가 덕을 준비하는가, 자연이 그것을 주는가」(『서간집』 제1권, 18), 아에스키네스(Aeschines)의 『소크라테스 대화편 I』[25] 제1.

그리고[26] 여기에서 근대 철학자들이 그들의 도덕적 연구에서 종종 고대인의 그것과는 매우 다른 경로를 따라간 이유를 제시할 때 내

25 [아에스키네스의 『소크라테스 대화편 I』에 관한 언급은 O판에 추가되었다.]

26 ["그리고 여기에서 … "부터 "… 노력이 이루어질 때"까지는 G-Q판에는 없다. 그리고 "그러나 철학자들은 … 취급한다"는 문장이 그것을 대신하고 있다.]

가 하고자 생각한 **네 번째** 반성이 생겨난다. 후대에는 모든 종류의 철학, 특히 윤리학은 한때 이교도들 사이에서 관찰되었던 것 이상으로 신학과 밀접하게 통합되었다. 그리고 이 후자의 학문은 타협의 어떤 조건도 인정하지 않고, 자연의 현상 또는 마음의 편향되지 않은 감정에 크게 관심을 두지 않으며, 지식의 모든 부문을 자신의 목적에 따르게 하므로 그 때문에 추론 및 언어조차 이것들의 자연 경로에서 벗어나 대상들의 차이가 어떤 의미에서는 지각되지 않는 경우에도 구별을 확립하려는 노력이 이루어졌다. 철학자들, 혹은 오히려 철학자의 분장을 한 성직자들은 모든 도덕을 보상과 형벌의 제재에 의해 수호되는 민법과 같은 기반에 서 있는 것으로 취급했으며, **의식적**이거나 **무의식적인** 이러한 사정을 그의 이론 전체의 기반이 되게 하는 방향으로 필연적으로 인도되었다. 누구든 **용어**를 자신이 좋아하는 그대로의 의미로 사용할 수 있다. 그러나 이때는 다음과 같은 것이 승인되어야 한다. 즉 의지 또는 선택에 지배되지 않는 대상들을 가지고 있는 비난이나 칭찬의 **감정들**이 매일 경험된다는 것, 그리고 그것에 관해 우리에게는 도덕가로서가 아니라 적어도 사변적인 철학자로서 어떤 만족할 만한 이론이나 설명을 제공할 의무가 있다는 점이 승인되어야 한다.

오점, 결함, 악덕, 죄 등의 표현들은 다른 정도의 질책과 부인을 나타내는 것처럼 보이지만, 그것들은 모두 뿌리에서는 거의 같은 종류의 것이라고 말해도 좋다. 그중 하나에 대한 설명은 우리를 쉽게 다른 것들의 올바른 개념으로 인도한다.[27] 그리고 말의 명칭보다 사물에 주목하는 쪽이 훨씬 중요하다. 가장 통속적인 도덕의 체계에서조차 우리가 자

27 [이 단락의 나머지 부분은 N판에서 추가되었다.]

기 자신에 대해 의무를 져야 한다는 것은 인정된다. 그리고 우리가 사회에 대해 지고 있는 의무와 그 의무[우리 자신에 대한 의무]가 유사성을 가지고 있는가 어떤가를 알기 위해 그 의무를 검토하는 것은 중요한 일임에 틀림없다. 이 두 가지 의무의 준수에 따른 시인은 우리가 이러한 탁월성에 어떤 명칭을 부여하든 유사한 성질을 지니고 있으며, 유사한 원리에서 생겨난다.

한 편의 대화*

내 친구 팔라메데스는 그 자신뿐 아니라 그의 원리들에서도 위대한 방랑자이며, 또한 학문과 여행을 통해 지적이고 물질적인 세계의 거의 모든 영역을 답사한 인물이지만, 최근 어떤 국민의 이야기를 하면서 나를 놀라게 했다. 그가 나에게 이야기한 바에 따르면, 그는 인생의 상당 부분을 그 국민과 함께 보냈고, 그들이 대체로 매우 문명화되고 지성적인 사람들임을 알았다는 것이다.

그는 다음과 같이 말했다. 세상에 포우를리라는 나라가 있는데, 그 나라의 경도나 위도는 아무래도 좋지만, 그 나라의 주민들은 많은 점에서, 특히 도덕에서 우리와는 정면으로 대립하는 사고방식을 가지고 있다. 그들 안에 들어갔을 때, 나는 이중 고통을 감수해야 한다는 점을 알았다. 첫째, 그들의 언어에 있는 용어들의 의미를 배우는 것이며, 그리고 다음으로는 이 용어들의 중요성과 그 용어들에 덧붙여진 칭찬이나 비난을 아는 것이다. 나에게 어떤 낱말이 설명되고, 그 낱말이 나타내는 성격이 기술된 이후 나는 그러한 형용사는 반드시 세상에서 가

* [이 에세이의 기초가 되는 저자의 감정은 저자와 길버트 엘리엇(Gilbert Elliot) 간의 서신 교환에서 표현된다. 다음을 참조하라. Burton, *Life and Correspondence of David Hume*, Vol. I, 12. 이 서신의 일부는 Green and Grose판 *Essays Moral, Political, and Literary*, Vol. I, 52ff에서 재인쇄되었다.]

장 엄하게 질책을 받아야 한다고 단정했다. 그리고 어떤 사람이 공개석상에서 매우 절친하게 그리고 우정을 가지고서 사귀고 있는 인물에게 그것을 적용하는 것을 보고는 극도로 놀라게 되었다. **다음과 같은 상상을 해보라**. 어느 날 나는 어떤 지인에게 **당신은 찬기우스를 철천지원수로 생각하지만, 나는 다툼을 없애고 싶어서 그가 당신에 관해 매우 공손하게 말하는 것을 들었음**을 당신에게 알려야 한다고 이야기했다. 그런데 대단히 놀랍게도 내가 찬기우스의 말을 되뇌었을 때, 나는 그 말들을 완전히 기억하고 이해도 했지만, 그 말들은 그에게 가장 심한 모욕으로 받아들여졌고, 나는 대단히 순진하게도 이 사람들 사이의 분열을 완전히 돌이킬 수 없게 만들었다는 것을 알게 되었다.

다행히 나는 매우 유리한 입장에서 이 사람들 사이에 들어갔기 때문에 즉시 가장 상류의 사람들에게 소개되었다. 그리고 알케익이 자신과 함께 지내기를 원했기 때문에 나는 그의 초대를 즉시 받아들였다. 왜냐하면 나는 그가 인물의 가치로 인해 보편적으로 존경받고 있다는 것을 알았고, 사실상 포우를리의 모든 사람에게 완전한 성격으로 간주되었다는 것을 알았기 때문이다.

어느 날 저녁 그는 굴키에게 바치고 싶어 했던 세레나데에 재미로 동행하지 않겠냐며 나를 초대했다. 그는 나에게 자신이 굴키에게 매혹되었다고 말했다. 그리고 나는 그의 취향이 특이한 것은 아니라는 점을 즉시 알아챘다. 왜냐하면 우리는 같은 용건으로 온 그의 많은 경쟁자들을 만났기 때문이다. 나는 매우 당연하게 그가 사랑한 연인이 마을에서 가장 아름다운 여성(mistress)[1)] 중 하나임에 틀림없다고 단정했

---

1 [G판과 K판에서는 "그의 연인(Flame)"으로 되어 있다.]

다. 그리고 이미 나는 그녀를 만나서 가까워지고 싶다는 것을 은근히 느꼈다. 그러나 달이 뜨기 시작했을 때, 나는 굴키가 공부한 대학교의 한가운데 우리가 있다는 것을 알고는 깜짝 놀랐다. 그리고 그러한 용건으로 나의 친구와 동행한 것에 대해 다소 부끄러웠다.

나중에 나는 알케익이 굴키를 선택한 것은 마을의 상류 사람들 모두에게 크게 인정받았다는 것, 또한 그가 자기 자신의 애욕을 채우는 한편, 그 자신이 엘코우프에게 빚졌던 것과 같은 좋은 역할을 이 젊은이가 해낼 것이라고 모두가 기대했다는 것을 듣게 되었다. 알케익은 청년 시절에 대단히 아름다웠고, 많은 구애자들에게 추파를 받았던 것으로 보인다. 그러나 그는 주로 현자인 엘코우프에게 자신의 호의를 쏟았다. 알케익이 철학과 덕에서 이룬 놀랄만한 진보는 엘코우프 덕분이라고 생각되었다.

알케익의 부인(여담이기는 하지만 그녀는 우연히 그의 여동생이기도 했다)은 이런 종류의 부정(不貞)에 체면이 깎인다는 생각을 전혀 하지 않았다는 사실에 대해 나는 약간 놀랐다.

거의 같은 무렵 나는 알케익이 살인자이며 반역자라는 사실을, 그와 아주 가까운 관계였고 자연과 인간성의 모든 유대에 의해 보호하고 지켜야 할 의무가 있는 무고한 사람을 죽였다는 사실을 알았다(왜냐하면 나에게든 누구에게든 그것은 비밀로 하자는 시도가 이루어지지 않았기 때문에). 내가 가능한 한 온갖 주의를 기울이고 존경을 표하면서 이 행위에 대한 그의 동기가 무엇이었는지 물어보았을 때, 그는 당시 지금만큼 형편이 편치 않았고, 바로 그 건에서 모든 친구의 권고에 따라 행동한 것이라고 냉정하게 대답했다.

알케익의 덕이 너무 극단적으로 칭송되는 것을 듣고는 나는 갈

채의 일반적 소리에 동참하는 척했다. 그리고 단지 타관 사람으로서의 호기심 때문에 그의 모든 고귀한 행동 중 어떤 부분이 가장 칭송되었는지를 물어보았다. 그리고 나는 마침내 우스벡을 암살한 것이 다른 것보다 선호된다는 점에서 모두의 감정이 일치했다는 사실을 알게 되었다. 우스벡은 마지막 순간까지 알케익의 친한 친구였고, 그에게 큰 은혜를 베풀었으며, 그의 생명을 구한 적도 있었다. 그리고 살해된 후에 발견된 그의 유언장에 따라 알케익은 그의 재산 중 상당 부분의 상속자가 되었다. 알케익은 대부분 우스벡의 친구들이기도 한 20~30명 이상과 공모한 것으로 보인다. 그리고 그 불행한 남자가 눈치 채지 못하고 있을 때 일제히 덤벼들어 무수한 상처를 내고 그를 도륙했으며, 과거의 호의와 은혜에 그런 보답을 했다. 사람들의 일반적인 목소리에 의하면 우스벡은 위대하고 선한 자질의 소유자였다. 그의 악덕조차 화려하고 당당하며 장대했다. 그러나 알케익의 행위는 공적을 판단하는 모든 사람의 눈에 그를 우스벡보다 훨씬 위에 자리매김했고, 아마 지금까지 태양이 비추었던 중 가장 고귀한 것에 속할 것이다.

또한 크게 칭찬받았다는 것을 내가 알게 된 알케익의 행동의 또 다른 부분은 칼리쉬에 대한 그의 처신이었다. 그는 칼리쉬와 함께 다소 중요한 계획 또는 사업에 참여했다. 칼리쉬는 다혈질이어서 어느 날 알케익을 심하게 때렸다. 알케익은 매우 참을성 있게 견뎠고, 칼리쉬의 기분이 나아지기를 기다렸으며, 여전히 그와 좋은 관계를 유지했다. 그렇게 해서 그들이 협력한 일이 성공리에 끝났고, 그의 남다른 참을성과 자제에 의해 불멸의 영예를 얻었다.

나는 최근 포우를리에 있는 소식통에게서 편지를 받았다. 내가 떠난 이래 알케익은 건강 상태가 나빠져서 깨끗하게 목매달아 죽었으며,

또한 온 나라 사람들이 널리 애도했다는 것을 알게 되었다. 포우클리 사람들이 이구동성으로 말하기를 그토록 유덕하고 고귀한 삶은 이토록 고귀한 죽음에 의한 것 이상으로 아름답게 마지막을 장식할 수 없었을 것이며, 알케익은 그의 다른 모든 행위, 그의 일생을 통한 그의 변하지 않는 원리, 그리고 마지막 순간까지 자랑으로 삼았던 것에 의해서와 마찬가지로 바로 이 행위에 의해 현자는 위대한 신 비트즐리에 못지않다는 것을 증명했다. 비트즐리는 포우클리 사람들의 최고신을 가리키는 이름이다.

팔라메데스가 계속 말하기를, 이 나라 사람들의 생각은 도덕에 관해서와 마찬가지로 행동 예절과 사교성에 관해서도 특별나다. 내 친구 알케익은 한때 나를 대접하기 위해 포우클리의 1급 재인과 철학자들을 모두 불러 파티를 열었다. 그리고 우리는 집합 장소에 각자 자신의 식사를 가져갔다. 나는 그들 중 한 사람에게 다른 사람보다 음식이 더 적게 제공된 것을 보고, 새끼 암탉 로스인 내 음식의 일부를 그에게 내밀었다. 그리고 그와 그 모임에 참석한 모든 사람이 나의 단순함을 비웃고 있었다는 것을 눈치 채지 않을 수 없었다. 나는 알케익이 한때 공동으로 먹도록 클럽 회원들을 설득할 만큼 상당한 통솔력이 있었다는 것과 그가 그 목적을 위해 대책을 마련했다는 말을 들었다. 그는 음식이 적게 제공되었다는 것을 발견한 사람들에게 권해서 그들의 식사를 동료에게 줄 것을 권유했다. 그러자 더 맛있는 요리를 가져간 다른 사람들은 같은 제안을 하지 않은 것을 부끄러워했다. 내가 들은 바에 따르면 이것은 매우 놀라운 사건으로 여겨져 이후 포우클리의 가장 위대한 천재 중 한 사람에 의해 저술된 알케익의 생애 역사에 기록되었다.

나는 말했다. 팔라메데스, 당신이 포우클리에 있었을 때, 당신은 친구들에게 이상한 이야기를 하고 난 후, 만약 그들이 당신 말을 믿는다면, 그들을 비웃음으로써 당신의 친구들을 웃음거리로 만드는 기술도 배웠는지 알고 싶다. 그는 대답했다. 장담하건대 만약 자신에게 그것을 배울 마음이 있었다면, 세계 안에 그 이상 적당한 장소는 어디에도 없었을 것이다. 몇 번이나 이름이 오르내렸던 나의 친구는 아침부터 밤까지 냉소하고, 조롱하며, 놀리는 일 외에는 아무것도 하지 않았다. 그리고 그가 장난치는 건지 진지한 건지 당신은 거의 분간할 수 없었다. 그러나 당신은 내 이야기가 있을법하지 않다고, 내가 여행자의 특권을 이용했거나 아니 오히려 그런 특권을 남용했다고 생각하는 것 같다. 나는 말했다. 분명히 당신은 장난쳤을 뿐이야. 그런 야만스럽고 난폭한 풍습은 이 사람들이 그렇다고 당신이 말한 문명화되고 지성 있는 사람과는 어울리지 않을 뿐만 아니라 인간 본성과도 거의 어울리지 않는다. 그들은 우리가 일찍이 읽었던 밍글리아 사람들(Mingrelians)이나 토피 남부 사람들(Topinamboues) 사이에 있는 풍습을 뛰어넘는다.

정신 차려, 그는 소리 질렀다. 정신 차려! 당신은 천벌 받을 만한 말을 입 밖에 내고 있다는 것, 그리고 내가 이 기괴한 이름들을 사용하여 처음부터 쭉 넌지시 말했던, 당신이 좋아하는 그리스 사람들, 특히 아테네 사람들을 욕하고 있다는 것을 모르고 있다. 만약 당신이 올바로 생각한다면, 앞에서 말한 성격에는 아테네에서 가장 공적이 있는 사람에게서 발견되지 않는 것은 한 조각도 존재하지 않으며, 게다가 그것은 그의 성격의 빛을 조금도 바래게 하지 않는다. 그리스 사람들의 사랑, 그들의 결혼,* 또한 자신의 아이들을 버리는 일은 곧바로 당신에게 충격을 주지 않을 수 없다. 우스벡의 죽음은 카이사르의 죽음과 조금도 다르지 않은 판박이다.

* 아테네의 법률은 남자에게 그의 배가 다른 자매와의 결혼을 승인한다. 솔론의 법은 노예에게 항문 성교를 허용하지 않았다. 왜냐하면 그런 비천한 사람에게는 지나치게 위엄 있는 행위이기 때문이다.

나는 그를 가로막고 말했다. 모두 하찮은 일뿐이다. 당신은 우스벡이 찬탈자임을 말하지 않았다.

그는 대답했다. 나는 당신이 내가 목표로 했던 대비를 발견하지 못했기 때문에 말하지 않았다. 그러나 이러한 사정을 추가했음에도 우리는 우리의 감정이나 도덕에 따라 브루투스(Brutus)와 카시우스(Cassius)를 배은망덕한 배신자와 암살자라고 칭하는 것에 주저하지 않을 것이다. 그렇지만 그들은 아마 모든 고대인 중 최고의 인격자라는 것, 그리고 아테네 사람들은 두 사람을 위해 조각상을 세우고, 그들을 자신의 해방자인 하르모디우스(Harmodius)와 아리스토기톤(Aristogiton)의 조각상 가까이 모셨다는 것은 당신도 알고 있다. 그리고 만약 당신이 말하는 이 사정이 이런 애국자들을 무죄로 만드는 데 매우 중요하다고 당신이 생각한다면, 나는 언급하지 않았던 다른 사정, 즉 마찬가지로 그들의 죄를 무겁게 하는 사정으로 그것을 상쇄해버릴 것이다. 그들은 파멸적인 목적을 결행하기 2, 3일 전에 모두 카이사르에게 충성을 맹세했다. 그리고 그의 신체 안전을 지킬 것을 맹세하면서, 그의 멸망을 위해 이미 무장한 손으로 제단을 어루만진 것이다.[2]

---

2 아피아노스(Appian), 『내란』(*Bell. civ.*) 제3권; 수에토니우스(Suetonius), 『카이사르전(*Vita Caesaris*)』 84. 〈아피아노스는 160년경 알렉산드리아 출신의 로마 법률가. 초기 시대부터 베스파니아누스 황제 즉위까지 여러 로마 전쟁에 관한 이야기를 그리스어로 편집했다. 수

나는 테미스토클레스[3]의 유명한 그리고 찬양된 이야기나, 작전 회의에서 논쟁으로 흥분하여 그에게 지팡이를 쳐든(막대기로 그를 때린 것과 같은 것이다) 저 스파르타 사람, 즉 그의 부대 지휘관 에우리비아데스(Eurybiades)에 대한 그의 인내를 상기시킬 필요는 없다. 저 아테네인은 외쳤다. 쳐라! 쳐라! 그러나 내 말을 들어라.

당신은 매우 박식한 학자여서 나의 마지막 이야기에서 아이러니한 소크라테스와 그의 아테네인 클럽을 발견하지 못할 리 없다. 그리고 당신은 그것이 이름만 변경되었을 뿐 크세노폰에게서 정확하게 묘사되고 있다는 것을 분명히 알 것이다.[4] 그리고 아테네의 공적이 있는 인물은 우리 사이에서는 근친상간의 죄를 저지른 자, 존속 살인자, 암살자, 배은망덕하게 위증하는 배반자였다는 것을, 아직도 그의 거칢과 예의 없음은 말할 것도 없고, 이름을 올리는 것조차 혐오스러운 다른 것을 나는 공정하게 밝혔다고 생각한다. 그리고 또한 이런 식으로 살았기 때문에 그의 죽음은 완전히 그에게 어울리는 것이었다. 그는 자기살해라는 자포자기의 행위로 그 장면을 끝내고, 가장 어리석은 모독적인 말을 토하고 죽었을 것이다. 그리고 이 모든 것에도 불구하고 그는 제단은 없을지라도 그에 대한 기억을 남기기 위해 조각상이 세워졌을 것이다. 시나 연설은 그를 칭찬하는 말로 구성될 것이다. 큰 당파는 자신들을 그의 이름 앞에서 부르는 것을 자랑스럽게 여길 것이다. 그리고 가장 먼 자손조차 맹목적으로 자신들의 찬미를 계속할 것이다.

에토니우스는 70~160년경의 로마 전기 작가이며 역사가다.〉

3 〈테미스토클레스(Themistocles, 기원전 527년경~460년경)는 아테네의 정치가, 장군. 살라미스 해전에서 페르시아군을 격파했지만, 말년에 실각하고 페르시아로 망명했다.〉

4 크세노폰, 『소크라테스의 회상』(*Mem. Soc.*) 제3권, 14, 1.

무엇보다 우리 중에 그와 같은 인물이 나타났다면, 그들은 당연히 공포와 저주의 눈빛으로 그를 바라볼 것이다.

나는 대답했다. 나는 당신의 술책을 알 것도 같다. 당신은 이 화제를 즐기고 있는 것으로 보인다. 또한 사실 내가 지금까지 알고 있었던 사람 중에 당신은 고대인에 관해 정통하면서 그다지 그들을 찬양하지 않는 유일한 사람이었다. 그러나 그들의 철학, 그들의 웅변, 작시법, 즉 우리 사이의 논쟁의 통상적인 주제가 되는 것들을 공격하는 대신, 지금 당신은 그들의 도덕을 문제 삼고, 또한 과학에 대한 무지를 고발하는 것 같은데, 내 의견으로 그것은 그들이 근대인에게 뒤지지 않는 유일한 것이다. 기하학, 물리학, 천문학, 해부학, 식물학, 지리학, 항해술 등에서 우리의 우월성을 주장하는 것은 당연하다. 그러나 우리에게 그들의 도덕가에 대항할 수 있는 게 무엇이 있을까? 사물에 대한 당신의 묘사는 잘못된 것이다. 당신은 다른 시대의 풍속이나 관습에 대해 전혀 관대하지 않다. 당신은 그리스 사람 또는 로마 사람을 영국의 관습법에 따라 심판하는가? 그가 그 자신의 원리에 따라 변호하는 것을 듣고, 그러고 난 다음 의견을 말하라.

당신이 알지 못하는 기준으로 측정된 것이라 하더라도 가증스러운 것이나 조롱거리가 되지 않을 만큼 순결한, 또는 이성적으로 적합한 풍속 등은 존재하지 않는다. 만약 당신이 담론 목적에 가장 적합하도록 약간의 기교나 웅변을 사용해서 어떤 사정을 악화시키고 다른 사정을 경감시킨다면 특히 그렇다. 이러한 모든 술책은 그대로 쉽게 당신에게 되돌아올 것이다. 예를 들어 만약 내가 아테네 사람들에게, 말하자면 적극적 · 소극적인 양측의 간통이 최고로 유행하고 존중되던 나라, 즉 모든 교양 있는 남자는 결혼한 여자, 아마도 그의 친구나 동료의 아내를 자신의 애인으로 선택해서 마치 올림픽 경기의 권투나 레슬링에서 몇 번이나 승자가 된 것처럼 이러한 파렴치한 정복을 자랑으로 삼았던 나라, 또한 모든 남자가 자신의 아내에 관해 그의 유순함과 수월함을 자랑하고, 기꺼이 그녀에 그 매력을 팔도록 허락함으로써 친구들을 사귀거나 이득을 얻으며, 심지어 그런 동기가 없더라도 그녀에게 완전한 자유와 방종을 부여한 나라가 존재한다는 것을 알릴 수 있다면, 나는 다음처럼 묻는다. 강도나 독살과 관련 짓지 않고서는 결코 간통죄를 언급하지 않는 그리스 사람들은 도대체 그와 같은 사람에 관해 어떤 감정을 가질까? 그들은 극악무도함이나 그 같은 행동의 천박함 중 어떤 것을 가장 찬미할까?

만일 내가 그런 사람들은 그들의 노예 신분과 종속을 아테네 사람들이 자유를 자랑하듯 자랑하고 있었다고 추가해보자. 또 이들 중 어떤 남자가 그의 폭군에 의해 억압되고, 모욕당하며, 가난해지고, 망신당하게 되고, 감옥에 처박히더라도 그는 여전히 폭군에 대한 사랑과 봉사와 복종을 최고의 공적으로, 심지어 폭군의 가장 작은 영광이나 만족을 위해 죽는 것을 최고의 공적으로 삼으리라는 것을 내가 추가해보자. 그렇다면 이런 고귀한 그리스 사람들은 아마 나에게 내가 인간 사회에 대해 이야기하고 있는지, 아니면 무언가 열등하고 노예적인 종족에 대해 이야기하고 있는지를 물을 것이다.

그러나 이 사람들에게 기개와 용감함이 부족하지 않았다는 것을 그때 나는 아테네 청중에게 알릴 수 있었는지도 모른다. 만약 어떤 사람이, 그들의 친한 친구라고 하더라도 사적인 교제에서 당신들의 장군들이나 선동적 정치가들이 매일 전 시민 앞에서 서로 응수하는 농담이 무엇이든 그것과 매우 가까운 것을 그들에게 내뱉는다면, 그들은 결코 그를 용서하지 못하고 복수하기 위해 곧바로 그에게 자신들의 몸을 찌르게 하거나 아니면 그 자신이 살해되기를 강요한다. 그리고 만약 생판 모르는 사람이 그들에 대해 자신의 생명을 걸고 친한 친구의 목을 자르기를 바란다면, 그들은 곧바로 그것을 따르고, 또 그 의뢰로써 그들 자신이 크게 은혜를 받거나 명예를 얻을 수 있다고 생각한다. 이것이 그들이 지키는 명예의 원리이고, 이것이 그들이 좋아하는 도덕이다.

이 사람들은 자신들의 칼을 친구나 동포에게 그렇게 재빨리 뽑지만, 어떤 치욕도, 어떤 불명예도, 어떤 고통도, 어떤 가난도 이들에게 칼끝을 그들 자신의 가슴으로 향하게 하지는 않을 것이다. 신분이 있는 남자라도 갤리선(galley[옛날 노예나 죄수들에게 젓게 한 돛배])에서 노를 젓고, 빵을 구걸하며, 감옥에서 쇠약해지며, 어떤 고문에도 견뎌내고, 여전히 비참한 삶을 유지할 것이다. 그는 고매하게 죽음을 경멸함으로써 적에게서 벗어나기보다는 오히려 이겨서 의기양양한 모욕으로 인해, 또한 가장 격심한 고통으로 인해 더 악화된 동일한 죽음을 적에게서 불명예스럽게 받으려 할 것이다.

나는 계속 말한다. 이 사람들 사이에는 불행한 죄수들을 괴롭히고 고문하기 위한 온갖 기술이 정성 들여 연구되고 시행되는 감옥을 건설하는 것도 매우 일상화되어 있다. 그리고 부모들이 자발적으로 자신의 아이들 여럿을 가두는 것도 흔한 일이다. 그것은 부모가 나머지 아이들에 비해 장점이 별로 없는 또는 오히려 장점이 적다고 인정하는 다른 아이가 그의 전 재산을 누리고, 온갖 종류의 방탕과 쾌락에 빠지도록 하기 위함이다. 그들의 견해에 따르면 이 야만적인 불공평만큼 유덕한 것은 아무것도 없다.

나는 아테네 사람들에게 종종 이야기하는데, 이 이상한 나라에서 한층 색다른 점은 주인들이 노예에게 봉사하는 사투르날리아(Saturnalia)* 기간 중 축제 소동이 일 년 내내 또는 그들의 전 생애 내내 진지하게 지속된다는 것이다. 그리고 그것은 어리석음과 조롱을 더욱 증대시키는 여러 상황도 수반한다. 여러분의 운동 경기는 운명의 여신이 포기한 사람들, 그리고 그녀가 운동 경기에서는 실제로 언제까지나 여러분 위에 둘 사람들을 며칠 활기차게 할 뿐이다. 그러나 이 국민은 자연이 그들에게 종속시킨 사람들, 그리고 그들의 열등과 허약이 절대로 치유될 수 없는 사람들의 지위를 엄숙히 높인다. 여성들은 덕이 없지만, 그들의 주인이고 주권자다. 그들은 이 여성들을 숭배하고, 찬양하고, 찬미한다. 그들은 여성들에게 가장 큰 경의와 존경을 표한다. 그리고 모든 장소와 모든 시대에서 여성의 우월성은 교양 있고 세련되었다고 가장하지 않는 사람들에 의해 기꺼이 승인되고 감수된다. 이 규칙을 위반하는 것만큼 그렇게 일반적으로 미움 받는 죄악은 드물다.

* 그리스 사람들은 로마 사람들과 마찬가지로 사투르누스(Saturn, 농업의 신) 또는 크로누스(Cronus, 제우스의 아버지) 축제를 거행했다(루키아노스,[5] 『사투르누스 서간(*Epist. Saturn*)』).

팔라메데스가 대답했다. 당신은 더 계속할 필요가 없다. 나는 당신이 의도하고 있는 사람들을 쉽게 추측할 수 있다. 당신이 그들을 묘사하는 필법은 매우 정확하다. 그리고 고대나 근대의 어디에서도 그

5 〈루키아누스(Lucian, 기원전 115년경~200년경)는 그리스의 풍자 작가다.〉

나라의 국민성이 대체로 예외를 낳을 것 같지 않은 국민은 좀처럼 볼 수 없다는 것을 당신은 인정하지 않으면 안 된다. 그러나 당신이 나를 도와 나의 논의를 완성시킨 것에 대해 당신에게 감사한다. 나는 고대 사람들을 희생시켜 근대인의 위상을 높일 의도가 없었다. 나는 단지 성격에 관한 이들의 모든 판단의 불확실성을 표현하고자, 그리고 유행, 인기, 관습, 법률이 모든 도덕적 결정의 주요 기초라는 것을 당신에게 납득시키고자 의도했을 뿐이다. 만약 일찍이 문명화된 지적인 사람들이 있었다면, 아테네 사람들이야말로 그런 사람이었겠지만, 그들 중 공적이 있는 사람은 오늘의 시대에서는 공포와 혐오의 대상이 되었을 것이다. 프랑스 사람들 역시 의심할 것도 없이 대단히 문명화되고 지적인 사람들이다. 그럼에도 그들 중 공적이 있는 사람은 아테네 사람들에게는 최고의 경멸과 조롱의 대상이 되었을 것이고, 심지어 증오의 대상이 되었을 것이다. 그리고 이 문제를 더욱 이상한 것으로 만드는 것은 이 두 나라 사람들은 국민성 면에서 고대 및 근대 어느 사람들 가운데서도 가장 비슷하다고 생각되는 것과 달리, 영국 사람들은 자신들이 로마 사람들과 닮았다고 자부하는 데 반해, 대륙의 이웃들은 그들 자신과 교양 있는 그리스인이 유사하다고 한다. 그러므로 문명화된 국민과 야만인 사이에서나 또는 그 성격이 거의 공통점을 가지지 못하는 국민 사이에서는 도덕적 감정에서 어느 정도의 차이가 발견되지 않으면 안 되는가? 우리가 이런 성질의 판단에 대해 어떻게 감히 기준을 정할 것인가?

나는 대답했다. 문제를 조금 더 깊이 추구하고, 각 국민이 확립하고 있는 비난이나 질책의 제1 원칙을 음미해야 한다. 라인강은 북쪽으로 흐르고, 론강은 남쪽으로 흐른다. 그러나 이 두 강은 같은 산에서 발원하여 중력이라는 같은 원리에 따라 반대 방향으로 움직인다. 그것들이 흐르는 지면의 서로 다른 경사가 수로의 모든 차이를 일으킨다.

아테네와 프랑스의 공적이 있는 사람들은 얼마나 많은 상황에서 서로 확실하게 유사한가? 당신은 양식, 지식, 기지, 웅변, 인간성, 충실, 진실, 정의, 용기, 절제, 지조, 정신의 품위 등 이 모든 것을 그것들이 우연에 의해 다를 수 있다는 점만 강조하기 위해 빠뜨렸다. 좋다. 나는 기꺼이 당신을 따르겠다. 그리고 이것들의 차이를 가장 보편적인, 이미 확립된 도덕의 원리에서 설명하고자 노력할 것이다.

나는 그리스 사람들의 사랑을 더 자세히 조사하고 싶지 않다. 나는 그들의 사랑이 아무리 비난받더라도 그 사람들 사이에서는 체조 경기가 빈번하게 일어난다고 하는, 전혀 죄가 없는 원인에서 발생했다는 것을, 그리고 터무니없는 일이지만 우정, 공감, 상호 애착과 충실,[6] 요약하면 모든 국가와 시대에서 존경받는 성질들의 원천으로서 추천되었다는 점을 관찰할 뿐이다.

이복형제 및 자매의 결혼은 큰 어려움으로 여겨지지 않는다. 근친 간의 사랑은 이성과 공공의 효용성에 어긋난다. 그러나 우리가 멈춰서야 할 정확한 지점이 자연적 이성에 의해 결정되는 경우는 드물고, 따라서 그것은 국내법이나 관습에 대한 대단히 적절한 주제다. 만약 아테네 사람들이 조금 지나쳤다면, 교회법은 분명히 문제를 반대의 극단으로 대폭 몰고 갔을 것이다.[7]

만약 당신이 아테네의 어떤 아버지에게 그가 준 아이의 생명을 왜

---

6 플라톤, 『향연』, Seranir판, 182쪽.

7 제4장 「정치적 사회에 관하여」 참조.

빼앗는지를 묻는다면, 그는 다음처럼 대답할 것이다. 나는 자식을 사랑하고, 자식이 내게서 상속받을 것이 뻔한 가난을, 자식이 두려워하거나 느끼거나 분개할 수 없는 죽음보다 더 큰 악으로 여기기 때문이다.[8)]

만약 찬탈자나 폭군의 권력이 대중의 반란으로부터, 우리의 주저함이 개인적인 복수로부터 그를 보호한다면, 모든 천혜(天惠) 중에서 가장 가치 있는 공공의 자유는 어떻게 그의 손에서 찾아질 수 있겠는가? 그의 범죄가 법으로 사형에 처할 만하다는 것은 당신도 인정하고 있다. 그런데도 그 자신을 법 위에 두는 것 같은, 그의 죄 중 최고의 악질화가 그의 완전한 방패막이가 되어야 하는가? 당신은 암살이라는 큰 잘못을 드러내는 것 말고는 아무 답도 할 수 없다. 만약 누군가가 고대 사람들에게 그것을 명료하게 증명할 수 있었다면, 이 점에서 그들의 감정을 개선했을 것이다.

근대의 풍습에 대해 내가 그린 그림에 다시 한번 더 당신의 눈을 돌린다면, 프랑스 사람의 정사(情事)을 정당화하기에는 그리스 사람의 경우와 거의 같은 정도의 큰 어려움이 있다는 것, 다만 전자는 후자에 비해 훨씬 자연적이고 더 유쾌하다는 점만 다르다는 것을 나는 인정한다. 그러나 우리의 이웃은 가정적인 쾌락의 일부를 사교적 쾌락을 위해 희생하기로, 그리고 엄격한 충실과 지조보다는 마음 편하고 자유로우며 열려 있는 교제를 택하기로 결심했던 것 같다. 이러한 목적들은 둘 다 선하며, 이 둘을 조종하는 것은 다소 어려우므로 만약 국민의 관습이 때로는 한 쪽으로, 때로는 다른 쪽으로 너무 기울어진다고 해도

8 플루타르코스, 『자녀의 사랑에 관하여(*De amore prolis*)』 장의 끝부분.

놀랄 일은 아니다.

우리나라 법률에 대한 가장 신성한 애착은 모든 곳에서 제1급의 덕으로 인정된다. 그리고 국민이 단 한 사람 이외에 어떤 입법 기관도 갖지 못할 정도로 불행한 곳에서는 가장 엄격한 충성이 이 경우에는 가장 진실한 애국심이다.

분명히 결투의 관행만큼 어리석고 야만적인 것은 없을 것이지만, 그것을 정당화하는 사람들은 그것이 예의와 예의범절을 낳는다고 말한다. 그리고 결투하는 사람들은 항상 자신의 용기, 명예심, 충실, 우정에 스스로 가치를 두고 있음을 당신은 발견할 수 있다. 이러한 성질들은 이 경우 실제로 매우 이상한 방향으로 가고 있지만, 세계의 창설 이래 널리 존중받아온 것이다.

신들은 자해(自害)를 금지했을까? 아테네 사람들은 그것이 금지되어야 한다고 생각한다. 신성(神性)은 그것을 허락했을까? 프랑스 사람들은 죽음이 고통이나 불명예보다 낫다고 생각한다.

나는 말을 이어나갔다. 그래서 사람들이 도출하는 결론들이 종종 대단히 서로 다르더라도 사람들이 도덕에서 추론의 기초가 되는 원리들은 언제나 같다고 하는 점을 당신은 알게 된다. 그들이 모두 다른 주제에 비해 이 주제에 대해 올바로 추론한다는 것을 보여주는 것은 도덕가가 책임질 일이 아니다. 충분하게 질책이나 비난의 근원적 원리가 한결같고, 잘못된 결론은 더 건전한 추론이나 더 풍부한 경험으로 정정될 수 있다. 그리스와 로마의 몰락 이후 많은 시대가 지나갔지만, 그리고 많은 변화가 종교, 언어, 법률, 관습에 미쳤지만, 이러한 변혁 중 어떤 것도 도덕의 근본적인 감정에서는 외적인 아름다움의 감정에서와 마찬가지로 아직 어떤 중요한 혁신도 만들어내지 못했다. 아마 어떤 미세한 차이가 이 양자에게서 발견될 수도 있다. 호라티우스[9]는 좁은 이마를, 그리고 아나크레온[10]은 눈썹을 이어붙인 것을 찬양했다.* 그러나 고대의 아폴로(Apollo)와 비너스(Venus)는 여전히 남성의 아름다움과 여성의 아름다움에 대한 우리의 모범이다. 이와 유사하게 스키피오(Scipio)의 성격은 계속해서 영웅들의 영광에 대한 우리의 표준이며, 코넬리아(Cornelia)의 성격은 계속해서 부인(婦人)의 명예에 대한 우리의 표준이다.

* 『송시』 28. 페트로니우스[11]는 이러한 상황 두 가지를 모두 아름다움으로 보고 있다.

자기 자신이나 **다른 사람들**에게 유용하다는 이유나 **유쾌**하다는 이유 이외에 누군가가 덕으로서 또는 도덕적 탁월성으로서 추천한 성질은 결코 존재한 적이 없었던 것으로 보인다. 왜냐하면 칭찬이나 시인에 대해 어떤 다른 이유가 있을 수 있을까? 또는 동시에 **아무 쓸모도 없다**고 생각되는 **좋은** 성격이나 행동을 찬양할 의미가 어디에 있을까? 그러므로 도덕에서 모든 차이는 이 단 하나의 일반적 기초로 환원될 수 있다. 그리고 그 차이는 사람들이 이러한 상황들에 관해 가지고 있는 견해 차이에 의해 설명될 수 있다.

때때로 사람들은 어떤 관습이나 행동의 유용성에 관한 판단에서

---

9 『서간집(*Epist*)』 제1권, 서간 7, 26. 또한 『가집(歌集)』 제1권, 송시 3.

10 〈아나크레온(Anacreon, 기원전 572년경~488년경)은 이오니아 출신의 그리스 서정시인이다.〉

11 〈『사티리콘(*Satyricon*)』 86장. 페트로니우스(Petronius)는 65년 사망한 로마의 풍자 작가이며, 종종 취미의 심판자로 말해진다.〉

서로 다르고, 또한 때로는 사물의 특별한 상황은 다른 상황보다 하나의 도덕적 성질을 더 유용하게 만들고, 그것에 특별한 우선권을 부여한다.

전쟁과 소란 기간에는 군사적 덕이 평화적 덕보다 더 칭송되고 인류의 찬미와 주목을 끈다는 것은 놀라운 일이 아니다. 키케로는 다음과 같이 서술하고 있다.[12] "김브리 사람(Gimbrians), 셀티베리아 사람(Celtiberians), 그리고 기타 야만인은 불굴의 정신력으로 전장의 모든 노고와 위험을 참아내지만, 계속되는 질병이나 질환의 고통과 위난(危難) 아래서는 금세 의기가 소침해지는 반면에 그리스 사람은 죽음이 질병과 질환으로 무장하고 천천히 다가오는 것을 참을성 있게 견뎌내지만, 칼과 만곡도(彎曲刀)로 습격을 받을 때 공격자가 나타나면 소심하게 도망가는 것은 얼마나 흔한 일인가!" 용기라는 똑같은 덕조차 호전적인 민족이나 평화적인 민족 간에 그만큼 차이가 난다! 그리고 실제로 우리는 전쟁과 평화의 차이가 국가 사이에 그리고 국제사회 사이에 발생하는 것 중 가장 큰 것이므로 그것은 또한 도덕적 감정에서 가장 큰 변화를 가져오고, 덕과 인물의 가치에 관한 대다수 우리의 관념들을 다양화하는 것을 볼 수 있다.

또한 때로는 도량, 정신의 위대함, 노예 상태에 대한 경멸, 불굴의 엄격함과 고결은 다른 시대의 상황보다 한 시대의 상황에 더 적합할 수 있으며, 공적인 일 및 자기 자신의 안전과 승진, 이 두 가지에 더 좋은 영향을 미칠 수 있다. 그러므로 가치에 대한 우리의 관념은 이러한 변화와 함께 다소 변할 것이다. 그리고 카토(Cato)에게 최고의 시인(是認)을 가져다주었던 똑같은 성질로 인해 아마 라베오(Labeo)는 질책을

12 『투스콜라나움 담화(*Tusc. Quæst.*)』 제2권, 27.

받게 될 것이다.

어느 정도의 사치조차 스위스 토박이에게는 파멸적이고 해로운 것일는지 모른다. 그러나 그것은 프랑스 사람이나 영국 사람에게는 예술을 육성하고 산업을 촉진한다. 그러므로 우리는 런던이나 파리에서 일반적인 동일한 감정이나 법을 베른에서 기대해서는 안 된다.

다른 관습 또한 다른 효용성과 마찬가지로 약간의 영향력을 갖는다. 그리고 이 다른 관습은 어린 나이에 마음에 선입견을 줌으로써 유용하거나 유쾌한 여러 성질에 대해 우세한 성향을 낳거나, 아니면 자기와 관련이 있거나 사회에 미치는 여러 성질에 우세한 성향을 낳을 것이다. 도덕 감정의 이 네 원천은 여전히 존속하고 있다. 그러나 특수한 우연들이 있을 때는 그것 중 하나를 다른 때보다 더 풍부하게 흐르도록 한다.

어떤 민족의 관습은 여성들을 모든 사회적 교류에서 내쫓는다. 다른 민족의 관습은 여성을 사회와 대화에 필수적인 요소로 삼기 때문에 업무상의 거래가 이루어지는 경우를 제외하면 남성만으로는 서로의 담화나 대접이 완전히 불가능할 것으로 예상된다. 이러한 차이는 사생활에서 발생할 수 있는 가장 중대한 것이므로 그것은 또한 우리의 도덕 감정에 가장 큰 변화를 낳음에 틀림없다.

일부다처가 허용되지 않는 세계 여러 민족 중에서 그리스 사람들은 여성과의 교제에서 가장 조심스러워했으며, 신중과 예의범절의 가장 엄격한 법을 그들에게 부과했던 것으로 보인다. 우리는 리시어스의 어떤 연설에서 이것에 대한 강력한 예증을 보게 된다.[13] 명예를 훼손

13 『연설집(*Orat.*)』 33, 898. 〈리시어스(Lysias, 450년경~380)는 아테네의 변론가다.〉

하고, 타락하고, 몰락한 과부 한 명이 소수의 가장 가까운 친구와 친척을 불러모은다. 그 연설자가 말하기를, 이전부터 남자들 앞에서 대화하는 데 익숙했기 때문은 절대로 아니지만, 그녀의 절박한 상황이 그들 앞에서 사정을 털어놓도록 그녀를 압박했다. 그러한 모임에서 그녀가 입을 열자마자 필요했던 것은 변명인 것처럼 보인다.

데모스테네스[14)]가 자신의 세습 재산을 반환받고자 후견인들을 기소했을 때 소송 법정에서 그에게 필요한 것은 아포부스(Aphobus)의 여동생과 오네트르(Oneter)의 결혼이 완전히 사기라는 사실, 그녀의 사기 결혼에도 불구하고 그녀가 전남편과 이혼 후 줄곧 2년간 오빠와 아테네에서 살았다는 사실을 증명하는 일이었다. 그리고 주목할 만한 것은 이 사람들이 그 도시에서 1급 재산과 명예를 가진 사람들임에도 그 연설자가 그녀의 여성 노예를 신문하기 위해 소환하는 것 외에는, 또한 그녀가 병든 기간 동안 오빠의 집에서 그녀를 진찰했던 한 명의 의사의 증언에 의한 것 외에는 이 사실을 전혀 증명할 수 없었다는 점이다.[15)] 그리스의 풍습은 그렇게 억제적이었다.

우리는 매우 순결한 풍습이 이러한 억제의 결과였다는 것을 확인할 수 있다. 따라서 우리는 헬레네[16)]와 클리템네스트라[17)]의 전설적인 이야기들을 제외하고는 그리스 역사에서 여성들의 정사에서 비롯된 사건의 사례가 거의 없다는 것을 발견한다. 다른 한편 근대에서는, 특

14 〈데모스테네스(Demosthenes, 기원전 384년경~322)는 그리스의 웅변가, 정치가다.〉

15 『오네트르에 관하여(*Onetorem*)』 873-4.

16 〈헬레네(Helen)는 스파르타의 왕 메넬라오스의 아내다. 트로이의 파리스에게 도망쳤기 때문에 트로이 전쟁이 일어났다.〉

17 〈클리템네스트라(Clytemnestra)는 아가멤논의 아내다. 애인과 함께 남편을 살해하여 뒤에 아들 오레스테스에게 살해되었다.〉

히 이웃 나라에서는 여성이 교회와 국가의 모든 업무와 운영에 개입한다. 그리고 어떤 남자도 그녀들의 애호를 획득하는 데 관심이 없으면 성공을 기대할 수 없다. 앙리 3세는 이교도에 관대했다는 이유와 함께 여성의 불만을 초래함으로써 왕위를 위태롭게 했으며, 그의 생명을 잃었다.

남녀 간의 매우 자유로운 교제 및 그들의 거의 동거하는 것의 결과는 종종 계략과 정사로 끝나리라는 것은 감출 필요도 없다. 만약 우리가 모든 **유쾌한** 성질들을 얻기 위해 열의를 가진다면, 우리는 **유용한** 성질 중 일부는 희생시켜야 하며, 모든 종류의 이익에 똑같이 도달할 수 있다고 감히 기대하지 않는다. 방종의 사례는 나날이 번식하고, 남성에 관해서는 추문의 기세를 약화시키며, 여성은 서서히 자신들의 부정(不貞)에 관한 라퐁텐(La Fontaine)의 유명한 격언, 즉 **만약 남이 알게 된다고 해도 그것은 작은 문제일 뿐이며, 만일 남이 그것을 모른다면 그것은 아무것도 아니**라는[18] 격언을 채택하도록 가르친다.

어떤 사람들은 모든 차이를 조정하고 여성의 **유쾌한** 여러 성질과 **유용한** 여러 성질 사이에 적당한 중용을 지키는 가장 좋은 방법은 그녀들과 로마 사람 및 영국 사람의 방식에 따라(왜냐하면 이 두 민족의 관습은 이 점에서 유사한 듯이 보이기 때문이다),* 즉 정사(gallantry)**도 없고, 질투도 없이 사는 것이라고 쉽게 생각한다. 유추에 따르면 스페인 사람과 한 시대 이전의(왜냐하면 현재는 매우 다르기 때문이다) 이탈리아 사람의 관습은 어느 쪽으로 비교해도 최악임에 틀림없다. 왜냐하면 그들은 정사와 질투 양쪽 모두를 좋아하기 때문이다.

---

18 Quand on le sçait c'est peu de chose;
Quand on l'ignore, ce n'est rien.

* 제정 시대의 로마 사람들은 현재의 영국 사람 이상으로 계략과 정사에 빠져 있었던 것 같다. 신분이 있는 부인들은 애인을 붙잡아두기 위해 창부나 신분이 천한 여자와의 정분에 탐닉하는 사람들에게 불명예스러운 이름을 붙여주려고 노력했다. 그들은 하녀 호색(*Ancillarioli*)이라 불렸다[세네카(Seneca), 다음을 참조하라. 『선행에 관하여(*de beneficiis*)』 제1권, 제9장. 또한 다음을 참조하라. 마르티알(Martial),[19] 『경구집』 제12권, 경구 58].

** 여기서 말하는 정사는 바람기와 애착의 그것이며, 어떤 다른 나라에서처럼 영국에서도 여성에 대해 표하고 있는 은근한 태도의 그것은 아니다.

여러 민족의 이러한 서로 다른 관습은 한쪽의 성(性)에만 영향을 미치지 않을 것이다. 남성에서 인물의 가치 관념들 또한 적어도 대화, 대응, 해학에 관해 어느 정도 차이가 있을 것이다. 남자들이 거의 떨어져 사는 어떤 민족은 자연스럽게 신중을 더 시인하고, 다른 민족은 쾌활을 더 시인할 것이다. 어떤 사람에게는 솔직한 태도가, 다른 사람에게는 품위가 가장 존중된다. 한 사람은 양식과 판단력으로, 다른 사람은 취미와 섬세함으로 명성을 떨칠 것이다. 전자의 웅변은 원로원에서, 후자의 웅변은 극장에서 가장 빛날 것이다.

나는 이것들이 그러한 관습들의 **자연적** 효과라고 말한다. 왜냐하면 우연이 국민적 풍습에 큰 영향을 끼친다는 것은, 또한 사회에서 일

19 〈마르티알은 40년경~104년의 인물로서 로마의 풍자 시인이다.〉

반적 규칙으로 설명될 수 없는 많은 사건이 일어난다는 것은 인정되어야 하기 때문이다. 예를 들어 부인들과 자유롭게 살았던 로마 사람들이 음악에는 완전히 무관심하고, 춤추는 것을 수치스럽게 생각했다는 것을, 반면에 자기 집 이외의 다른 곳에서 부인과 거의 만난 적 없던 그리스 사람들이 끊임없이 피리를 불고, 노래를 부르며, 춤을 추었다는 것을 누가 상상이나 했을까?

공화제 또는 군주제에서 자연스럽게 발생하는 도덕 감정의 차이도 일반적인 부유나 빈곤, 통합이나 내분, 무지나 학식에서 비롯된 차이와 마찬가지로 매우 현저하다. 나는 다른 관습과 상황이 공적(功績)에 대한 근원적 관념들을(얼마만큼은 그것들에 영향력이 있겠지만) 매우 본질적인 점에서 변화시키지 않는다는 것을, 또한 그 관습과 상황이 유쾌한 여러 성질을 열망할 수 있고 그것을 만족시키려 시도할 수도 있는 젊은이에게 주로 효력이 있다는 것을 관찰하면서 담화를 끝내고자 한다. 이런 형태로 계승되는 **풍습**, **장식**, **세련**은 비교적 자의적이며 우연적이다. 그러나 원숙한 나이의 공적은 거의 모든 것에서 같으며, 주로 성실, 인간성, 능력, 지식 및 기타 인간 마음의 한층 견고하고 유용한 여러 성질에 존재한다.

팔라마데스는 대답했다. 당신이 주장하는 것은 당신이 평범한 삶과 정상적인 행동의 격률을 고집할 때는 어느 정도의 근거를 가질는지 모른다. 경험과 세상의 관행이 어느 쪽이 되었든 어떤 큰 과장도 즉시 수정한다. 그러나 당신은 **인위적인** 생활과 풍습에 대해 무슨 말을 할 것인가? 다른 시대와 민족에서 이것들의 기초가 되는 격률을 당신은 어떻게 조정할까?

나는 말했다. **인위적인** 생활과 풍습이라는 말로 당신이 뜻하는 것이 무엇인가? 그는 대답했다. 내가 말하고자 하는 것을 설명하겠다. 당신도 알고 있지만, 고대에는 종교가 평범한 생활에 거의 영향을 끼치지 않았고, 사람들은 사원에서 희생과 기도의 의무를 다한 후 신들이 행동의 나머지 부분을 자신들에게 맡겨 인간 사회의 평화와 행복에 영향을 주는 것에 불과한 덕이나 악덕으로 기뻐하는 일도 감정을 상하는 일도 거의 없다고 생각했다. 그러한 시대에는 사람들의 통상적인 행동이나 품행을 규제하는 것은 철학만의 임무였다. 따라서 철학은 사람이 그의 동료보다 자신의 지위를 높일 수 있는 유일한 원리이기 때문에 많은 사람에 대한 강한 세력을 얻어 격률 및 행동의 심한 기이함을 낳았다는 것을 관찰할 수 있다. 철학이 신기함의 매력을 잃어버린 현재 그것은 그러한 광범위한 영향력을 갖지 못하고, 서재에서의 사색에 대개 스스로를 국한하고 있는 것처럼 보인다. 그것은 고대의 종교가 사원에서 희생제물을 바치는 일에 제한된 것과 같다. 철학의 지위는 오늘날 근대의 종교로 대체되고 있다. 근대의 종교는 우리의 행동 전체를 점검하고, 우리의 행위, 우리의 말, 우리의 바로 그 사상과 경향에 대해 보편적 규칙을 규정한다. 그 규칙은 시간이 지나서이긴 하지만 무한한 보상과 형벌에 의해 지켜지기 때문에 그만큼 더 엄격하며, 그것의 위반은 무엇 하나 숨겨지거나 위장될 수 없다.

디오게네스[20]는 터무니없는 철학의 가장 유명한 전형이다. 근대에서 그와 필적할 만한 사람을 찾아보자. 우리는 도미니코 교단이나 예수회, 혹은 성인으로 추앙된 수도승이나 탁발승과의 비교를 통해 어떤 사람의 철학적 명성을 훼손하지는 않을 것이다. 이제 그를 파스

20 〈디오게네스(Diogenes, 기원전 412경~323경)는 고대 그리스의 키니코스학파의 대표적인 철학자다. 문명을 반대하고, 자연적인 생활을 실천한 철학자로 유명하다.〉

칼[21]과 비교해보자. 파스칼은 디오게네스만큼이나 재능을 타고난 천재였으며, 아마 또한 만약 그가 자신의 유덕한 경향에 대해 스스로를 행사하고 표시하도록 허락했다면, 유덕한 사람이기도 했을 것이다.

디오게네스의 행동 밑바탕에 놓인 기초는 자신을 가능한 한 독립적인 존재로 여기고, 모든 욕구나 욕망이나 쾌락을 그 자신과 그 자신의 마음 안에 가두어두려는 노력이었다. 파스칼의 목적은 신에게 의존하고 있다는 감각을 끊임없이 눈앞에서 유지하는 것이었으며, 그의 수많은 욕구와 약점을 절대로 잊지 않는 것이었다. 고대 그리스 사람들은 도량, 과시, 자부심 및 동포보다 자신이 우월하다는 생각을 가지고서 자신을 지탱했다. 근대인은 비하와 겸양, 자신에 대한 경멸과 증오를 끊임없이 고백하고, 이러한 상정된 덕들에 도달할 수 있을 만큼 도달하고자 노력했다. 그리스 사람들의 내핍 생활은 고난에 대해 자신을 단련하기 위한 것이었고, 언젠가 자신이 고통 받는 일이 없도록 하기 위함이었다. 프랑스 사람들의 그것은 그들 자신을 위해, 그리고 가능한 한 고통을 받기 위해 받아들여졌다. 저 철학자는 사람들 앞에서도 가장 짐승 같은 쾌락에 빠졌고, 저 성자는 사생활에서조차 가장 무고한 쾌락도 스스로 거부했다. 전자는 친구를 사랑하고, 그들을 욕하고, 그들을 꾸짖고, 그들을 질책하는 것이 자신의 의무라고 생각했으며, 후자는 그의 가장 가까운 친척에 대해서조차 절대적으로 무관심하려고 노력했고, 그의 적을 사랑하고 칭찬하려고 노력했다. 디오게네스 기지의 큰 표적은 모든 종류의 미신, 즉 그 당시에 알려진 모든 종류의 종교였다. 영혼은 죽어야 할 운명을 가졌다는 것이 그의 표준적 원리

21 〈파스칼(Pascal, 1623~1662)은 프랑스의 철학자, 물리학자, 수학자다. 저서 『팡세』(*Pensées*)를 남겼다.〉

였다. 그래서 신의 섭리에 관한 그의 감정도 방탕한 것처럼 보였다. 가장 우스꽝스러운 미신이 파스칼의 신앙과 실천을 이끌었으며, 내세와 비교해서 현세에 대해 극단적으로 경멸하는 것이 그의 행동의 주요 기초였다.

이 두 사람은 이처럼 현저한 대조를 이루고 있지만, 양쪽 모두 각자의 시대에 따라 일반적인 칭찬을 받았으며, 모방해야 할 모범으로서 추천되었다. 그렇다면 당신이 말하는 도덕의 보편적 표준은 어디에 존재하는가? 그리고 인류의 서로 다른, 아니 모순되는 감정들에 대해 우리는 어떠한 규칙을 제정할 것인가?"

나는 말했다. "대기 중에서 성공하는 실험이 반드시 진공 속에서 성공한다고 할 수 없다. 사람들이 통상적인 추론의 규칙들을 떠나서 당신이 말하는 것처럼 기꺼이 **인위적인** 삶을 즐긴다면, 무엇이 그들을 기쁘게 하거나 불쾌하게 하는지에 대한 대답은 아무도 할 수 없을 것이다. 그들은 인류의 다른 사람들과는 다른 요소 안에 있으며, 또 그들 마음의 자연적 원리는 마치 종교적 미신이나 철학적 열광의 환상에서부터 자유롭게 방임된 것처럼 같은 규칙성으로는 활동하지 않는다.

옮긴이 해제

1

데이비드 흄(David Hume)은 1711년 4월 26일 스코틀랜드(Scotland)의 에든버러(Edinburgh)에서 태어났다. 변호사인 아버지 조셉 흄(흄의 가계에서 흄은 홈(Home)이라고도, 흄(Hume)이라고도 쓴다)과 어머니 카자린[Katherine, 에든버러의 스코틀랜드 고등법원 총재인 호커턴 경 데이비드 팔코너(Lord Halkerton, David Falconar)의 딸] 사이에서 태어났다. 흄은 자서전『나의 인생(*My Own Life*)』에서 "나는 아버지 쪽이나 어머니 쪽 모두 훌륭한 가문 출신"이라고 말하고 있다.

흄은 열두 살이 채 안 되었을 때, 당시의 풍습에 따라 에든버러 대학에 입학했다. 처음에는 법학을 공부했으나, 후에 철학을 공부했다. 2년에 걸친 공부를 마치고(졸업을 하지 않았다), 고향인 나인웰스로 돌아가 독서에 빠져 지냈다. 그의 가족은 그가 법률가가 되기를 원했지만, 그는 자서전에서 "내가 보에트(Voet)나 비니우스(Vinnius)를 숙독하고 있다고 가족분들이 생각하는 동안 내가 몰래 탐독하고 있던 저자는 키케로(Cicero)나 베르길리우스(Virgil)였다"고 회고했다.

철학자 또는 도덕철학자로서 흄은 18~19세에 "사고의 새로운 지평(a new Scene of Thought)"과 "인간 본성(human nature)"의 개념에 봉착했다. 당시의 상황은 흄이 23세 때 쓴 것으로 추정되는 편지에서 엿볼 수 있다. 그는 의사인 조지 체인(George Cheyne)에게 보낸 편지에서 "도덕철학에는 진리가 그 철학에 의해 확립되어야 할 어떤 새로운 방법이 요구되고 있으며, 그 진리는 모두 인간 본성의 원천에서 발견되어야 한다는 사실을 알게 되었다"고 쓰고 있다. 그래서 그는 「추론의 실험적 방법을 도덕의 여러 문제에 도입하려는 시도(*An attempt to introduce the experimental method of reasoning into moral subjects*)라는 부제가 붙은 『인간본성론』(*A treatise of human nature*)』(1739~1740)이 탄생했다.

그러나 불운하게도 이 책은 사장되다시피 했고, 그의 패기는 실망으로 바뀌었다. 자서전에서 그는 "문예상의 어떤 시도도 나의 『인간본성론』만큼 불운한 것은 없었다. 그것은 광신자들 사이에 불만을 일으킬 만큼의 영예조차 얻지 못했고, 인쇄기에서 죽어서 태어났다(dead-born from the Press)"고 개탄하고 있다. 그러나 흄은 자서전에서 쓰고 있듯이 "『인간본성론』의 출판에서 성공을 거두지 못한 것은 내용이 아니라 형식 때문"이라 보고는 3부작으로 된 『인간본성론』의 난해한 부분을 삭제하고 평이하게 고치는 작업에 착수하기로 마음먹었다. 그래서 나온 것이 『인간본성론』의 제1부를 고쳐 쓴 1748년 『인간 지성에 관한 철학적 소논문들(*Philosophical Essays concerning Human Understanding*)』이다. 이 책의 재판은 1752년 『인간 지성의 연구(*An Enquiry concerning Human Understanding*)』라는 제목으로 출간되었다. 그리고 같은 해에 『도덕원리의 연구(*An Enquiry concerning the Principles of Morals*, 이하에서는 『연구』로 줄여 씀)』가 나왔다. 그리고 그에게 상당한 명성을 안겨준 『정치론(*Political Discourses*)』이 출판되었다.

『연구』는 처음 출판 당시에는 9편의 논문과 부록 2편, 그리고 한

편의 대화로 구성되어 있었다. 그 후 개정을 거쳐 9편의 논문과 부록 4편, 그리고 한 편의 대화로 출판되었다. 『연구』는 내용상 『인간본성론』의 제3부인 「도덕에 관하여」에 상응하는 책이다. 이 책을 쓰고 난 후 흄은 대단히 만족했다. 그는 자서전에서 "이 책은(나는 그 점에 관해서 판정해서는 안 될 사람이지만) 내 생각으로는 역사학적이건 철학적이건 문학적이건 나의 모든 저술 중 비교할 수 없을 정도로 최상이다. 그 책은 주목받지도 인지되지도 못한 채 세상에 태어났다"고 쓰고 있다. 또한 1753년 5월 3일 데이비드 달림플(Sir David Dalrymple)에게 보낸 편지에서는 "고백해야 하지만, 나는 그 저작이 특히 마음에 들고, 내가 쓴 그 어떤 것보다 가장 훌륭하다고 생각한다"고 쓰고 있다. 후세 학자들의 동의 여부는 별개의 문제이기는 하지만, 죽기 두세 달 전에 쓴 대단히 짤막한 자서전에서 흄은 자신의 전 문필 경력을 돌아보면서 이 책을 자신이 쓴 최고의 책이라고 평가하고 있다.

흄은 『인간본성론』 제3부 간행(1740)에 앞서 초고를 허치슨(Hutcheson)에게 보내 평가받기를 원했다. 허치슨은 "덕을 위한 어떤 따뜻함(a certain Warmth in the Cause of Virtue)"이 부족하다고 충고했다. 이에 대해 흄은 1739년 9월 17일 허치슨에게 보낸 편지에서 "마음을 음미하는 데는 신체의 그것과 마찬가지로 숨겨진 원동력이나 원리를 발견하려는 해부가(Anatomist)의 방법과 그 움직임의 우아함과 아름다움을 묘사하려는 화가(Painter)의 방법이 있다"고 쓰면서, 도덕과 관련된 따뜻한 감정은 추상적인 추론 안으로 연설풍이 들어간다고 하여 허치슨의 의견에 동의하지 않는다.

다시 말하면 흄은 『인간본성론』의 제3부를 쓰면서 마음에 대한 냉철한 해부가로서 임하고 있다. 그러나 냉철한 해부가의 글은 독자의 관심을 끌지 못했다. 그래서 흄은 허치슨의 충고를 받아들여 덕을 아름답게 그리는 화가로 『연구』를 쓰게 된다. 그래서 이 책은 앞의 책에 비해 더 세련되고 뛰어난 문체를 보여준다.

1763년 흄은 파리에서 헤트포드 경의 비서로 일했으며, 말년의 대부분을 그곳에서 보냈다. 그러다가 1776년 사망하여 에든버러에 묻혔다.

2

이제 흄이 "도덕(morals)"을 어떻게 이해하고 있는가를 살펴보기로 한다. 흄은 『인간본성론의 초록(*Abstract of the Treatise of Human Nature*, 1740)』에서 "도덕과 비판은 우리의 취미와 감정에 관계한다"고 쓰고 있다. 이와 관련해서 흄은 자신의 이해가 고대 철학자들에게서 유래하고 있음을 암시한다. 흄은 자서전에서 자신이 고전 문헌에 상당히 정통해 있음을 말하고 있다. 위의 인용문과 비슷한 언급이 『연구』의 제1장에서 서술된다. "고대 철학자들은 가끔은 덕(virtue)이 이성과의 일치 외에 다른 것이 아니라는 점을 단언하지만, 일반적으로는 취미(taste)와 감정에서 그 존재가 유래하는 것으로 도덕을 생각하는 것처럼 보인다." 여기서 말하는 도덕철학자 중에 아리스토텔레스가 속해 있음은 말할 나위가 없다.

아리스토텔레스는 덕을 이성과의 일치로 간주하지만, 또한 덕은 그것에서만 성립하는 것이 아니라 중용을 취하는 행위의 습관 또는 기질이기도 하다고 본다. 이러한 습관은 공동체에서 나오는 것이다. 인간의 행위 규범, 즉 도덕은 개인이 자신의 본성 또는 이성의 안내를 따르는 것만으로는 성취할 수 없는 것이다. 여기에 도달하기 위해 사람들은 사회적 경험과 평가가 확립된 결과로서의 도덕성을 실행할 필요가 있다.

물론 흄의 도덕 개념과 아리스토텔레스의 도덕 개념이 일치하는 것은 아니다. 흄에게 도덕은 단순히 관습이나 교육의 문제가 아니다. 그의 도덕 개념은 자연적으로 공동체 안에 있는 삶의 본성에서 비롯된다. 사람들은 사회 안에서 살고 있고, 사회 안에서 능동적으로 활동하고 있으며, 자연스럽게 "칭찬할 만한 행위 또는 성질"과 "증오할 만한 행위 또는 성질"을 구별한다. 전자의 성질이나 행동만이 '도덕'이라 불린다. 그래서 사람들은 누군가의 특정한 행동을 평가할 뿐 아니라 그런 행동을 수행하는 사람들 자체의 성격을 평가하기도 한다. 그래서 흄은 인물의 가치(personal merit)라는 용어를 사용한다. 그는 『연구』의 제1장 「도덕의 일반 원리에 관하여」에서 이 개념을 분석한다. 이것은 "심적 성질들의 복합체"로서 "누군가를 경의와 애정, 또는 증오와 경멸의 어떤 대상으로 삼은 그런 마음의 모든 속성, 즉 누군가가 가지고 있었더라면 칭찬이나 비난을 포함하고, 그의 성격이나 예절에 대한 찬사나 빈정거림이 될 수도 있는 모든 습관이나 감정이나 능력"이다.

그러면 흄에서 도덕은 보편적인가 다양한가? 흄에 따르면 사회는 시대와 역사에 따라 달라지며, 따라서 도덕은 다양할 수 있지만, 다양성은 "인간의 본성"에 기초하고 있으며, 도덕의 보편적 원리들의 존재를 전제한다.

여기서 흄과 몽테스키외(Montesquieu)의 관계를 잠시 언급할 필요가 있다. 몽테스키외가 1748년 『법의 정신(*Spirit of the Laws*)』을 출간했을 때, 흄은 몽테스키외에게 축하를 보냈다. 그리고 그해에 흄의 『인간본성론』 수정본의 첫 번째 책인 『인간 지성에 관한 철학적 소논문들』이 출간되었고, 흄은 그 책을 칭찬하는 몽테스키외의 편지를 받고는 매우 만족했다. 이것은 단순한 칭찬의 주고받음이 아니라 그들 사이에 사고 경향에서의 유사성이 있음을 보여주는 것이다.

몽테스키외는 『법의 정신』 중 「모든 정부 원리들의 부패」(제8장)라는 주제를 다루면서 유럽 사회의 위태로운 상태에 관해 우려를 표하고 있지만, 동시에 희망의 빛을 전하고 있다. 전반적으로 유럽 사람들은 여전히 도덕에 의해 지배되고 있다는 것이다. 국민의 삶에서 궁극적인 통치는 "법의 정신", 즉 "국가의 정신"이지만, 법은 다수의 다른 규제 요인 중 하나일 뿐이다. 종교, 도덕, 환경 등이 그것이다. 여기에서 가장 강력한 것은 도덕적 요인들이다. 그래서 그는 유럽을 부패에서 구한 것은 대륙 국민의 일반적 도덕성이었다고 말하고 있다. 분명히 철학자에게 중요한 연구 주제는 인간 본성과 그 시대의 사회에 관한 것이었다. 몽테스키외는 "통치의 원리들"과 국가의 삶의 체계를 이루고 있었던 제도들의 전체적인 복합체를 이미 다루었다. 나머지 하나, 즉 인간 본성에 관한 "도덕의 원리들"에 관한 연구는 흄의 몫이었다.

몽테스키외는 주로 정부의 형태들, 관습, 예절, 도덕, 전통 등 무한하게 다양한 요인이 역사 전체에 걸쳐 있다고 보았다. 몽테스키외는 이용될 수 있는 역사적 증거에 비추어서 각 개별 국가의 "정신"을 묘사하고자 고심했다. 이에 반해 흄의 관심사는 "인간 본성"에 근거한 도덕의 "보편적 원리들"이다. 이것은 그가 하나의 "인간 본성"이 존재한다는 사실을 확신하고 있었다는 점을 보여준다. 인간 사회의 다양성은 언제나 동일한 인간 본성과 사람들이 우연히 살게 되었던 서로 다른 환경들이 결합한 결과일 뿐이다. 그래서 "**우리는 사람들의 일반적인 시인(是認)을 동반하는 마음의 모든 성질 또는 행위**를 유덕하다고 부를 것이다. **일반적인 비난이나 질책의 대상이 되는 모든 성질**에 대해 악덕이라는 명칭을 부여할 것이다. 우리는 이러한 성질들을 수집하고자 노력할 것이다. 그것들이 일치를 이루는 사정들을 양 측면에서 검토한 후에 최종적으로 윤리학의 기초에 도달하고 그로부터 모든 도덕적 비난이나 시인이 궁극적으로 도출되는 보편적 원리를 발견하기를 기대할 수 있다"(『연구』 제1장).

3

흄에 의하면 인간의 이성이나 연구의 대상은 관념들의 관계와 사실의 문제로 나뉜다. 오늘날의 용어를 사용하면 전자에 관한 판단은 분석 판단이고, 후자에 관한 판단은 종합 판단이다. 이 모두는 이성의 관심 대상이며, 따라서 논리학의 대상이다. 논리학은 사실의 문제에 관해 개연적인 결론을 도출하거나 관념들의 관계에 관해 필연적인 결론을 도출한다. 개연적인 결론은 믿음(belief)에 관련된 것으로 우리의 일상적 행동에서 매우 중요한 역할을 한다. 반면에 필연적인 결론은 진리(truth)에 관련된 것으로 수학 같은 엄밀한 학문에서 주로 다루고 있다. 양자는 추론하는 능력에 관계하지만, 서로 구별되므로 서로 환원될 수 없다.

그러면 흄에서 윤리학은 어떤 성격을 갖는 학문인가? 윤리학은 논리학과 완전히 다른 학문이기 때문에 사실의 문제에 관한 문제이건 관념들의 관계에 관한 문제에는 전혀 관심이 없다. 그래서 흄은 또 하나의 중요한 개념 구별을 제시한다. 그것은 가치 판단과 사실 판단의 구별이다. 흄은 『인간본성론』의 초록에서 "논리학은 오로지 우리의 추론 능력의 여러 원리와 작동을 그리고 우리 관념들의 본성을 설명하는 데 관계한다"고 말한다. 그래서 과학의 체계들로서 의도된 『인간본성론』은 논리학의 문제를 취급하는 것인 데 반해 윤리학은 정념(감정과 취미)을 설명하는 것이다. 즉, 윤리학은 가치 판단에 관계한다.

인간은 사회적인 존재이고, 활동적인 존재다. 도덕은 이런 사회적이고 활동적인 삶에서 나타나는 여러 현상에 관심을 갖는다. 그러나 도덕은 믿음에 관계하는 학문이 아니기 때문에 이런 여러 현상에서 개연적인 결론을 도출하는 일에는 전혀 관심이 없다. 도덕은 사람들의 성격과 행위들의 가치 여부를 문제로 삼는다. 그런 의미에서 도덕은 사실 및 존재의 내용을 단순히 주장하는 것이 아니라 누군가의 성격과 행위를 평가하는 일을 하는 것이다. 이런 평가는 인간의 본성 안에 있는 독특한 현상이고, 진리의 일이나 믿음의 일에 환원될 수 없다. 그러므로 흄에서 인간의 지성을 도덕에 적용하는 일은 매우 부당한 것이다. 이로써 인간의 지성에는 한계가 있으며, 이런 한계를 분명히 함으로써 도덕의 영역이 설정될 수 있는 것이다. 그 영역은 사실에 관한 것이 아니라 감정에 관한 것이다.

이런 관점은 흄의 예를 살펴보면 쉽게 이해될 수 있다. "인간 행위의 궁극적인 목적은 어떤 경우든 이성에 의해 설명될 수 있는 것이 아니라, 지적인 능력들에 전혀 의존하지 않는 인류의 감정과 정서에 전적으로 맡겨져 있다는 것은 명백한 듯이 보인다. 어떤 사람에게 **왜 그**

가 운동을 하는가 하고 묻는다. 그는 **자신의 건강을 유지하고 싶기 때문**이라고 답할 것이다. 계속해서 여러분이 **왜 그가 건강을 원하는가** 묻는다면, 그는 즉시 **병은 고통이기 때문**이라고 답할 것이다. 만약 여러분이 그 이상으로 질문을 압박해 들어간다면, **왜 그가 고통을 싫어하는가**의 이유를 얻고자 한다면, 그가 이것에 대해 어떤 대답을 주는 것은 불가능하다. 이것이 바로 궁극적인 목적이며, 결코 어떤 다른 목표도 언급될 수 없다"(『연구』 부록 1 「도덕적 감정에 관하여」).

4

『인간본성론』의 부제 「추론의 실험적 방법을 도덕의 여러 문제에 도입하려는 시도」가 보여주고 있듯이, 흄은 실험적 방법을 통해 도덕 문제에 접근하고자 한다. 그렇지만 흄은 "실험적 방법"에 대한 명시적인 설명을 거의 제시하지 않는다. 단지 『연구』에서 "이것은 추상적인 과학의 문제가 아니라 사실의 문제이기 때문에 우리는 실험적 방법을 따름으로써만, 그리고 특정한 예들을 비교하여 일반적인 공리를 연역함으로써만 성공을 기대할 수 있다"(『연구』 제1장)고만 언급되고 있을 뿐이다. 일반적인 추상적 원리에서 출발하는 과학적 방법은 그것만 놓고 볼 때는 더 완벽하겠지만, 인간 본성의 불완전성으로 인해 도덕 문제와 관련해서는 착오의 공통 원천이 된다. 그래서 자연과학에서처럼 윤리학은 경험에서 오는 것 말고는 어떤 논의에도 관심을 가져서는 안 된다.

이제 윤리학의 관심 대상인 덕에 대한 논의를 시작할 수 있다. 실험적 방법에 비추어볼 때, "덕은 **그것을 고찰하거나 주시하는 모든 사람이 유쾌하게 느끼거나 시인하는 마음의 성질**이라는 것, 이것이 덕의 본성이고, 사실상 덕의 정의(定義)"(『연구』 제8장, 제목에 대한 주석)임을 알 수 있다.

이런 근거에서 흄은 사회적 혹은 인위적 덕으로서의 정의(正義)를 논한다. 사회적이라는 말은 자연적이라는 말에 대비된다. 인간 행동의 유덕함은 유덕한 동기에서 나온다. 유덕한 동기 예컨대 자비심은 자연적인 것이며, 따라서 자비심에서 나온 자비로운 행동은 항상 칭찬을 받고, 따라서 덕이라고 할 수 있다. 즉, 자연적 덕은 **본래적으로** 선하다. 반면에 정의 같은 사회적 또는 인위적 덕은 사회적 효용성에서 나온다. 그것이 인위적인 까닭은 사회 구성원들 전체 이익을 위해 개인에게 인위적으로 그것을 강제하기 때문이다. 동물과 달리 인간은 본성상 사회적인 존재다. 그런 의미에서 사회적 덕도 자연적이라 할 수도 있다. 그러나 참된 의미에서의 사회적 덕은 인간의 본성에서 나온 것이라기보다는 본성적으로 사회적 존재인 인간이 다른 사람과의 관계에서 시인의 감정을 표출한다는 의미에서 사회적이라 할 수 있다. 그래서 사회적 또는 인위적 덕은 **사회적으로만** 선하다. 만약 정의가 사회적 덕이라면, 정의는 어떤 의미에서 유쾌함과 시인의 감정을 일으키는가? 그것은 효용성 외에 다른 것이 아니다. 개인의 측면에서만 본다면, 정의의 덕은 자신에게 매우 불리하게 작용할 수 있다. 또 하나의 사회적 덕인 약속을 지키는 것을 예로 들어보면 쉽게 이해된다. 약속을 지키는 것은 오히려 귀찮을 때도 있고, 자신에게 불리한 상황을 초래할 때도 있다. 그렇지만 약속은 지켜야 한다. 왜냐하면 약속을 지키는 것은 전체 사회에 효용성을 가져다주기 때문이다.

"우리는 본래 우리 자신과 우리의 친구를 편애하지만, 그러나 좀 더 공정한 행위에서 나오는 이점을 배울 수 있다. 우리가 자연의 관용적이고 인색하지 않은 손에서 우리에게 주어지는 향락은 몇 가지 되지 않는다. 그러나 기술, 노동, 근면을 통해 우리는 그것들을 엄청나게 뽑아낼 수 있다. 따라서 소유권의 관념들은 모든 시민사회에 필요하고, 그리하여 그 필요에서부터 정의가 대중에 대한 그것의 유용성을 도출해내며, 따라서 그렇게 해야만 그것의 가치와 도덕적 책무가 생겨난다"(『연구』 제3장 「정의에 관하여」, 제1절). "[사회적] 덕들은 인류의 안녕에 매우 유용하거나 사실상 절대적으로 필요하다. 그러나 이것들에서 생겨나는 이익은 모든 개인의 단일한 행위의 결과가 아니고, 사회의 전체나 대부분이 찬동한 전체적인 계획이나 체계에서 생겨난다. 일반적인 평화와 질서는 정의 또는 다른 사람의 소유물에 대한 일반적 금욕의 부수물이다"(『연구』 부록 3 「정의에 관한 몇 가지 추가 고찰」).

그렇다면 정의를 확립함으로써 얻게 되는 사회적 효용성은 구체적으로 무엇인가? 즉, 무엇이 정의를 인위적으로 필요하게 하는가? 그것은 소유의 안전성(stability of possession)과 관련되어 있다. 자연적 존재로서의 인간은 다른 동물보다 외부 구조가 허약하다. 인간은 동물과 달리 살아남기 위해 노동하지 않으면 안 된다. 생존을 위해 집을 지어야 하고, 먹을 것을 구해야 한다. 이런 행위를 통해 자신의 허약함을 극복하고 살아남는다. 그리고 행운과 근면을 통해 점차 재산을 소유하게 된다. 그 재산은 자신을 위해 누릴 수도 있지만, 다른 사람에게 침탈될 수도 있다. 이것은 누구나 싫어하는 것이다. 사람들은 이런 일이 일어나지 않기를 희망하고, 따라서 그것을 막아줄 보호막이 생겨나기를 원한다. 사회가 그것을 담당한다. 사회의 가장 큰 역할은 정의의 이름 아래 자산 소유의 불안정성을 없애는 데 있다.

“자연은 그 애정들에 담긴 불규칙적이고 옹색한 것에 대한 해결 방안을 판단력과 지성에 부여했다. 인간이 사회의 유년기 교육을 통해 사회에서 발생하는 무한한 장점을 깨닫게 되면, 더 나아가 교제(company)와 대화 등에 대한 새로운 애정을 획득하게 되면, 그리고 주요 사회 병폐가 이른바 외부적 자산에서 발생하고 또 외부적 자산의 유동성 및 사람끼리 외부에서 자산을 쉽게 이전할 수 있다는 점 등에서 발생한다는 것을 주목한다면, 인간은 반드시 이런 사회 병폐에 대한 해결 방안을 추구하는데, 이 해결 방안은 될 수 있는 대로 외부적 자산을 정신과 신체 등의 확고하고 안정된 장점과 대등하게 보는 것이다. 사회의 각 구성원이 모두 참여하는 묵계(conventions)를 통해 외부적 자산의 소유에 안정성을 부여하고 모든 구성원이 자신의 행운이나 근면을 통해 획득할 수 있을 법한 것을 평화적으로 누리도록 하는 것, 이것은 인간이 사회 병폐에 대한 해결 방안을 마련할 수 있는 유일한 방식이다”(『인간본성론』 제3권 「도덕에 관하여」, 제2부 「정의와 불의」, 제2절 「정의와 소유권의 기원」).

흄은 『연구』의 부록 3(「정의에 관한 몇 가지 추가 고찰」)에서 소유권을 지키는 것을 효용성이라는 관점에서 설명하고 있다. 정부 기능의 적절한 수행을 위해 필요하거나 유용한 행위는 무엇이나 **도덕적 시인**으로 존중된다는 사실은 효용성이라는 관점에서 도출된다. “공통의 이익과 유용성이 관련 당사자들 사이의 옳고 그름의 기준을 틀림없이 만들어 낸다”(『연구』 제4장 「정치적 사회에 관하여」).

5

흄은 『연구』 제5장에서 이러한 효용성이 기쁨을 주는 이유가 무엇인가에 대해 논한다. 다시 말하면, 무엇 때문에 효용성은 사람들의 정신에 그것에 대한 매력을 느끼게 하고, 그래서 사람들과 그들의 행동에 대한 우리의 태도에 영향을 미치며, 우리 안에 존경이나 경멸 같은 감정의 특수한 반응을 낳고, 결국 우리 자신을 승인과 승인하지 않음이라는 우리의 도덕적 감정, 즉 우리의 도덕적 판단에 따라 행동하도록 만드는가?

효용성은 "인류의 이익을 증진시키는 경향", "유익한 결과", "사회 질서, 가족의 조화, 친구들의 상호 지원"과 동일시된다(『연구』 제2장 「자비심에 관하여」). 또한 효용성은 정부가 제공하는 특수한 종류의 "편의와 이익", 즉 "평화와 질서를 보존"하고, 소유권을 안전하게 한다(『연구』 제6장 「우리 자신에게 유용한 성질들에 관하여」). 요약하면 효용성은 "특정한 성질들을 소유한 누구에게도 도움이 되는 경향"에서 확인된다(『연구』 제9장 「결론」). 그래서 효용성은 **사회나 공공의 이익**이 개인의 **사적 이익**보다 더 고려될 때 생겨나는 도덕적 구별을 위한 기초가 된다.

또 흄은 효용성의 가치를 활력이라는 개념을 통해 설명한다. 흄은 실험적 방법을 통해 여러 사례를 검토한 후 목록을 만들어 효용성에는 다음과 같은 특성이 있음을 적시하고 있다. 정의의 경우에 "유용성이라는 이 사정이 일반적으로 가장 강력한 활력을 가지며, 우리의 감정에 대한 가장 완전한 지배력을 가지고 있다". "공공적 효용성은 … 어떤 종류의 자연적 애정을 붙잡는 것이 틀림없다." "사회의 행복에 공헌하는 모든 것은 곧바로 우리의 시인과 호의의 추천을 받게 된다." "우리의 진지한 업무에서도 우리의 편안한 오락에서도, 이 원리는 여전히 자신의 활동적인 에너지를 발휘한다"(이상 『연구』 제3장). "또한 성격과 예절에 관한 우리의 일반적 시인에서 그 사회적 덕의 유용한 경향이 개인 이익에 관한 배려로 우리를 움직이는 것이 아니라, 훨씬 보편적이고 광대한 영향을 가지는 것처럼 보인다"(『연구』 제5장 「왜 효용성은 기쁨을 주는가?」).

6

흄은 인간 삶의 유일한 동기와 윤리의 원리로 "자기애"를 제안하는 사람들에 대해 반론을 편다. 흄은 효용성이 기쁨을 주는 이유에서 "그것이 유쾌"하고, "나에게 이익을 준다" 같은 표현을 쓴다. 이런 표현에서 흄이 "자기애"를 윤리적 행위의 동기로서 생각했던 것이 아닌가 의구심이 든다. 그러나 자기애의 원리는 결코 윤리의 원리가 될 수 없다. "모든 덕이나 도덕적 감정과 결코 양립할 수 없지만, 많은 사람 사이에 널리 퍼져 있다고 생각되는 원리가 존재한다. 그 원리는 가장 타락한 기질 외에 어떤 것에도 기인할 수 없으므로 이와 마찬가지로 그 원리의 경향도 그 타락을 더욱 촉진하는 방향으로 향해 있다. 이 원리란 모든 **자비심**은 단순한 위선이고, 우정은 기만이며, 공공의 정신은 익살극이고, 충실은 신용과 신뢰를 손에 넣고자 하는 올가미라는 것이다. 또한 그 원리란 우리는 모두 마음 깊숙이 우리의 사적 이익만을 추구하지만, 다른 사람들을 방심하게 해서 그들을 우리의 계략과 술책에 더욱 말려들게 만들기 위해 우리는 이러한 아름다운 위장의 옷을 걸치는 것이다”(『연구』 부록 2 「자기애에 관하여」). “자연과 경험의 목소리는 명백히 이기주의 이론에 반대하는 것으로 보인다”(제5장, 제1절).

흄은 이기주의 이론, 즉 자기애를 도덕의 원리로 삼는 이론이 무리가 있다는 것을 여러 사례를 통해 보여주고자 한다. 흄이 들고 있는 한 가지 사례는 다음과 같다. “우리는 자주 아주 먼 시대에 멀리 떨어진 나라에서 수행된 유덕한 행위에 대해 칭찬한다. 이 경우 아무리 세밀한 데까지 상상하더라도 자기애의 어떤 모습도 발견하지 못하거나, 우리의 현재 행복 및 안전과 우리에게서 그렇게 멀리 떨어져 있는 사건들 간의 어떤 결합도 발견하지 못한다. 적대 관계에 있는 사람에 의해 수행된 관대한, 용감한, 고상한 행위가 그 결과에서는 우리의 특수한 이익에 유해하다고 인정될는지 모르지만, 우리의 시인을 받을 만하다”(제5장, 제1절).

물론 흄의 표현에서 “효용성은 우리에게 이익을 준다”고 읽힐 수 있는 여지가 상당히 있음은 사실이다. 그러나 흄은 “이익”이라는 용어를 상당히 포괄적으로 사용하며, 따라서 이익을 사적 이익 또는 개인적 이익으로 이해되는 일이 일어나지 않도록 조심한다. 그에게서 이익은 일반적으로 “인류의 진정한 이익”, “공공의 이익”, “인류와 사회의 이익”(제2장, 제2절)이다. 그러나 과연 사회의 이익이 우리에게 이익이 되는가? 즉, “그것이 나와 무슨 상관이 있는가? 이 질문이 적절하지 않은 경우는 거의 없다”(제5장, 제1절)고 하는 의문이 제기될 수 있다.

7

흄이 제시한 답변은 인간성(humanity), 공감(sympathy), 자비심(benevolence), 우정(friendship) 등이다. "무엇 때문에 우리는 인간성이나 다른 사람에 대한 동료애를 가지는가를 묻는 데까지 우리의 탐구를 강요하여 진행하는 것은 불필요한 일이다. 이것이 인간 본성의 원리라는 것이 경험된다는 것만으로 충분하다. 우리는 원인들을 조사할 때 어느 지점에서 멈춰 서지 않으면 안 된다. 그리고 모든 과학에는 일반적인 어떤 원리가 있으며, 우리는 그것을 넘어선 일반적인 원리를 발견하기를 희망할 수 없다. 누구도 다른 사람의 행복과 불행에 절대적으로 무관심하지는 않다. 전자에는 쾌락을 주는 자연적 성향이, 후자에는 고통을 주는 자연적 성향이 있다. 이것을 모든 사람은 자신 안에서 발견한다. 이런 원리들을 더 단순하고 보편적인 원리로 환원하는 것은 그런 목적을 위해 어떤 시도가 이루어지더라도 불가능할 것이다"(제5장, 제2절, 88쪽 흄의 주석).

흄이 위의 감정들을 가장 단순하고 보편적인 원리로 간주한다는 것은 자기애의 원리가 더 단순하고 보편적인 원리가 될 수 없다는 것을 의미한다. 사람들이 "사회적 효용성"에 대해 민감하게 반응하는 것은 그것이 도덕에서 가장 궁극적인 원리이기 때문이다. 사람들은 다른 사람의 행동이나 성격에 대해 시인 또는 시인하지 않음의 감정을 보이는데, 이런 감정은 단순히 개인적 감정에 근거한 좋아함 및 싫어함과는 다른 도덕적 성격을 가진다. "자비심과 인간성, 우정과 감사, 자연적인 감정과 공공의 정신, 또는 누구라도 다른 사람에 대한 부드러운 공감에서 생기는 것은 모두, 그리고 인류와 동포에 대한 관대한 배려

이상으로 인류의 일반적인 호의와 시인을 받을 자격이 있는 성질은 어디에도 없다는 점을(이것은 쉽게 승인된다고 나는 확신한다) 언급하는 것으로 충분할 것이다"(제2장, 제1절).

흄은 위에서 열거한 여러 감정을 궁극적인 도덕적 원리로 제안하고 있는데, 그중 가장 자주 열거되는 감정이 "공감"과 "인간성"이다. 여기서는 공감에 대해서만 살펴보기로 한다. 흄은 어떤 유복한 가정을 예로 들면서 공감을 다음처럼 이해하고 있다. "그의 가족 모두는 그들의 표정에 퍼져 있는 자유, 안락, 신뢰, 차분한 기쁨에 의해 그들의 행복을 충분히 표현하고 있다. 나는 그렇게 큰 기쁨의 광경을 보고 편안한 공감을 가지게 되며, 그것의 원천을 생각할 때 가장 유쾌한 정서를 가질 수밖에 없다"(제5장, 제2절). 우리는 살면서 무수하게 많은 공감을 경험한다. 다른 사람의 행복과 불행이 나와 전혀 무관한 것으로 느껴지기는 쉽지 않다. 다른 사람의 고통과 슬픔은 항상 우리의 공감 대상이 되며, 우리의 마음을 불편하게 한다. 우리가 다른 사람의 불행에 대해 늘 공감을 드러내지는 않지만, **때때로** 그것을 드러낸다. 공감은 자신과 다른 사람이 같은 인간이라는, 즉 자연스럽게 생겨난 인간성의 감정이다.

8

가끔은 흄의 도덕 이론을 그의 인식 이론에 비추어서 회의론적 시각으로 보는 경향이 있다. 인식론적 관점에서 보았을 때, 사람들은 흄을 로크와 버클리의 전통을 이어받은 인물로 간주했고, 따라서 경험론의 결론은 회의론으로 귀결할 수밖에 없다는 점을 확신했다. 그러나 흄은 가치 판단에 포함되어 있는 의미를 확실히 보여주고자 했으며, 가치 판단이 관계하는 가장 기본적인 원리들이 있다는 것을 확인해주고자 노력했다.

그러나 앞에서 언급했듯이, 도덕은 보편적인 것이다. 만약 도덕이 사실에 관계된 것이라면, 보편성이 들어설 여지가 없다. 그러나 도덕은 감정에 관한 것이다. 특정한 사안에 대한 가치 평가는 지역과 역사에 따라 달라질 수 있으며, 그에 따라 도덕의 내용은 다양할 수 있지만, "인간의 본성"에 기초한 도덕의 보편적 원리들은 존재한다. [도]덕은 사회 구성원의 성격, 행동, 판단에 대해 모든 사람이 유쾌하게 느끼거나 시인하는 마음의 성질이다. 사회적 덕의 경우 그런 시인하는 성실은 효용성에 근거해 있다. 즉 사람들이 사회의 구성원으로서 효용성, 즉 공공의 이익에 대해 긍정적인 감정을 가진다. 그리고 흄이 분명히 적시하듯이 공감, 인간성, 자비심 등은 도덕의 궁극적 원리들이다. 흄의 인식 이론의 논리를 근거로 하여 흄의 윤리학을 회의론적 시각에서 보는 것은 바람직하지 않다.

흄의 윤리학이 궁극적으로 지향하고 있는 것은 다른 사람에 대한 존경과 사회 구성원들의 행복이다. 이러한 시각에서는 회의론적 입장이 들어설 여지가 없다. 그리고 고대에 대한 흄의 존중이 보여주듯이 흄의 윤리학은 행복을 지향하는 고대 그리스의 윤리학, 특히 아리스토텔레스의 윤리학과 어느 정도 공통점을 가지고 있다.

참고문헌

김태길, 『윤리학』, 博英社, 1998(개정증보판).

이남원, 「흄의 인위적 덕으로서의 정의」, 『哲學硏究』 大韓哲學會 論文集 141輯, 2017. 2.

渡部峻明, 흄의 *A Enquiry concerning the principles of Morals*의 번역서 『道德原理の硏究』(晳書房, 1993)의 譯者解說.

Arrington Robert, L., *Western Ethics, An Historical Introduction*, 김성호 옮김, 『서양 윤리학사』, 서광사, 2003.

Hendel Charles W., 흄의 *A Enquiry concerning the principles of Morals, With a Supplement: A Dialogue* (Edited, with an introduction, by Hendel Charles W., The Library of Liberal Arts, 1957)의 "Introduction".

이남원

부산대학교 사범대학 윤리교육과 명예교수. 번역서로는 칸트의 『실용적 관점에서 본 인간학』, 『칸트의 형이상학 강의』, 칸트의 『신의 현존을 입증하기 위한 유일하게 가능한 증명 근거』, 『후기 스콜라 철학과 르네상스 철학』(공역), 『프랑스·독일의 계몽주의와 칸트』(공역) 등이 있다. 「칸트의 선험적 관념론과 심신의 문제」 외 다수의 논문을 발표했다.

조수경

부산대학교 사범대학 윤리교육과 부교수. 공저로는 『삶을 사는 데 필요한 아홉가지 물음-인생 교육론』, 『인성교육의 철학적 성찰』, 『도덕성과 윤리교육』, 『생명의료윤리-윤리이론과 의료현실의 접점과 미래』 등이 있다. 「니체, 깨어있음의 교육」, 「소크라테스, 삶이 되는 윤리와 예술이 되는 삶」, 「인성교육의 요청으로서 니체의 놀이 정신」, 「미셸 푸코, 도덕적 주체와 삶의 기술」, 「니체에 있어서 스토아의 문제」, 「자기애의 윤리: 아리스토텔레스, 스토아 학파 그리고 루소」 등의 논문을 썼다.